甲午战争与近代中国丛书

甲午日谍秘史

戚其章 著

济南出版社

图书在版编目（CIP）数据

甲午日谍秘史 / 戚其章著 . -- 济南 : 济南出版社，2024. 11. --（甲午战争与近代中国丛书）. -- ISBN 978-7-5488-6820-0

Ⅰ . D731.336

中国国家版本馆 CIP 数据核字第 2024M0R824 号

甲午日谍秘史

JIAWU RIDIE MISHI

戚其章　著

出 版 人　谢金岭
责任编辑　赵志坚　孙亚男　李文文
装帧设计　谭　正

出版发行　济南出版社
地　　址　山东省济南市二环南路 1 号（250002）
总 编 室　0531-86131715
印　　刷　济南新先锋彩印有限公司
版　　次　2024 年 11 月第 1 版
印　　次　2024 年 11 月第 1 次印刷
开　　本　165mm × 230mm　16 开
印　　张　18
字　　数　232 千字
书　　号　ISBN 978-7-5488-6820-0
定　　价　78.00 元

如有印装质量问题 请与出版社出版部联系调换
电话：0531-86131736

出版说明

甲午战争是中国近代史上的重大事件，成为中国近代民族觉醒的重要转折点。2024 年为甲午战争爆发 130 周年。济南出版社隆重推出甲午战争研究专家戚其章先生的“甲午战争与近代中国丛书”，包括《甲午战争》《北洋舰队》《晚清海军兴衰史》《甲午战争国际关系史》《国际法视角下的甲午战争》《甲午日谍秘史》等 6 册。

《甲午战争》从战争缘起、丰岛疑云、平壤之役、黄海鏖兵、辽东烽火、舰队覆没、马关议和、台海风云等关键事件入手，以辩证的目光对关键问题和历史人物进行评述，解开了诸多历史的谜题。

《北洋舰队》主要讲述了北洋舰队从创建到覆没的全过程，以客观的辩证的历史角度，展示了丁汝昌、刘步蟾、林泰曾、杨用霖、邓世昌等爱国将领的形象，表现了北洋舰队抗击日军侵略的英勇顽强的爱国主义精神。

《晚清海军兴衰史》细致地叙述了晚清时期清政府创办海军的历程，从战略角度分析了北洋海军失败的原因，现在看来仍然振聋发聩。

《甲午战争国际关系史》从国际关系的角度，论述了清政府的乞和心态和列强的“调停”过程，突出表现了清政府的腐败无能和列强蛮横贪婪的真实面目，指出列强所谓的“调停”只是为了本国利益，并非为了和平，清政府的乞和行为是注定不会成功的。

《国际法视角下的甲午战争》把法理研究与历史考究有机地结合起来，把争论百年的甲午战争责任问题放在国际法的平台上，进行全面、系统、客观、公正的整理与评论，是一部具有历史责任感和国际法学术观的著作。

《甲午日谍秘史》对日本间谍在甲午战前及战争中的活动进行揭露和分析，明确这场侵略战争对中国人民造成了严重伤害，完全是非正义的，因此对这场侵略战争中的日本间谍，应该予以严正的批判和谴责。

“甲午战争与近代中国丛书”全面客观地评述了甲午战争的背景、过程和影响，教育引导新时代的我们勿忘国耻、牢记使命，把历史悲痛化为奋斗强国的不竭动力。

甲午战争是一本沉甸甸的历史教科书，让我们在深刻的反思中始终保持清醒，凝聚信心和力量，肩负起时代赋予的光荣使命。

目 录

第一章　近代日本的早期对华谍报活动

第一节　“征韩论”与日本遣华第一谍 / 1

第二节　“征台”先遣队 / 12

第三节　神秘的使者——日本驻华武官 / 19

第二章　中法战争与日本侵华谋略谍报活动

第一节　趁火打劫正其时 / 31

第二节　庐山轩照相馆 / 39

第三节　创办上海东洋学馆 / 46

第三章　汉口乐善堂揭秘

第一节　荒尾精的“兴亚”思想 / 51

第二节　汉口乐善堂的筹办经过 / 56

第三节　乐善堂汉口支店挂牌开张 / 61

第四节　“四百余州探险”(之一) / 69

第五节　“四百余州探险”(之二) / 78

第六节　“四百余州探险”(之三) / 86

第七节　撩开日清贸易研究所的面纱 / 91

第四章　日本间谍与对华“作战构想”的出笼和实施

第一节　日本参谋本部陆军部提出《清国征讨方略》/ 110

第二节　日本海军六种“征清”方策的发现 / 121

第三节　为实施对华“作战构想”而准备 / 127
第四节　在邀请北洋舰队访日的背后 / 139
第五节　甲午开战前的最后准备 / 148
第五章　日本谋略谍报的重中之重
第一节　宗方小太郎两探威海 / 168
第二节　日谍天津密会与宗方小太郎重返烟台 / 175
第三节　力争海上主动权 / 185
第四节　从《中国大势之倾向》到《对华迩言》/ 192
第六章　甲午日谍第一案
第一节　一起意外的涉外事件 / 199
第二节　石川伍一其人及其落网经过 / 202
第三节　京官奏参与石川案的审结 / 209
第四节　石川案之余波与《石川伍一供词》的真伪问题 / 216
第五节　石川案与日本丰岛袭击有关吗 / 223
第六节　从石川案看京城日谍嫌疑案的处理 / 230
第七章　江浙日谍案中案
第一节　关东谍踪 / 238
第二节　上海租界里的日本“商人” / 240
第三节　盂兰盆会假僧遇真僧 / 249
第四节　江浙日谍案中案的审结 / 254
第八章　旅顺后路日谍案
第一节　六日谍登陆花园口 / 262
第二节　“三崎”命丧金州 / 265
第三节　猪田正吉、大熊鹏失踪之谜 / 269
第四节　向野坚一普兰店脱网逃生 / 273

第一章　近代日本的早期对华谍报活动

第一节　“征韩论”与日本遣华第一谍

1868 年日本明治政府成立伊始，即以实行对外扩张为基本国策。其侵略矛头首先是指向中国。它在整饬军备的同时，开始向中国派遣间谍，并在中国大陆设立间谍机构，从事搜集情报工作，为发动对华侵略战争做准备。因此，在其后日本发动的甲午侵华战争中，谍报活动起了重大的作用。时人指出：“（日本）孜孜侦探，其遣间谍至我国者，或察政务之设施，或考江山之形胜，无不了如指掌。”① “况敌散布奸谍于中国不知凡几，偶或漏泄，则尽知我军情，先发以制我，致倭人着着争先，而我则处处落后。”② 大量间谍的渗透活动，成为日本获得甲午战争胜利的重要原因之一。正由于此，日本情报人士才洋洋得意地夸称：正是借助于谍报工作，日本才能“在二十七八年之役（甲午战争），运筹帷幄之中，决胜千里之外”③。

①《中日战争》（中国近代史资料丛刊续编），第 12 册，中华书局，1996 年，第 307 页。

② 孔广德辑：《普天忠愤集》，1895 年石印本，卷 7，第 18 页。

③ 德富猪一郎：《陆军大将川上操六》，日本第一公论社，1942 年，第 112 页。

日本明治政府之所以急欲向中国大陆派遣间谍，也是由于当时国内兴起的“征韩论”所引发的。所谓“征韩论”，并不是以朝鲜为日本的唯一侵略目标，而是将对外扩张的大陆政策进一步具体化，或者说以此作为向周边地区乃至中国大陆扩张的手段或突破口。久留米藩士佐田白茅在上日本政府的《建白书》中即直言不讳地指出了这一点：“伐朝鲜者，富国强兵之策……不唯一举屠朝鲜，大练我兵制，又大辉皇威于海外。”又称：“全皇国为一大城，则若虾夷（北海道）、吕宋、台湾、满清、朝鲜，皆皇国之屏藩也。虾夷业已从事开拓，满清可交，朝鲜可伐，吕宋、台湾可唾手而得矣。”① 这就很清楚：“征韩”不过是侵略中国大陆的一个过渡步骤。所以，“所谓‘征韩论’，其实质就是侵略大陆论”②。

就日本海外扩张的思想渊源而言，最早可以追溯到几个世纪以前。早在16世纪末叶，丰臣秀吉即扬言要“率军进入朝鲜，席卷明朝四百余州，以为皇国之版图”③。其后，他果然先后两次大规模发兵攻略朝鲜。进入19世纪以后，宣扬“征韩”的思想家更加多见。如佐藤信渊著《宇内混同秘策》一书，最令世人关注。他狂妄地宣称，日本是天地间最初成立之国，为世界各国之根本，因此日本号令世界各国实乃“天理”。但是，“日本之开辟异邦，必先肇始自吞并中国。……中国既入版图，其他西域、暹罗、印度诸国，侏离鴃舌，衣冠诡异之徒，渐慕德畏威，必稽颡匍匐，隶为臣仆”④。他还在一篇题为《经略中国论》的文字中详述攻占中国之方策：北路是，先占领黑龙江，继攻吉林、盛京，然后以兵船出渤海，扰袭山东登州、莱州诸府，并集大军

① 王芸生：《六十年来中国与日本》，卷1，三联书店，1979年，第117~118页。

② 戚其章：《甲午战争与近代社会》，山东教育出版社，1990年，第118页。

③ 日本参谋本部编：《日清战争》，朝鲜战役，村田书店，1978年，第11页。

④ 井上清：《日本帝国主义的形成》，人民出版社，1984年，第4页；水野明：《日本侵略中国思想的检证》，戚其章、王如绘主编：《甲午战争与近代中国和世界》，人民出版社，1995年，第272页。

于辽阳，进击山海关，对北京形成高压态势；南路是，攻取台湾，登陆浙江，经略台州、宁波诸府，并请天皇御驾亲征，直指江南要冲，“取南京应天府，定为假皇宫”。如此，“不出数十年，清国将次第平定”①。其后，吉田松阴也极力鼓吹：“养蓄国力，割据易取之朝鲜、满洲和中国。”② “征韩论”者正是继承了先前海外扩张论者的衣钵。所不同的是，“征韩论”者不像先前的海外扩张论者那样，只是提出个人的对外侵略构想和主张，而是着重于具体的对外扩张的实施步骤。当时的外务大丞柳原前光说得十分明白：“朝鲜国为北连满洲，西连鞑清之地，使之绥服，实为保全皇国之基础，将来经略进取万国之本。”③ 这正是画龙点睛之笔。

当时，在日本政府内部，曾发生一场“征韩论”之争，一连闹腾了好几年。其实，争论的双方在海外扩张或“征韩”的大原则上并无分歧可言，争论的焦点主要是在策略方面。有人将此归结为外征派与内治派之争，或武断派与文治派之争。如后来成为著名侵华分子、黑龙会头目内田良平认为：“武断派有知彼之明，而知己之明或不及文治派；文治派有知己之明，而知彼之明或不及武断派。惟其如此，故对外方针有一定的见地。”④ 内田良平是倾向于以西乡隆盛等为代表的武断派的，故有此论。其实，这种划分的方法只是着眼于表面的现象，而未能触及问题的实质。以木户孝允、大久保利通等为代表的文治派，并不是反对“征韩”本身。以木户孝允为例，他老早就是“征韩论”的积极鼓吹者。木户孝允提出：“海陆两军于朝廷已稍具端倪，希望专以朝廷之力，主要以兵力开辟韩地釜山。……大致规定年年入侵，

① 黑龙会编：《东亚先觉志士记传》，上卷，原书房，1933 年，第 13~16 页。
② 吉田常吉等校注：《日本思想大系》，卷 54，岩波书店，1978 年，第 193 页。
③ 日本外务省编：《日本外交文书》，卷 3，1938 年，第 149 页。
④ 钟鹤鸣：《日本侵华之间谍史》，华中图书公司，1938 年，第 21 页。

得一地后，要好自确立今后策略，竭尽全力，不倦经营，不出两三年，天地必将为之一变；如行之有效，万世不拔之皇基愈益巩固矣。"① 可见，两派的主要分歧，并不在征韩与不征韩的问题，而在于征韩的时机方面。木户孝允声称"欲制其罪何必争迟速"，大久保利通强调要重视"处理朝鲜之步骤"，都表明他们认为发动对外战争的时机尚未成熟，故"不可不详审缓急步骤"。由此表明，所谓"征韩论"之争，不过是"征韩论"者内部的急征派与缓征派之争而已。②

早在"征韩论"兴起不久的1870年，时任参议的大久保利通已经意识到，情报搜集工作应该先行一步，为日后的海外扩张做准备。当时，这在日本政府内部已经成为共识。1871年7月，日本兵部省始设陆军参谋局。这就是日本参谋本部的前身。陆军参谋局的任务，在参与军事机要密谋之外，还要掌管谍报工作。因此，陆军参谋局之设置，实是日本有陆军中央情报机构的开端。1872年，日本政府撤兵部省，分设陆军省和海军省。翌年，陆军参谋局改称陆军省第六局，设间谍都指挥使，总管间谍队，负责平时间谍派遣、地理测量、地图制作等。1874年，陆军省又撤第六局，另设外局参谋局，一面制定《参谋局条例》，一面将下属部门分工细化，使日本的情报搜集工作逐步走上正轨。1878年，成立参谋本部，下设管东局和管西局。管东局负责北海道、库页岛、满洲、堪察加半岛、西伯利亚等地的谍报；管西局负责朝鲜及中国沿海一带的谍报。到1882年，参谋本部在管东局、管西局之外又增设海防局。中法战争发生后，日本为加强对外国的侦察活动，对中央情报机构也做了相应的调整。先是在1884年，日本参谋本部考虑到，未来的对华作战需要详细而准确的大陆地图，因此决

① 井上清：《日本军国主义》，第2册，商务印书馆，1985年，第54页。
② 戚其章：《国际法视角下的甲午战争》，人民出版社，2001年，第29页。

定将原设的测量课升格为测量局，下设三角测量、地形测量、地图三课。继之，又撤管东局、管西局，另设第一局、第二局以代之，以便过渡到陆海军统一军令管理机关的设置。

1886年，日本参谋本部内部实行大改编，撤销原来第一局、第二局、海防局的编制，另设陆军部和海军部。两部又各设第一局、第二局、第三局。根据明治天皇睦仁敕令颁布的《参谋本部条例》，陆军部第二局负责对欧洲、美洲、亚洲各国军制，特别是包括中国在内的“邻邦地理及政志”的调查；海军部第三局则负责欧美谍报，以及“邻邦谍报和水路地理”。另外，在陆军方面，由陆军部第二局兼管制定对外作战计划，第一局负责团队编制及布置，并制定出师计划；在海军方面，由海军部第一局负责舰队编制，并制定对外作战计划，第二局则制定出师计划。到1889年，参谋本部又设参谋总长这一最高职位，直隶于日本天皇，由皇室亲王陆军大将或陆军中将担任。参谋总长不仅负责陆海军对外作战的大计划，而且还执掌对外谍报工作乃至驻外国公使馆武官的情报业务。这就将对华谍报活动在日本实施大陆政策过程中的地位大大提高了。

与日本陆军相比，日本海军的谍报活动开始时间稍晚，但随着其实力的增强，却显示出后来居上之势。尤其在对中国近海岛屿、港口、海道、海防设施、兵力部署、造船、军火制造及供应乃至舰队编制的侦察方面，日本海军比陆军更有着独特的优势。1884年，海军省根据形势的需要，撤销原设的军务局，改置军事部，将对外谍报工作进行细致的分工。军事部下设五个课，其第二课负责对外国海军兵制的调查，特别是中国海军兵势的侦察，以相应地调整日本舰队的编制及布置事宜；第三课负责对中国及朝鲜海域的研究，并对已测或未测的上述海岸及有关兵略的海河港湾进行详细测量；第四课负责对包括中国在内的各国舰船种类、型制、火炮、铁甲情况，以及各种枪炮弹药和水雷之优劣进行调查，以研究其使用中的得失；第五课负责对各国海军之强弱及其军制、有关海军学术及制造工业之进步等方面进行调查。此后，日本海军中央情报机构名称时有变更，负责谍报工作的部门也有变化，如1886年海军省军事部改称参谋本部海军部，其第三局专管谍报工作；1888年撤销第三局，将其情报业务并入第一局；1889年又改称海军参谋部，由其第三课专管谍报工作。到1893年，根据新制定的《海军军令部条例》，撤销海军参谋部，成立海军军令部，并从参谋本部中独立出来，其第二局负责谍报工作；海军军令部部长由海军大将或海军中将担任，直隶于天皇，参与最高军务会议。再根据同时颁布的《战时大本营条例》，规定战时成立天皇直接统辖的最高统帅部，即大本营，由参谋总长担任幕僚长，参谋次长担任陆军参谋，海军军令部部长担任海军参谋，陆军大臣和海军大臣皆作为一般大本营机构成员参加。由此不难看出，日本军事当局对海军方面的情报是多么重视。①

在此以前，日本内阁总理大臣兼内务大臣、升任陆军大将的山县有朋，提出《外交政略论》，强调“仅仅防守主权线已不足维护国家之独立，必须进而保卫利益线，经常立足于形胜之地位”；若不能“保卫利益线”，则“不可望成为完全独立国家”。于是，“保卫利益线”便成为日本穷兵黩武屡屡发动对外侵略战争的“理论”根据。②1893年5月22日《战时大本营条例》的正式颁布，标志着日本不但从军事上已经完成了大陆作战部署，而且在情报搜集方面也相应地做了充分的准备。

但是，当日本中央情报机构设置之初，还缺少能够胜任外派间谍

① 有贺传：《日本陆海军の情报机构とその活动》，近代文艺社，1994年，第19~70、227~236页。
② 戚其章：《甲午战争与近代社会》，第119页。

的人才。这在当时是急需解决的问题。于是，大久保利通先于1870年将后来曾任驻俄公使的同乡后辈西德二郎送入大学，以备日后赴俄搜集情报之需；又于1871年与西乡隆盛商定，派遣第一批官派留学生赴华，以为日后培养熟悉中国问题的情报人员。这批派往中国的日本留学生，共有9名。如下表①：

姓名	籍贯	年龄	事略
福岛九成	佐贺	30	1868年明治维新之初，以陆军少佐的身份参加征讨奥羽越列藩同盟之役。1871年，来华留学。在此期间，曾到华南调查。并一度偷渡台湾，考察风土人情，进行实地测量。其调查报告对1874年日军侵台有重要参考价值。
成富清风	佐贺	不详	曾陪佐贺藩世子赴英国一年。1871年，来华留学。1873年，奉命随陆军少佐桦山资纪潜入台湾侦察。1874年，参加日军进攻台湾之役。
水野遵	名古屋	22	1871年，来华留学。1873年外务卿副岛种臣来华互换《中日修好条规》时，作为随员到京。在此期间，奉命赴台湾调查“蕃情”，并与土著居民酋长接触。随后即将所获情报急报副岛种臣，为从清政府获得出兵台湾借口做准备。1874年日军侵台之前，再次潜入台湾侦察月余。1895年日本割台后，任台湾总督府民政局长。

① 本表系根据东亚同文会编《对支回顾录》（原书房，1981年）下卷之列传部分整理而成。

（续表）

姓名	籍贯	年龄	事略
儿玉利国	鹿儿岛	32	1871年，来华留学。1873年，作为副岛种臣的随员来华。返程时路经上海，转赴台湾调查。1874年，任海军秘书。日本发兵侵台前，奉命先发，与桦山资纪、水野遵在淡水会合，为“征蕃事务都督”西乡从道上陆做准备。翌年，以功晋升海军少佐。
吉田清贯	鹿儿岛	29	1871年，来华留学。1874年，以海军大尉参加日本“征台”军在西乡从道帐下参与帷幄，并参与进攻牡丹社之役。
黑冈季备	鹿儿岛	30	1871年，来华留学。在上海学习汉语，并从事调查中国国情。1873年，奉命潜入台湾，从淡水上陆，侦察台北、彰化、嘉义、台南及南部各地。
小牧昌业	鹿儿岛	29	曾参加编纂《皇朝世鉴》，并任造士馆都讲。1871年，来华留学。1874年日军侵台时，任开拓使。又作为内务卿大久保利通的随员来北京，专任文书的整理工作。
池田道辉	鹿儿岛	31	曾任代理陆军大尉。1871年，来华留学。回国后晋升陆军大尉，任鹿儿岛分营队长。1874年，参加日军侵台之役。

（续表）

姓名	籍贯	年龄	事略
田中纲常	鹿儿岛	30	1871年，来华留学。回国后任陆军中尉（准大尉）。1873年，随桦山资纪赴台湾调查。1874年，参加日军侵台之役。

由上表可知，日本官派的第一批留华学生，年龄一般在30岁上下有一定阅历的人。他们或为现役军官，或有相当的汉学基础，或熟悉他国语言，或有一定的从政经验，到中国来的一年多时间主要是学习会话和时文，[①] 其主要目的是用速成的办法培养针对中国的情报人员，为下一步发兵侵台做准备。在这些人当中，后来大都参加了1873年至1874年间对台湾的侦探和作战行动。仅就这一点来说，日本派遣第一批官留学生的目的是基本上达到了。不过，这些日本留华学生虽然后来不少从事谍报工作，但终究不是正式派到中国的间谍。

近代日本正式派遣间谍来华，是在1872年夏。当时，在日本政府内部，“征韩论”之争还在进行之中，未见最后的分晓。西乡隆盛是一个激进的“征韩论”者。他认为，朝鲜问题迟早要解决，而唯一的办法是寻找借口出兵征讨，晚解决不如早解决好。为了有所准备，西乡隆盛便与外务卿副岛种臣和参议板垣退助商议，认为应派得力人员分赴朝鲜和中国东北，以侦察两地的政治、军备、财政、地理形势及风土人情。当时，除决定派陆军中佐北村重赖、陆军少佐别府晋介为实地视察员赴朝调查外，又决定派近卫陆军少佐池上四郎到与朝

① 小林一美：《明治期日本参谋本部の对外谍报活动》，滕维藻等编：《东亚世界史探求》，汲古书院，1986年，第389页。

鲜一江之隔的中国东北。这样，池上四郎便成为近代日本遣华间谍第一人。

首次派遣间谍来华刺探情报，西乡隆盛就选中了池上四郎，是有缘由的。因为西乡隆盛对池上四郎不但非常了解，而且十分相信，甚至倚为亲信。池上四郎是萨摩人，乃西乡隆盛的同乡后辈。父名贞斋，为藩主岛津齐彬的侍医，而西乡隆盛当时正是岛津齐彬的亲信扈从。故不喜欢医术的少年池上四郎，受教于西乡隆盛。1868 年，西乡隆盛等发动“王政复古”政变，成立了明治政权。西乡隆盛作为武力讨幕派领袖，功勋卓著；池上四郎身列其直属的萨藩队，也得以叙功。翌年，池上四郎回鹿儿岛，任常备队教佐。到 1871 年，朝廷征召萨藩兵，池上四郎率一队上京，晋升近卫陆军少佐。池上四郎有才干，通兵术，驭兵甚严，处事果决，且具有刚毅性格，在军中威信颇高，受到西乡隆盛的特别信赖。这就是西乡隆盛专门挑选池上四郎来担当这次任务的原因了。

与此同时，西乡隆盛还为池上四郎配备了两名助手，即陆军大尉武市熊吉和外务权中录彭城中平。武市熊吉曾跟随大队司令板垣退助参加征讨奥羽越列藩同盟之役，立有战功。因西乡隆盛、板垣退助时倡“大陆经纶”论，知武市熊吉为坚定的“征韩论”者，故将其转升为外务省出仕。在西乡隆盛和板垣退助看来，有武市熊吉与池上四郎结伴而行，有助于保证任务的完成。至于彭城中平的情况，则与他们两个有所不同。彭城中平出身于长崎的一个通事家庭，本人精通汉语会说汉话，故为外务省所录用。这次大陆之行，他的主要任务就是为池上四郎和武市熊吉当翻译。

西乡隆盛很重视这次大陆探查活动，亲自向池上四郎布置任务，并为保障他的安全起见，将他转为外务省十等出仕。池上四郎一行三人，于1872年8月8日从东京出发，先到上海，又经烟台乘客轮北上，于9月28日抵达营口。他们皆化装为商人，池上四郎还变名易姓，对外自称池清刘和①，以避免引起当地官府的注意和猜疑。他们以营口为据点，以奉天为中心，奔波于盛京省各地之间，分地理、政治、兵备、财政、产业、气候、交通、物价、风俗等项目进行详细调查，甚至对辽河何时封冻和解冰的情况也都做了记录。1873年8月，池上四郎回到东京，向西乡隆盛及副岛种臣提出了一份《满洲视察复命书》。其内称：

> 如今清国发生回乱，蔓延甘肃全省，陕甘总督左宗棠正督军征讨，甚难平定。至满洲兵备，盛京将军屡次上奏，势非整顿不可，将常备兵集中训练，施以调教。奈积弊久生，士气腐败，兵士怯懦，常备军殆成虚名。况朝廷纲纪废弛，贿赂公行，商民怨嗟，皆属实情。如此下去，不出数载，清国势将土崩瓦解，可谓明矣。我国欲解决朝鲜问题，此为最好之机会也。②

西乡隆盛读了池上四郎的报告，更加坚定了“征韩”的信心。

日本首次派间谍来华搜集情报，还只是为了准备“征韩”而采取的一种临时措施。池上四郎作为日本遣谍来华第一人，也算是完成了既定的任务。然而，政局变幻无常，“征韩论”之争的结果是激进派失败，西乡隆盛被迫下野，从而“征韩”问题也就被暂时地搁置起来。

---

①《东亚先觉志士记传》，上卷，原书房，1933年，第39页；下卷，第43页。按：或认为“池清”“刘和”分别为池上四郎和武市熊吉的化名（钟鹤鸣《日本侵华之间谍史》第22页），疑误。

②《东亚先觉志士记传》，上卷，第40~41页。

第二节 “征台”先遣队

在日本政府内部，“征韩论”之争这场风波刚刚平息下来，“征台论”又喧嚣起来。从表面上看，这似乎来得太突然了。“征台论”怎么紧跟“征韩论”冒出来了呢？其实，这毫无稀奇之处。因为“征韩论”也好，“征台论”也好，都是日本国内盛行已久的“海外扩张”论或“大陆雄飞”论的应有之义。何时闹“征韩”，何时闹“征台”，就要看时机了。

1871 年 12 月，琉球国太平山岛船只在台湾海域陡遇飓风，因船小被风倾覆。船民除淹死者外，有数十人凫水上岸。其中，有十几人被台湾居民救助脱险，后由中国官府妥善安置并护送回国；余者因闯入当地土著人村庄而遇害。1872 年夏，消息传到日本，立刻在政界掀起一股“征台”的浊浪。鹿儿岛县参事大山纲良主动请命，上书要求允准“担任讨伐之责”：“伏愿仰赖皇威，兴问罪之师，使其畏服。故谨恳乞借给军舰，直指彼巢窟，歼其渠魁，上伸皇威于海外，下慰岛民之冤魂。”当时“征韩论”之争尚处于相持不下之际，又提出“征台”问题，日本政府因“朝议未臻成熟，议论纷纷，以为确定生蕃是否属于清国版图，实为先决问题”[①]。可见，日本当政者已经将侵略的目光扫向台湾，只是需要寻找一个出兵的借口而已。

1873 年 3 月，日本政府表面上派遣外务卿副岛种臣来华互换《中

① 东亚同文会编：《对华回忆录》，商务印书馆，1959 年，第 38 页。

日修好条规》，实际上其主要任务之一是要解决出兵台湾的借口问题，为“征台”做准备。副岛种臣临行前，明治天皇睦仁向他授意：“朕闻台湾岛生蕃，数次屠杀我国人民，若弃之不问，后患何极？今委尔种臣全权，尔种臣当前往伸理，以副朕之保民之意。”睦仁称琉球国船民为日本人，是完全违背事实的。早在14世纪70年代，琉球即成为中国的属国，封贡相继，迄于清末。17世纪初叶，日本强将琉球置于萨摩藩属下，迫其每岁输粮，以当纳款。此琉球“两属”说之由来也。尽管如此，迄于19世纪中叶，琉球仍自成一国，内政、外交皆由自主。1872年，睦仁竟然下诏，将琉球废国为藩，封琉球国王为藩主。这是日本走向吞并琉球的第一步。日本政府凭借强权片面地做出废人之国的决定，这完全是非法的。不过，当时日本的策略是先寻找借口发兵侵台，下一步再正式吞并琉球。因此，睦仁又下达“敕语”，向副岛种臣授计，有“清国政府若以政权之不及，不以其为所属之地……则当任从朕作处置”之语[①]。副岛种臣奉命惟谨。他到北京后，从总理衙门大臣的口中套出了“杀人者皆属生蕃，姑且置之化外”[②]的话，正好可曲解为睦仁所说“清国政府若以政权之不及，不以其为所属之地”之意，以作为发兵侵台的借口。在此期间，他一面与总理衙门周旋，一面派随员水野遵前往台湾搜集情报，以便为出兵做好准备。

从此时起，到1874年5月日本侵略军登陆台湾时为止，先后共有五起日本间谍单人或多人潜入台湾活动：

第一起，只黑冈季备一人。黑冈季备于1871年来华后，即在上海

① 米庆余：《琉球漂民事件与日军入侵台湾（1871—1874）》，载《历史研究》1999年1期，第23页。
② 王芸生：《六十年来中国与日本》，卷1，第65页。

学习汉语会话，同时从事中国国情调查。1873 年 3 月，副岛种臣偕随员柳原前光等来华经过上海时，曾谈及派人赴台侦察一事。柳原前光当即找到正在上海的黑冈季备，向他传达副岛种臣的指示，要他承担赴台侦察的任务。黑冈季备先从上海乘船到香港，再搭客轮到台湾淡水，抵达台北。然后，由台北南下，经彰化、嘉义至台南，即以台南为据点，重点对台湾南部各地展开调查。黑冈季备的调查报告送到尚在北京的副岛种臣手中，使副岛种臣更增加了在与总理衙门谈判中采取要挟手段的筹码。后来日本侵略军之所以选择在台湾南部的琅琦（今恒春）登陆，与黑冈季备的调查报告是不无关系的。

第二起，是水野遵一人。继黑冈季备之后，副岛种臣又派水野遵到台湾调查，其重点是“蕃情侦察”。水野遵到达淡水时，英国领事馆人员来告：“此前贵友黑冈季备曾抵此港，随后即去本岛南部旅行。”① 水野遵得到这一消息，十分欣喜，知道黑冈季备已顺利前去南部，自己完成北部“蕃情”的调查任务就行了。此时已进入 1873 年 5 月。水野遵在旅途中结识了一名印度鸦片贩子和一位中国生意人，便与他们结伴以为掩护，赁船沿淡水河上溯，从艋舺上岸，经枋桥头地方，又越过险恶的山路到达蕃地。水野遵经过多方的交涉，编造出各种的理由，终于在 5 月 24 日会见了当地土著居民的酋长，并进行了会谈。通过这次调查，水野遵了解到台湾土著居民的情况后，当即决定搭乘便船回上海，急忙到北京向副岛种臣报告。这更使日本政府感到“征讨生蕃”之举有了必胜的把握。

第三起，是福岛九成等人。到 1873 年秋初②，日本政府出兵台湾

---

①《对支回顾录》，下卷，第 54 页。

② 关于福岛九成潜入台湾的具体时间，未见日方文献记载，凡涉及此事的材料，所述亦甚混乱，并无明确的说法。兹根据相关资料推测，其时当在 1873 年秋初。

的准备工作紧锣密鼓地进行，决定挑选有经验的现役军官潜入台湾实测地形，以备侵台日军行军之参考。福岛九成在中国南方调查时与日本画家安田老山邂逅。安田老山帮助福岛九成完成了此次任务。安田老山生于医药世家，其父曾为高须藩侍医。然而，安田老山不爱医术，却醉心于画术，曾赴长崎学画多年。1864 年来到上海，跟从中国著名画家胡公寿学画，一待就是差不多 10 年。当时，台湾防备尚严，清政府不允许外国人随便到台湾旅行。福岛九成又跟黑冈季备、水野遵变装潜入不同，他要进行实地测量，容易引起当地官府的注意。安田老山知道福岛九成的心思。安田老山表示愿意给予帮助，并正好借此机会饱览台湾山水。于是，安田老山命福岛九成扮作自己的弟子，随其进入台湾。这样，福岛九成以写生为掩护，在安田老山的协助下，绘制了十分详细的台湾地图。翌年，陆军中将西乡从道率日军侵台时，这份台湾地图起了不小的作用。

第四起，是桦山资纪等人。先是副岛种臣奉敕令来华互换条约之时，陆军少佐桦山资纪作为副岛种臣的随员先行一步，与柳原前光于 1873 年 3 月抵达上海，以迎候副岛种臣的到来。利用这段时间，桦山资纪溯长江而上，考察了武汉三镇的形势。4 月，副岛种臣一行路经上海北上时，桦山资纪同行。7 月上旬，副岛种臣返程回国，特意将桦山资纪留在上海。原陆军少将、时任驻上海总领事井田让，作为副岛种臣主要随员同行，也返回上海任所。日本驻上海总领事兼管福州、淡水等地领事事务，于是井田让利用工作上的便利条件，安排桦山资纪进入台湾。根据井田让的安排，桦山资纪带着成富清风、城岛谦藏、儿玉利国三人先到福州，住进一家中国客栈，然后通过客栈主人雇用一艘小汽船“广东”号，于 8 月 23 日抵淡水上岸。桦山资纪一行不仅受到英国领事馆的接待。据“桦山文书”中保存的《台湾日记》可知，当时桦山资纪等人对台湾的东北部比较重视，先雇人赴噶玛兰厅（今宜兰）、苏澳港“观看山地”，并“调查山地人风俗民情”[①]。随后，桦山资纪一行弄到一艘帆船，从海上进入基隆，在此地活动3天。桦山资纪见基隆堪称良港，并盛产煤炭，不禁艳羡之至，在日记中写道：“此地大抵尽是炭山，将来时机到来为我所占领，开发盛大的矿山事业，岂不快哉！”[②] 9月上旬，又乘帆船南行，途中骤遇台风，在岛石港滞留半个月，于28日抵苏澳港。桦山资纪一行进入土著居民集中的武太社地区，靠花言巧语取得信任，与武太社酋长会见。这是桦山资纪此行的主要收获。日人记此事云：“桦山公奉旨密航淡水，侦察岛情。九月，率从者三名，抵苏澳南方澳，挺身深入蕃地，欲有所为。十二月二日，招致南澳蕃武太社酋长……蕃人倾心归服。翌年，西乡都督用兵于本岛，镇抚凶蕃，控制南北，实率多赖其力。”[③] 此行历时43天，始回到淡水。

11月上旬，桦山资纪一行乘“海龙”号赴打狗（今高雄）。因当时与日本国内消息不通，情况不明，桦山资纪决定派儿玉利国、成富清风经厦门转赴香港，向日本领事林道三郎打听国内的情况；他本人和城岛谦藏则上岸继续活动。桦山资纪在坊间买到了一部《台湾府志》，即以此为参考，先后窜到安平（今台南）、东港、凤山（今高雄）、枋寮、琅璚等地调查，并用望远镜遥窥山势。12月初，桦山资纪接到儿玉利国的香港来信，得知西乡隆盛一派在朝议中失败下野，

---

① 桦山资纪：《台湾日记》第1册，转引《近代中国外谍与内奸史料汇编》，1986年，第40~41页。
②《对支回顾录》，下卷，第64页。
③ 高田富藏：《桦山公遗迹之碑》，《对支回顾录》，下卷，第65页。

不禁懊丧万分，跌足长叹曰：“正在设计图谋台湾之际，令人感到绝望。”[①] 桦山资纪是“征台论”的急先锋，他一面令儿玉利国、成富清风回国就“征台”问题游说，一面搭乘英轮回上海等候指示。

第五起，是日本发兵侵台前的最后一起，共分两拨：一拨是桦山资纪、水野遵、城岛谦藏三人，另一拨是儿玉利国、吉田清贯、田中纲常、成富清风、池田道辉五人。与此同时，日本海军乘坐春日舰，专门测量台湾及华南近海，为日本“征台”军登陆做准备。

先是桦山资纪在上海等待东京指令，与水野遵会合，正好春日测量船来港，二人便携城岛谦藏乘该船南下，经福州、厦门、香港、广东等处港湾，于 1874 年 3 月 3 日到澎湖岛，观看清军大炮发射演习。9 日，桦山资纪、水野遵、城岛谦藏三人从打狗上岸。桦山资纪会见了英国驻打狗领事额勒格里（William Gregory），并在后者的帮助下领到了台湾内地旅行证。这便为桦山资纪一行的活动提供了极大的方便。此后，桦山资纪便以合法的外国旅行者身份公开活动。于是，桦山资纪等先乘船到台湾南端的琅𤩝（今恒春）登岸，然后赴东港、枋寮，又回到车城。从枋寮以南到车城，再到琅𤩝，这一线是桦山资纪等此次侦察的重点。他们投宿枋寮时，该地道标千总郭占鳌和巡司王懋功来访，从交谈中了解到清军防区到枋寮为止，其南则为“生蕃”的居住区。“生蕃”牡丹社即离车城不远。桦山资纪认为，这一带必是日军侵台用兵的主要战场，因而又返回车城，一面观察地理形势，一面由水野遵绘制地图。桦山资纪等花了近一个月的时间，才完成了这一带的侦察任务。

---

① 桦山资纪：《台湾日记》第 2 册，转引《近代中国外谍与内奸史料汇编》，第 41 页。

随后，桦山资纪一行继续北上，经凤山（今高雄）、安平（今台南）、嘉义、莿桐巷（今莿桐乡）、彰化、后垅、竹堑（今新竹）等地，于4月22日抵淡水。儿玉利国、吉田清贯、田中纲常、成富清风、池田道辉等5人已先到此。两路日谍既已会合，便在桦山资纪的主持下商讨下一步的行动计划。大多数人认为，希望日本政府迅速派军舰到琅璚，早日对牡丹社采取军事行动，但也担心清政府管辖此地易生是非。另一种意见认为，不如趁此机会占领台湾北部“生蕃”之地，从事开垦事业。对此，儿玉利国主张尤力。[①] 最后作出决定：由水野遵与现任军职的儿玉利国、吉田清贯海军大尉、田中纲常陆军中尉继续留在淡水，等待日本军舰的到来，以保持联系；另外，桦山资纪与儿玉利国、池田道辉、成富清风、城岛谦藏等则先到基隆，研究实施占领东海岸苓莱平原之策。桦山资纪到基隆后，又决定由他和池田道辉留下，以便与水野遵等联络；儿玉利国、成富清风、城岛谦藏等向苓莱进发。儿玉利国一行花鹰洋60元雇到一艘帆船，航至花莲港以南的苓莱溪河口上陆，企图骗取土著居民的信任，但被识破，急忙脱离险地，匆忙中帆船又搁浅沉没，侥幸逃回。5月初，桦山资纪仍在基隆等待消息，水野遵乘船来报，日本集中兵力于琅璚。几天后，日本侵略军便开始在琅璚登陆了。于是，桦山资纪、水野遵等又赶往南部，参加日军对牡丹社的进攻。

日本发动进攻台湾之役，曾进行几年的准备，特别是先后派遣五起间谍到台湾侦察，为日本用兵策略的制定提供了重要的依据，故日人自称“实率多赖其力”。这些日谍实际上起了日本“征台”先遣队的作用。当时日本羽翼尚未丰满，这次出兵台湾纯属军事冒险，既未

① 桦山资纪：《台湾日记》第3册，转引《近代中国外谍与内奸史料汇编》，第42页。

达到预定的军事目的，在战略上陷入被动，又加上运输困难，病饿交加，疾病蔓延，死者达到600人之多，减员约1/6。为日军侵台大卖力气的水野遵，面对眼前死者的累累坟墓，内心受到极大的震撼，不禁发出了这样的哀鸣：

白沙黄草埋枯骨，戍鼓无声月色空。

曾向故山归不得，孤魂夜夜哭秋风。[①]

第三节　神秘的使者——日本驻华武官

日本派池上四郎去东北也好，派桦山资纪等多次前往台湾也好，都是为了特定的目的而临时派遣的，而不是基于布置常设间谍网的安排。说起日本在中国设置常设间谍网一事，不能不提到鸟尾小弥太其人。

鸟尾小弥太是长州藩士中村敬义的长子，原名中村凤辅，后改名。1863年从军，参加长藩“攘夷”之役。旋升奇兵队队长。又参加1868年戊辰讨幕战争。1871年，晋陆军少将。1873年，任陆军少辅，兼管对外情报业务。鸟尾小弥太以对邻邦中国的军事研究为当务之急，并在陆军卿山县有朋的支持下，确立了日本陆军的东亚政策。就是说，日军陆军发展的最初目标，要瞄准中国，伺机战而胜之，这也是日本大陆政策的核心所在。

根据上述方针，鸟尾小弥太决定有计划地派遣现役军官到大陆，以中国为日本的假想敌，进行全面的系统侦察。并对所派军官下达甲、

①《对支回顾录》，下卷，第59页。

乙、丙三号训令，以便按任务不同进行分工。

甲号：政体、法令及民心向背；中枢大臣的威望及其品行；官员职务分工及其员数；言语、风俗、人情；财政收支及国库情况；人才有无状况；对外国的交往、待遇及所订条约精细或粗略；两税法及所有田租诸税；满人与汉人之种种权利差别。

乙号：海陆军的兵制及队伍编成；兵士管理与训练；各级兵队员数；枪炮制造及弹药之优劣；统兵大员有几人及士气涨落；军舰数量及其马力、吨数；战略战法及现今是否尚用李、戚兵法。①

丙号：山岳高低走向、河海深浅、地理形势及城郭要冲之地；经纬度与地学上之位置；各地暑寒风雨气候情况；动植物产品与当地人之食物、刍秣及薪炭；户数及人口概计；市街状况及各地盛衰变化；各种矿山；田亩等级；地方病及当地人之预防办法；运河及水利；马匹是否有其他可用食料或可替代之负重牲畜。②

由日本陆军省的甲、乙、丙三号训令可知，所派遣的军事间谍侦察的目标虽极广泛，但重在中国的政治、军事情势。这表明，从此时起日本已经开始对中国大陆进行作战的准备了。

鸟尾小弥太先后派了两批军事间谍到中国大陆：第一批是在1873年12月，有陆军中尉美代清元等6人③，以华北为中心展开调查；第二批是在1874年4月，有陆军大尉大原里贤等7人，以华南为中心展开调查。如下表：

---

①“李、戚兵法”：“李”指李靖，唐朝初年名将，有《李卫公问对》及《李靖兵法》辑本传世；“戚”指戚继光，明代抗倭名将，著有《纪效新书》和《练兵实纪》。

②《对支回顾录》，下卷，第115~116页。

③ 实际上此批所派共8人，除6名是军官外，还有2名下士。

时间	姓名	籍贯	年龄	军衔	驻地
1873 年	美代清元	鹿儿岛	24	陆军中尉	北京
	岛弘毅	爱媛	30	陆军中尉	北京
	向郁	山口	24	陆军少尉	北京
	益满邦介	鹿儿岛	25	陆军少尉	天津
	长濑兼正	鹿儿岛	27	陆军少尉	天津
	芳野正常	不详	不详	陆军少尉试补	天津、北京
1874 年	大原里贤	高知	30	陆军大尉	福州
	安藤茂甡	不详	不详	陆军军曹	福州
	马屋原务本	山口	27	陆军大尉	香港
	三户庵	不详	不详	陆军少尉试补	香港
	相良长裕	鹿儿岛	29	陆军中尉	广州
	野崎弘毅	不详	不详	陆军大尉	镇江
	石川昌彦	山口	28	陆军中尉	镇江

在日本派遣这两批军事间谍来华期间，正赶上发生日军侵台事件，中日两国关系顿时紧张起来，战争似有一触即发之势。于是，日本方面对在华间谍重新做出安排，除第一批之芳野正常、美代清元因病先后回国外，命令第一批之岛弘毅、向郁、益满邦介，第二批之安藤茂甡、马屋原务本、三户庵、野崎弘毅、石川昌彦等亦先后回国，另行任用。对继续留华的三人，即第一批之长濑兼正、第二批之大原里贤、相良长裕，也都做了相应的安排。

长濑兼正是日本第一批遣华间谍中的人员，先在天津学习汉语，并熟悉中国的风俗习惯。当时，日本北京公使馆刚刚开馆，柳原前光任公使，郑永宁任一等书记官；因柳原前光正忙于与清政府谈判，实际上是郑永宁在主持馆务。郑永宁，号东林，长崎人。本姓吴，原籍福建晋江县。明末时，其先祖吴一官因避兵乱东渡日本，定居于长崎。永宁生，过继郑家，因改姓郑。郑氏亦明朝名门之后，世代为“唐通事”，即汉语翻译。1869 年，永宁奉调到东京，历任一等译官、大译官、文书权正等职。曾数次随日本交涉官员或全权办理大臣来华，担任翻译。到 1874 年 3 月，始正式调往日本驻北京公使馆供职。当时，在京畿一带的唯一日本侨民是日本本愿寺僧小栗栖香顶，他先到五台山游历，后在北京龙泉寺挂单。于是，由郑永宁出面联系，请小栗栖香顶担任美代清元、岛弘毅等人的汉语老师。郑永宁还认为长濑兼正是可造之才，便将长濑兼正调入北京使馆，让他跟从小栗栖香顶学习汉语。中日关系吃紧后，美代清元、岛弘毅等回国；小栗栖香顶作为挂单和尚自难久留，也分途东归。而长濑兼正却仍被留下继续学习。此后，长濑兼正作为日本驻华武官的随员，成为一个十分活跃的日本间谍。

大原里贤奉命继续留闽。这是因为对于日本来说，福州是必须随时监视的地方。日本于 1872 年在福州设领事馆，是日本在中国大陆最早设置的几个领事馆之一①，并特派陆军少将井田让为首任领事，其重要性可想而知。日本为什么这样重视福州呢？因为福州靠近台湾，而且有造船局和福建水师②，在日本已发兵侵台的形势下，这里正是观察中国军事动向的理想地方。另外，福州也是琉球馆的所在地。自明朝初年以来，中国与琉球之间即建立了封贡关系。每次琉球进贡船来，及贡使进京拜见皇帝后回国，都必经福州住进琉球馆；与贡使同来的贸易人员则不进京，只就地从事商贸活动。日本当时正准备吞并

① 另外两个：一是同年所设上海领事馆，由品川忠道代理领事；一是同年所设香港领事馆，兼管广州、琼州及潮州，由林道三郎任副领事（领事暂缺）。

② 到 1874 年夏，福建水师已拥有兵船 15 艘，总排水量达到 15 000 吨。参见拙著《晚清海军兴衰史》，人民出版社，1998 年，第 196 页。

琉球，这里又成为了解中琉关系变化的重要窗口。大原里贤自到福州后，努力学习汉语，并懂得当地方言，很快就能够独立活动了。正由于此，日本方面才调其随员安藤茂豼回国，留他一人仍驻福州。他也以此被日人称为在华“驻在武官之先行”①。

相良长裕来广州后，单身住省城客栈，访师学习汉语，考察风俗习惯，已能在省内游历。相良长裕的侦察重点是中国的军事方面，如海陆军建制、募兵制度、兵器优劣状况等乙号训令所规定的内容。对于日本来说，相良长裕当时的工作是最迫切的，故命他继续留在广州。后来相良长裕又被调到福州，重点搜集关于马尾造船和福建水师的情报，随时报告参谋局，使其时刻处于日人的严密监视之下。

日本虽然先后有计划地派遣两批军事间谍到中国来，但他们还称不上具有近代意义的武官。何谓武官？“所谓武官，就是派驻国外执行公务的军人，亦可称为身着军服的外交官。武官的身份是外交官，在外交场合代表本国军队。但武官的任务则是调查搜集驻在国军事等方面的情报。”② 所以，武官实际上是具有外交官合法身份的“公开间谍”。无怪乎人们都目之为神秘的使者了。这种“公开间谍”制度，虽然到了近代才正式建立，但是其萌芽却可追溯到15世纪。“随着情报在军事上越来越受重视和军队本身的规模越来越大，军事情报和政治情报开始分开，并转由军队自己进行搜集。这便是武官制度的诞生。”③ 武官制度在欧洲的确立，始于拿破仑时代。日本实行武官制度较晚，是学习西方的结果。最早提出此项建议的正是曾到德国学习军事的陆军军官桂太郎。

桂太郎，山口人，长州藩士出身。幼名寿雄，又称清澄、左中，

---

①《对支回顾录》，下卷，第132页。

② 铃木健二：《神秘的使者——武官》，军事译文出版社，1987年，第1~3页。

③ 铃木健二：《神秘的使者——武官》，军事译文出版社，1987年，第1~3页。

后改名太郎，号海城。1870 年，赴德国留学 3 年，专门研究军队建制问题。1874 年初，任陆军大尉，调入陆军省第六局。同年，陆军省第六局改为参谋局，乌尾小弥太任局长，将桂太郎升为陆军少佐，担任谍报提理。桂太郎既负责管理对外谍报工作，以其在欧洲 3 年的对军事的学习和考察，深感有向驻外使馆派遣武官的必要。于是，他向陆军卿山县有朋建议：

如欲改革陆军兵制，虽邀聘欧洲合适之教师固有必要，然选派我邦有为之士赴欧更为重要。且其人选如属寻常书生，探究彼政府内部诸情恐多困难，宜遣具备适当资格并有相当经验之武官，令其搜集各种情况进行分析对比，再加以探讨研究，以获得我陆军改革之所需资料。为达到此目的，宜实行武官制度，先向欧美各国之我驻外公使馆派遣武官；对清国亦照此办理。①

山县有朋采纳了桂太郎的建议。1875 年 3 月，桂太郎毛遂自荐，以陆军少佐的身份重返德国，担任驻该国公使馆的武官。与此同时，陆军大佐福原和胜被派往中国，担任驻北京公使馆武官。其随员有陆军中尉古川宣誉等。此时，奉命归国的岛弘毅和向郁又被派回北京，亦归福原和胜武官节制。桂太郎和福原和胜离开东京赴任前，山县有朋下达了一份《驻外武官工作守则》，其内称：

凡陆军参谋部军官在公使馆任职，常驻缔交之国，即或出外旅游观光，亦须完全置于所在公使馆公使领导之下；其所能享受之一切权力应与公使馆其他工作人员相同，不得有任何特殊。平素既须认真以此体现天皇陛下与驻在国君主友好交往之信义；同时应谨言慎行，万不可有损于本邦国格及公使名誉，言谈举止不可粗鲁。尤其是身为武官者，更要安分守己，廉洁奉公；一言一

①《对支回顾录》，下卷，第 213 页。

> 行须考虑到我陆军名誉，不可放任。在驻外期间，起居外出皆应遵守公使馆纪律，事事须经公使允许，不可独断专行。在调查驻在国情况时，与其军事制度、战术相比，更应注重了解其军事地理及军队之政治态度，并按以往在参谋科学习之方法，进行实地试验。此外，还应特别注意驻在国与其他国家之外交关系，并将其利害关系和实力强弱等情况呈报国内。所有呈送本大臣之报告，应通过公使馆与日本外务省之联络途径。一般报告与特别报告，应加以区别。……若本大臣下令需要特别报告时，武官应勤勉尽职，悉察其详委。若事关武器问题，或更新装备，应将众说异议统统报回，不可遗漏。[①]

这份工作守则是想从文字上体现外交一元化的原则，即“外交是天皇的大权，由外务省统管，所以尽管武官是军人，也必须听命于公使指挥”[②]。但是，这一原则在实践中并未得到认真的遵守。因为这份守则中对调查报告呈送对象的规定就是模糊不清的。事实上，情报主要是通过军方的渠道，而不是外交的渠道。何况武官及其随员根本做不到“谨言慎行”和“安分守己”。他们为了获取情报，不惜乔装改扮，采取各种非法手段，甚至无所不用其极，哪里还顾得其“陆军名誉”！所以，山县有朋制定的这份《驻外武官工作守则》，从基本方面来说不过是一纸具文而已。

无论如何，武官制度的确立，使日本对华谋略谍报活动进入了一个新的时期。以此为转机，日本间谍的对华调查工作迅速打开了局面。福原和胜作为首任驻华武官，到职后即依照《驻外武官工作守则》的要求抓紧工作。其随员也都积极行动起来。即以 1877 年、1878 年而

① 铃木健二：《神秘的使者——武官》，第 4~5 页。
② 铃木健二：《神秘的使者——武官》，第 4 页。

论，其活动的范围已有相当的扩大。如长濑兼正在甘肃、山西调查，历时 5 个月，撰有《纪行日志》；大原里贤在陕西、四川调查，历访西安、成都、重庆等重要都会，经三峡之险，历时 70 多天，撰成《陕川经历记》。这些调查报告填补了以往间谍报告的空白。再如岛弘毅的东北调查，亦大有突破。虽然在此以前，池上四郎和福原和胜都先后进入过东北，但池上四郎所到之处只在奉天附近，福原和胜也只是稍稍接触关外的风物而已。岛弘毅与其他人不同。他遍历奉天、吉林、黑龙江三省的主要干路和城市，访问各省将军，与其他军政要员及地方名流诗酒唱酬；还随身携带《盛京通志》《圣武记》《东华录》等要籍随时查考研究，对地理、气候、物产、兵备等的考察可谓咸备，并根据实测订正地图的差误，前后历时半年，最终撰成《满洲纪事》两卷呈送参谋本部管西局。

若遇到突发性事件或需要关注的重要情况，武官必须专人前往监视和调查。如 1875 年 2 月发生的马嘉理事件：英国为打通由缅甸侵略中国西南地区的通道，派一支由陆军上校柏郎（Horace Albert Browne）率领的武装探路队，其随员马嘉理（Augustus Raymond Margary）进入云南后被人杀死，引起中英交涉。1876 年 8 月，清政府派李鸿章为全权大臣，在烟台与英国公使威妥玛（Francis Thomas Wade）会谈。同年 9 月 13 日，清政府在英国的武力威胁下，被迫接受了丧权辱国的《中英烟台条约》。对于这一突发性事件，日本极为关注，特派长濑兼正前往烟台，并与再度来华的岛弘毅、向郁两人会合，多方搜集谍报，写成有关中英订约经过的详细报告，由三人联名送呈。长濑兼正以此晋升陆军中尉。日本当局非常欣赏这份报告，从中体会到了强权政治的威力和作用。此后在与中国的交涉中，日本也对西方列强的霸道行径亦步亦趋，屡屡得逞。

日本不但对中国与西方国家的外交活动极为关切，而且对中国的各个方面，甚至自然灾害也十分注意。1877 年至 1878 年间，中国华北一带发生特大旱灾："自去年以来，直隶、山东、山西、河南等省，田禾缺雨，荒旱成灾，粮价日增，流民遍野。逮及今年，直隶、山东、河南三省，春麦少有收获，闻尚未能一律丰稔。而山西一省，荒歉更甚于去年。人情汹汹，朝难谋夕。子女则鬻于路，攘夺或施于里党。啼饥者远连数郡，求食者动聚千人。""往来二三千里，目之所见皆系鹄面鸠形，耳之所闻无非男啼女哭。冬令北风怒号，林谷冰冻，一日再食，尚不能以御寒，彻旦久饥，更复何从度活！甚至枯骸塞途，绕车而过，残喘呼救，望地而僵。统计一省之内，每日饥毙何止千人！"① 这本是一场人世惨剧，日本却从另一种角度进行解读，急派岛弘毅进行调查。岛弘毅写出了一份内容详尽的《北清饥馑调查》。岛弘毅也以《满洲纪行》《北清饥馑调查》两份报告而得到上司赏识，直接调入参谋局工作。通过对华北旱灾的调查，日本当局已经预感到，中国国土辽阔，天灾人祸在所难免，每每造成社会不稳定的局面，这就有可能为日本提供日后出兵大陆的机会。

还应该看到，1878 年日本对谍报系统的改革所具有的重要影响。当时还担任参谋局谍报提理的桂太郎，建议撤销参谋局，设置直属于天皇的参谋本部，主管用兵作战等军令及谍报事项，政府无权过问。这标志着"以内战为目的的军事体制向以对外战争为目的的军事体制的一大转变"。同年 12 月 5 日，参谋本部正式设立，由山县有朋任参谋本部部长，桂太郎出任管西局局长，主要分管对中国的谍报工作。早在 1874 年，山县有朋便向桂太郎透露过这样的消息："对清国兵制

---

①《光绪朝东华录》，第 1 册，中华书局，1984 年，总第 453、514 页。

及实况的调查，应以缓急之际能够实地应用为目的。”[①] 对此，桂太郎所见略同，准备坚决贯彻执行。

桂太郎以陆军中佐的身份就参谋本部管西部之职，上任伊始就确立了对华的正式谍报活动的新制度。从1879年起，制定三年规划，总经费定为80 000日元，作为所派日谍在中国内地旅行的侦探费。根据新的规定，遣华日谍要定期进行内地侦察旅行，并多设常驻日谍的据点。同时，从青年军官中挑选“俊才”派往中国。3年来，每年选派一批，共计18名，如下表[②]：

时间	姓名	籍贯	年龄	军衔	驻地
1879年	志水直	爱知	31	步兵大尉	上海
	大原里贤	高知	35	步兵大尉	汉口
	小泉正保	茨城	25	步兵少尉	汉口
	岛弘毅	爱媛	36	步兵中尉	天津
	山根武亮	山口	27	工兵少尉	天津
	长濑兼正	鹿儿岛	33	步兵中尉	北京
	花坂圆	岩手	27	步兵少尉	北京
	相良长裕	鹿儿岛	34	步兵中尉	广州
	岛村干雄	高知	24	步兵少尉	广州
	美代清濯	鹿儿岛	33	工兵少尉	厦门
	田中谦介	鹿儿岛	25	步兵少尉	厦门
	伊集院兼雄	鹿儿岛	27	工兵中尉	牛庄

① 小林一美：《明治期日本参谋本部の对外谍报活动》，滕维藻等编：《东亚世界史探求》，第392页。

②《对支回顾录》，下卷，第214、217页。

（续表）

时间	姓名	籍贯	年龄	军衔	驻地
1880 年	酒勾景信	宫崎	不详	炮兵少尉	牛庄
	玉井昽虎	爱媛	27	炮兵少尉	牛庄
1881 年	柴山尚则	石川	28	步兵少尉	福州
	丸子方	熊本	26	步兵中尉	福州
	松岛克己	冈山	30	步兵中尉	广州
	三浦自孝	岩手	28	步兵少尉	北京

1879 年秋，桂太郎决定亲自到中国大陆进行实地观察。他变装微服潜入中国，从华南到华北，并重点对天津、北京进行调查，起草了对华作战方策——《邻邦兵备略》。为了做好发动侵华战争的准备，他感觉到培养军队的汉语翻译人才实有必要，于是于同年末向中国派出了 14 名语学研修生。他们是川上彦六、杉山昌夫、柴田晃、御幡雅文、关口长之、大泽茂、谷信敬、平岩道知、濑户晋、原田政德（木野村政德）、沼田正宣、末吉保马、草场谨三郎、富地近思。[①] 这批语学研修生享受官费待遇，学资年额 700 日元，赴北京旅费也由官方支出。

到 1882 年，虽然 3 年派遣日谍计划已完成，但选派工作还在继续。同年派到中国的多名日谍，有福岛安正、神尾光臣等人。福岛安正，长野人。曾在司法省任职数年。1877 年从军，参加征讨鹿儿岛士族叛乱的西南战争。翌年任陆军中尉，正式列入军籍。1882 年奉命来中国，在山东各地从事调查。旋晋升陆军大尉，任驻北京公使馆武官。在此期间，曾到古北口（今密云东北）、多伦诺尔（今多伦县）、张家口等地调查，并编纂《邻邦兵备略补正》，对《邻邦兵备略》有所补

①《对支回顾录》，下卷，第 214 页。

充和订正。神尾光臣，也是长野人，与福岛安正同乡。1882 年，以步兵中尉奉派来华。同时奉派的还有步兵少尉小野重勤、工兵中尉美代清濯和小田新太郎。其中，美代清濯先于 1879 年来华后，着重于一般地势、交通等有关兵要地志资料的搜集，并特别就台湾岛与外部关系进行调查研究，于 1880 年年底回国，故此次又奉派来华。他们之间的分工是：神尾光臣、小野重勤驻天津，对华北一带的地理形势进行实地勘查；美代清濯、小田新太郎驻宁波，搜集浙江全省的兵要地志资料，并一一进行实地探查。

由上述可知，迄于 1883 年，日本对中国的谍报工作已经达到了相当细密深入的程度。之所以能够如此，与 1875 年武官制度的确立是大有关系的。其后，日本于 1878 年对谍报系统的改革及随之而来次年推行的对华谍报活动的新制度，更极大地提高了武官制度的作用和活力。由此不难看出，是日本武官制度的确立，带来了日本对华谋略谍报工作的大发展，从而也加速了日本发动大规模侵华战争的步伐。

第二章　中法战争与日本侵华谋略谍报活动

第一节　趁火打劫正其时

日本侵华谋略谍报活动开始是与“征韩论”的兴起有关的。其后，“征韩论”的激进派虽在朝议争论中失败，辞官下野，但其向大陆扩张的侵略野心并没有死，相反地倒是在伺机而动。前参议板垣退助和后藤象二郎便是这样的人物。中法战争的发生，使这些老牌的激进“征韩论”者受到了极大的鼓舞。

先是在 1883 年 5 月，法国成立了以茹费里（Jules Ferry）为总理的战争内阁，准备扩大侵华战争。6 月 13 日，板垣退助所控制的《自由新闻》便刊载文章，大肆鼓吹日本与法国结盟，共同对付中国。《自由新闻》声称：

> 如果法国占有越南，等于打破中国在越南的宗主权，这和日本对朝鲜的意图相似。中法战争若中国获胜，将对日本涉足朝鲜产生负面影响；反之，则给日本以主宰朝鲜之绝好机会。日法联

合夹击中国，乃是彻底解决朝鲜问题之良策。[1]

这一“日法联合夹击中国”的建议，并非出自板垣退助等人的一时心血来潮，而是有着深厚的历史背景的。法国驻华公使宝海（Fredéric Albert Bourée）和日本驻华公使榎本武扬，早就私下里探讨过日法联合的问题。当时，正在欧洲考察宪法问题的参议伊藤博文，也认为不可错过这个大好机会，“应联法攻清”[2]。只是由于日本政府内部意见不一，一时举棋不定，尚未形成决策。

1884年6月，中法之间的军事冲突升级为公开的战争。8月23日，法国舰队在马江突袭中国舰船，福建水师全军覆没。对此，日本朝野的海外扩张论者兴奋不已。板垣退助和后藤象二郎便开始策划在朝鲜发动军事政变，以配合法军在中国东南沿海一带的军事进攻。当时，后藤象二郎得意忘形，对其党徒煽动说：

> 我们由此也应去占领朝鲜。……最重要的是钱，有了钱，就能大量购买武器弹药，随后制造一起事件，把支那兵赶到鸭绿江以北去。到那时候，只靠几支步枪是不行的。对此，大炮最有用。其实，我正在向法国订购大炮。……我们准备把朝鲜弄到手，就立即去取支那。[3]

后藤象二郎还亲自对朝鲜亲日派开化党首领金玉均进行鼓动：“我将提供一百万日元资金和有志之士赶往贵国，一举清除捣乱之辈，以安八道之人民，使贵国如泰山之安。”[4] 其后，金玉均果然在日本的支持下发动了政变，但最后以失败而告终。

对于日本当局来说，同法国南北配合，在朝鲜策动政变，自然是

① 《自由新闻》，1883年6月13日。
② 信夫清三郎：《日本外交史》，上册，商务印书馆，1980年，第200页。
③ 杂贺博爱：《杉田鹑山翁》，鹑山会，1928年，第567页。
④ 大町桂月：《伯爵后藤象二郎传》，富山房，1914年，第543页。

乐观其成，但又考虑不能仅着眼于这一步棋，而应该看得更为深远。就是说，对华谋略的根本仍在于积极扩军备战，等待时机以求一逞。因此，当务之急是要求进一步加强对华谍报工作。当时确定对中国的侦察重点有两个：

第一，对中法海战的实况进行观察。日本参谋本部认为，对中法之间发生的海战，日本必须重视，应该跟踪观察，以从中汲取经验教训。先是在1884年4月下旬，太政大臣三条实美即向海军发出训令："今我政府依照英国政府倡议，英、美、俄三国决定共同向清国派遣军舰。其目的乃因目下发生安南事件，清法失和，万一事态急变，我之军舰将与三国军舰一起，保护居留于清国的中立国人民及其财产。在碇泊清国期间，凡事须同三国水师提督及舰长商议，相互协力，以努力完成任务。当清法两国开战之际，我军舰应严守中立国条款，绝不插手其间。"[①] 日本最高当局决定仿效英、美、俄等西方列强的做法，并与它们沆瀣一气，打着中立国的旗号，其军舰便可以畅行无阻地进入中国领海甚至内河了。

根据太政大臣三条实美的训令，日本中舰队司令官海军少将松村淳藏乘坐旗舰"扶桑"号即时起碇，僚舰"天城"号舰长海军少佐东乡平八郎随后出发，于5月30日在上海会合。根据当时所得到的消息，中国东南沿海尚无法国舰队的踪影，暂时不可能发生海战，于是松村淳藏命天城舰趁此机会观察长江险要。天城舰于6月10日自上海出发，溯江而上，于20日抵汉口。此举实乃日本军舰溯流长江之嚆矢。25日，天城舰回到上海。翌日，法国政府便决定以孤拔（Amédée Anatole Prosper Courbet）为司令，利士比（Sébastien Nicolas Joachim Lespés）为副司令，率远东舰队东航。7月1日，法国新任驻华公使巴

① 东亚同文会编：《对支回顾录》，下卷，原书房，1981年，第407页。

德诺（Jules Patenôtre）抵上海，但拒绝进京，以示要挟。7 日，茹费理致电巴德诺及孤拔，命其准备派舰前往福州和基隆。13 日，法国远东舰队有一艘军舰先行抵达福州。其后，又有数艘法舰陆续开到。进入 8 月后，孤拔率远东舰队主力聚泊于福州马江，与福建水师对峙，形势日趋危急，有一触即发之势。松村淳藏即命东乡平八郎乘天城舰驶向福州马尾，以观察战况。23 日，法国舰队发动突然袭击，福建水师 11 艘舰船一时俱尽，樯橹灰飞烟灭。24 日，法国舰队又发炮摧毁马尾船厂。东乡平八郎亲临战地，访攻防之迹，探胜败之由，感触良深。随后即向松村淳藏提出详细报告，以为日本海军之鉴。

中法马江之战后，天城舰出闽江口，尾随法国舰队南下，一面游弋于华南沿海各港口。到 10 月初，法国舰队又麇集于淡水、基隆两港海面。于是，东乡平八郎也率天城舰由香港北航，于 10 月 5 日到淡水海面，7 日到基隆海面，拜会了孤拔。8 日，法国军队在战舰炮火的掩护下从淡水登陆，遇到清军的英勇抵抗，伤亡累累，损失惨重，铩羽而逃。东乡平八郎亲睹战况，分析法军淡水登陆战失败的原因，颇有体会。10 年后，日本发动甲午侵华战争时，无论对中国大陆的登陆战也好，还是对台湾北部的登陆战也好，一概不用正面突击的办法，而采取远势包抄后路的战术，正是汲取了法国军队在淡水之战中失败的教训。

第二，对中国东南海防设施及驻军情况进行详细调查。当时，中国东南海防吃紧，戒备森严，日本间谍完成此项任务困难甚大。时驻福州的日本工兵中尉小泽豁郎长于交际，早就跟法国代理福州领事馆馆务的法兰亭（Joseph Hippolyte Frandin）混得很熟，来往频繁。法兰亭正奉命全力搜集有关福州防务的军事情报，并偷绘了《福州炮台全图》。小泽豁郎利用当时日法交好的外交势头，向法兰亭借得《福州炮台全图》加以转录，轻易地得到了这份机密军事情报。

中法马江之战后，闽台形势更趋紧张。左宗棠慷慨请行，奉旨为钦差大臣，督办福建军务。随后，左宗棠提军南下福州，东南人心大定。左宗棠以收复新疆的盖世之功，名震寰宇，其所统大军自然成为日谍所亟欲搜索的目标。小泽豁郎费尽心机，结识了左军营务处的黄竹斋，并对其以重金贿买，偷得全军紧要图册，将此呈报日本参谋本部。[①]

到1885年11月，中、法两国互换《天津条约》后，日本不仅没有停止对中国东南海防设施的继续侦察，反而扩大侦察的范围，从闽省一隅扩大到整个东南海岸要港。日本参谋本部海军部特命海军大尉新纳时亮来华，就是典型之例。1886年3月，新纳时亮来到上海，住宿于日本人开设的东和洋行。他化名邦山顺，行商打扮，秘密调查从长江口到杭州湾一带的海防设施情况。他迫切需要一名助手。正在此时，恰与当时浪迹上海的日本浪人川岛浪速不期而遇，两人气味相投，一拍即合。于是，川岛浪速成为新纳时亮执行此项任务的得力帮手。

提到川岛浪速，很容易联想到著名的男装女谍川岛芳子——金璧辉。芳子本名显玗，是肃亲王善耆的第十四王女。其父勾结日本势力，把她送给川岛浪速做养女，在川岛浪速的熏陶下成为一个没有日本国籍的日本女间谍。川岛浪速是一个十分顽固的侵华分子。他本是日本古代名将北条时宗的后裔，到他出生时早已家道中落。他幼时曾听其母亲讲昔日丰臣秀吉母亲曾梦见日轮入怀，因而有孕，生下秀吉；而他母亲也夜做奇梦，梦见日月同时从东山升起，忽然又向下坠落，不禁惊叫起来，被父亲唤醒，从此怀上了浪速。[②] 这些梦话竟对川岛浪

①《对支回顾录》，下卷，第315~316页。按：黄竹斋从此成为依附日本并死心塌地为日本人效劳的汉奸，1895年日本割占台湾后被召至台北，继续为日本人效力。

② 黑龙会编：《东亚先觉志士记传》，中卷，原书房，1933年，第214~215页。

速幼小的心灵产生了影响。他少年时便自命不凡，顽劣异常。后其全家搬到东京。当时，副岛种臣等人成立兴亚会，鼓吹兴亚主义，使川岛浪速深受感染，从此决心要走“大陆雄飞”的道路。他认为“亚洲的局势已受到白种人的威胁，中国、朝鲜和日本只能勉强维持其独立而已”。为了挽救这种局面，“必须首先防止中国之灭亡”[①]。就是说，他认为只有由日本来控制中国，才能避免亚洲沦于西方列强的统治之下。川岛浪速爱好格律诗，17 岁时即作有“何时鞭起铁蹄马，踏破坚冰鸭绿江”的诗句。正由于此，他考入东京外国语学校之后，一反当时的时尚，没有进人们引以为荣的英文班、法文班，而不顾旁人讪笑进了中文班。在此期间，他广泛涉猎兵法、历史、地理、天文等方面的书籍。他有两大爱好：一是喜读《史记》，每天都要朗诵《项羽本纪》《高祖本纪》《刺客列传》等篇，对项羽、刘邦、荆轲等人心向往之；一是爱读中国古代兵法经典《武经七书》，特别对其中的《孙子》《吴子》《三略》和《六韬》加以精读。1885 年，东京外国语学校与东京商法讲习所合并，改名为东京商业学校，以商业教育为主，而且规定学生都要专学英文。川岛浪速对此项规定极为不满，以辍学表示抗议，决定只身独闯中国大陆，怀着“误忧天下事，拂泪上征舟”[②]的心情来到上海。不久，便发生了在东和洋行与新纳时亮邂逅的一幕。

新纳时亮的第一步计划，是侦察澉浦和乍浦两座炮台。这两座炮台皆位于杭州湾北岸，澉浦在海盐县西南方，乍浦在海盐县东北方，与他们相隔皆数十里之遥。新纳时亮和川岛浪速为掩人耳目，便于活动，都化装成钓鱼人。[③] 川岛浪速为仿效中国人的辫发，在离开日本

---

① 上阪冬子：《男装女谍——川岛芳子传》，解放军出版社，1987 年，第 35 页。

②《东亚先觉志士记传》，中卷，第 221、227 页。

③ 王振坤、张颖：《日特祸华史——日本帝国主义侵华谋略谍报活动史实》，卷 1，群众出版社，1988 年，第 188 页。

之前就开始蓄发，因为头发长得不够长，这次还用了假发。[①] 来到澉浦炮台附近，见炮台门前只有一名清兵持枪站岗，川岛浪速故意上前问：“这是什么地方？”清兵告知这是炮台。又问：“有队伍把守吗？”清兵答道：“营房不在此处，每天轮流派一人来站岗。”川岛浪速突然拿出猎枪对准清兵，与新纳时亮迅速进入炮台，观察其内部构造，并对炮台胸壁的厚度、大炮射角大小及其口径等，都一一做了精确的测量。在川岛浪速的协助下，新纳时亮还调查了吴淞、江阴、镇江等处炮台，并实测绘图。[②] 其后，新纳时亮又将所获之调查资料编成《中国沿岸纪要》，为日本参谋本部所重视。甲午战争爆发时他调大本营任职，参与谋划作战方策，建言颇多。[③]

以上所述都是日本军事间谍活动之例。当然他们也有失手之时。如东靖民间谍案即典型的案例。东靖民，在清朝档案中称东敬名，是一名日本军官，但在日文资料中没有找到他的传。现据总理衙门档案，知道他是先被派到北京，于 1884 年 3 月从北京到天津，又乘船去营口，从此在东北三省调查军事设施及清军驻防情况，为时达 1 年之久。1885 年 2 月至 3 月间，当东靖民潜入宁古塔驻军防地时，副都统容山所部见其形迹可疑，将其拿获。[④] 容山见是日本奸细，不便处理，派人送交营口道台衙门，又转送上海道台衙门。上海道黄承乙并未将此事上报，为讨好日本，竟将东靖民释放回国。[⑤]

日本参谋本部在确定侦察重点的同时，更从战略上着眼于未来，其目的性在此期间更趋于明确，即为发动一场入侵中国大陆的战争而

① 上阪冬子：《男装女谍——川岛芳子传》，解放军出版社，1987 年，第 37 页。
②《东亚先觉志士记传》，中卷，第 232~233 页。
③《东亚先觉志士记传》，下卷，第 86 页。
④《中日战争》（中国近代史资料丛刊续编），第 5 册，中华书局，1993 年，第 397 页。
⑤《对支回顾录》，下卷，第 275 页。

做准备。为此，自中法战争爆发后，日本的对华谍报工作出现了一些新的特点：

（一）开始更注意所派间谍潜伏的长期性。如海军中尉安原金次化名武富春，在福州开设日本杂货店，前后有 5 年；海军中尉关文炳化名积参助，在天津北洋大臣衙门附近开设书店，前后有 7 年；陆军中尉小泽德平在天津开设乐元堂药铺，前后达 18 年之久。

（二）日本间谍的分工更为具体细致。如工兵中尉石川洁太在京 5 年，专门从事华北一带地理的实地调查和测绘制图，最后编成一份《华北兵要地志资料》上报；陆军中尉青木宣纯与柴五郎一起，以游历为名，详细勘测了北京附近的地形，并绘制了精密的京郊地图，成为日本第一次得到的北京郊区地理图；时任驻北京武官的陆军大尉福岛安正则从事“征清”方策的研究，曾于 1885 年向参谋本部提出一份《征清意见书》，全面论述有关对华作战事项，并提出了相应的建议。

（三）考虑到未来对华开战时海军情报的重要性，决定在北京公使馆增设海军武官。因为海军武官之设比陆军武官晚了 10 年，所以对人选的确定比较慎重。最后决定派海军大尉日高壮之丞担任此职，以海军中尉马场练兵为其副手，专门研究中国海军问题。

（四）预计未来对华作战时渤海湾及其沿岸地方将成为主要战场，决定将谍报工作的重点北移。如派步兵少尉铃木信驻牛庄，以此为根据地开展活动，一面努力搜集东北各地的兵要地志资料，一面详细调查辽河的水运情况；将海军大尉安原金次从福州调到烟台，花 1 年时间侦察山东省沿岸水路，并窃取了北洋海军的信号书；尤其是派陆军中佐山本清坚、陆军大尉藤井茂太等多名情报军官，由山海关沿洋河、滦河、北塘河、白河至大沽口一带长达 100 多公里的海岸线附近进行调查，以确定渤海湾的最佳登陆地点，并研究军队运送方法，以及部队上陆后的战略目标和地形选择等。

上述情况表明，日本企图利用中法战争之机趁火打劫没有获得成功，但大大地加强了对华谋略谍报活动，并将谋略谍报工作的重点从中国东南沿海转移到渤海一带，这预示着由日本发动的一场更大规模的侵华战争已经在酝酿之中了。

第二节　庐山轩照相馆

坐落在福州城里的庐山轩照相馆，在日本情报机构内部叫作“福州组”，被日本大陆浪人称为对中国进行谋略谍报活动的“先驱”①。

庐山轩照相馆的主人木村信二，是一个典型的日本浪人。他出生在旧会津藩士家庭，及长到东京游学，对“征韩论”的激进派首领西乡隆盛颇为敬仰。1873 年秋，西乡隆盛失势下野，木村信二心中久久不平。1876 年 10 月，前兵部大辅前原一诚在萩发动了反对政府的武装叛乱，木村信二十分同情，与同乡永冈久茂等商议举事响应。他们计划乘船到千叶，当行至思索桥时，遭到警察的袭击，几乎被一网打尽。木村信二侥幸逃脱，到处躲藏隐匿，后被搜出，被判处 10 年徒刑。1882 年 2 月，木村信二被特赦出狱。其后，他航渡中国大陆，来到福州，开了这家庐山轩照相馆。从此，这里成了日本情报军官和大陆浪人的聚会之所。他们皆自况为梁山好汉，称此处为“梁山泊”。

庐山轩照相馆之所以为人们所关注，主要是两个人的缘故。这两

① 王振坤、张颖：《日特祸华史——日本帝国主义侵华谋略谍报活动史实》，卷 1，第 33 页。

个人，一个是大陆浪人山口五郎太，一个是日本陆军中尉小泽豁郎。

山口五郎太出生于佐贺锅岛藩士家庭，原姓藤崎，后被养于山口家，所以改姓。少时曾入藩校弘道馆学习汉籍。明治初参加兵队。又于1874年跟随西乡从道入侵台湾。同年10月，山口五郎太经上司允准内渡厦门，随厦门领事福岛九成研究中国问题。从1879年起，日本开始派陆军留学生赴华，当时山口五郎太已经29岁，也享受每年补助金700日元的待遇，仍留在厦门。1880年2月，山口五郎太从厦门移住福建省会福州，化名苏亮明，一身中国人打扮，活脱脱一个中国人的样子。从此，他广泛结交各阶层人士，特别是深入民间秘密结社，并与哥老会的首领彭清泉拉上了关系。

中法战争的战火燃烧到中国东南沿海以后，山口五郎太认为自己一展身手的机会终于来到了。这时，他萌生了一个想法，就是借助于哥老会的力量起事，以实现“改造”中国的目的。据考察，哥老会发源于乾隆初年。嘉庆、道光年间，天地会势力北移，与川楚一带白莲教啯噜党势力相会合，它们彼此之间相互影响和融合，形成了哥老会的组织名称。[①] 进入19世纪70年代，哥老会向南北各省，特别是长江中下游地区迅速蔓延。各地哥老会多系营伍出身，“久系犷悍之士，不能敛手归农……哥匪名目因之乘之以兴”[②]。连一些封疆大吏也为之束手，哀叹：“剿之而不畏，抚之而无术。”[③] 正由于此，山口五郎太认为，按中国目前之状况，外则强敌压境，内则伏莽遍地，只要有人登高一呼，天下必云集响应，中国将土崩瓦解，而这正是“改造”中国的难得良机。他将联络哥老会举事的想法向小泽豁郎谈出后，立即得到了后者的积极赞同，并共同商量实施的办法。

---

① 蔡少卿：《中国秘密社会》，浙江人民出版社，1989年，第50页。
② 刘崑：《刘中丞奏稿》，卷7，光绪乙未上海刻本，第40页。
③《曾文正公全集》，书札卷27，光绪二年传忠书局刊本，第13页。

小泽豁郎是长野人，少时游学东京，学习法语。后考入陆军士官学校。1879 年任陆军工兵少尉。1883 年调入参谋本部管西局。1884 年中法战争爆发后，中国东南沿海吃紧，管西局以小泽豁郎熟悉法语，便调他到福州来，以便执行特殊任务。小泽豁郎不辜负上司的期望，来到福州不久，就同法国驻福州代理领事法兰亭拉上关系，并从法兰亭那里搞到了《福州炮台全图》。后又通过贿赂窃取了清军的紧要图册，以此晋升中尉。小泽豁郎步步得手，更加得意忘形，认为清政府腐败无能，"前途未卜"，这正是对其进行"大改造"的时机。[①] 当山口五郎太提议利用哥老会发动叛乱时，他们两个人一拍即合。

当然，小泽豁郎之所以毫不迟疑地赞同利用哥老会发动叛乱，也绝非一时的心血来潮，而是过于看重某些并不十分确定的有利因素。这些有利因素如下：

其一，策动哥老会起事以后，不仅闽、浙及长江中下游各省的哥老会能够群起响应，而且西南的刘永福黑旗军也有可能起来呼应。刘永福曾参加天地会起义，后转移越南境内，于 1867 年建立黑旗军。进入 70 年代后，黑旗军配合越军抗法，屡次取得重大胜利，如 1883 年 5 月 19 日的纸桥之役即其显例。黑旗军也因此名声大振。当时，日本有一位异人，名叫今野岩太，是福岛人，出生于会津藩士家庭。他在东京与荒尾精相识，听荒尾精讲述"东亚经纶"之理，大受鼓舞。遂决定辞亲离家，走上海外万里之旅。[②] 他从北海道渡库页岛，转经西伯利亚，由蒙古进入中国，再横贯印度，入波斯境。此时，他突然染上重病，几乎丧命，幸得波斯国王救助（为其治病，并赠送旅费），从孟买乘船回国。今野岩太的冒险经历，当时在日本尚无第二人。因此，

---

①《对支回顾录》，下卷，第 315 页。

②《对支回顾录》，下卷，第 515 页。

在小泽豁郎等人的眼里，今野岩太是打入黑旗军内伺机行事的最佳人选。今野岩太不负所托，潜入云南，参加了刘永福的黑旗军。他精于谋略，不久被任命为参谋。① 派今野岩太打入黑旗军是小泽豁郎所下的重要的一步棋，虽然实践证明并无多大效果，但起初是相信此举能够成功的。

其二，在今野岩太打入黑旗军的同时，还要在中国北方组织起事，以使清政府顾此失彼，无力南顾。小泽豁郎认为，在中国北方能够承担组织起事责任者，只有"芝罘组"。芝罘又作之罘，即今之烟台市。正像"福州组"的核心人物是小泽豁郎中尉一样，"芝罘组"的核心人物是南部次郎领事。南部次郎，字政图，幼名继弥，后改名次郎。又自称龙，号应齐。他出身名门，但 5 岁时其父肇祸切腹自杀，被藩主收回家禄，禁姓南部，改姓东氏。及长，因"夙修儒学，学识拔群"，又推动藩籍奉还有功，被任命为盛冈县大参事。后曾游学欧洲，眼界大开。又因受到"兴亚"思潮的影响，便辞去盛冈县大参事之职，等待机会航渡中国大陆。当 1874 年日本发兵入侵台湾时，南部次郎亲自拜见主管侵台事务的大藏卿大隈重信，提出一旦战争发展为"征清之役"，愿意率旧南部藩士 500 人攻清国一地，希望能够得到批准，允许便宜行事。大隈重信上报右大臣岩仓具视，岩仓具视颇嘉许之。于是，南部次郎留东京以待命。随后又到上海等待机会，但因日本从台湾撤兵而不得不回国。据南部次郎观察，清国王道久废，非加以"改造"不可。因此，他决定再次来华，在北京视察政局，一住就是 3 年。1882 年朝鲜壬午兵变后，大院君李昰应被移居保定。日本外

①《东亚先觉志士记传》，下卷，第 575~576 页。按：或谓今野岩太"战后返回日本，成为有名的中国通"（见前引王振海、张颖书第 33 页）。此说似无确凿根据。《对支回顾录》称：今野"晚年经历及生卒年，皆不清楚"，故其"实为'碧落无碑之人'"（见该书下卷第 515~516 页）。《东亚先觉志士记传》则称："（今野）后来消息断绝，生死不明，或谓后被刘永福识破遇害；或谓逃入印度客死异乡。"（见该书下卷第 576 页）可见，今野不可能在战后返回日本。

务省为证实此事，特命南部次郎设法前往省视。南部次郎通过署理直隶总督张树声的幕宾，假扮中国官员，夜间亲至大院君居处相见，并摄其小照为凭。外务省对南部次郎的才干十分欣赏，决定派他为驻朝鲜釜山领事。他赴任后，感到此职与其志向相违，上书称："山东省之芝罘，前临渤海，乃清韩交通往来的必经之港，故一旦有事此港尤为重要之地。前英国已在该地设有领事馆，至望我国亦设领事馆于此港，小官愿充领事之任。"南部次郎的建议受到外务省的重视，命令他回国待命。1883 年，外务卿井上馨命南部次郎赴芝罘办理开馆事宜，并传内旨曰："领事日常事务可由书记生处理，君则留心政局，以大要上报。"南部次郎莅职芝罘领事后，日以"改造"中国为念，多有"兴亚"志士寄足此间，故领事馆又有"芝罘组"之称。1884 年，中法战争全面爆发，福建水师全军覆没。法国舰队占领澎湖，并声言北扰天津。南部次郎大为兴奋，说："此时清廷无暇内顾，乃起事之良机，正'改造'中国之秋也。"小泽豁郎熟知南部次郎的为人，故决定同他联系，商量同时举事，致书称："我将于福州举兵，足下亦从贵地起事，南北相应，成掎角之势，则清国之覆亡必矣。"① 在小泽豁郎看来，一旦南北同时举事，"四百余州云合响应，成就'支那大改造'之伟业指日可待"②。

其三，也是非常重要的一条，就是此计划得到了日本驻上海武官海军大尉曾根俊虎的全力支持。曾根俊虎出生于旧米泽藩士家庭，他的父亲敬一郎号鲁庵，是知名儒者。故曾根俊虎养成了很好的汉文基础。后到江户（今东京都）学习洋学。1871 年投身海军。1873 年，外务卿副岛种臣出使北京，曾根俊虎以随员同行。1874 年西乡从道入

①《东亚先觉志士记传》，下卷，第 367~369 页。
②《东亚先觉志士记传》，下卷，第 315 页。

侵台湾时，曾根俊虎被派到上海执行特殊任务，以策应侵台日军，同时采购军需品源源不断地运送到侵台军中。其后即常驻上海，成为日本海军在上海的早期谍报人员。在此期间，他游历中国东南各港口，到处调查兵要地志，编有《中国近世乱志》《诸炮台图》等。① 此事为明治天皇睦仁得知，特御前召见，令其当面讲述中国情况。曾根俊虎有很高的汉籍素养，擅长诗文，故在中国结交颇广，又多有手腕，皆有利于情报的搜集。海军大臣川村纯义对曾根俊虎特别信任，给予便宜行事之权。曾根俊虎是一个狂热的"支那改造"论者，他有一个基本的认识："改造"必流血，否则不可能。② 所以，当他听到小泽豁郎的举事计划后，毫不犹豫地给予积极的支持和鼓励。有了曾根俊虎的撑腰，小泽豁郎的胆气更壮，信心也更足了。

但是，主要的问题在于，小泽豁郎的暴乱计划不过是一厢情愿，事实并不像他想的那样简单。且不说哥老会是否会受日人利用，还有黑旗军是否会听其驱使，即从日本人方面来看，意见也远难统一。南部次郎虽然主张"改造"中国，但作为外交官要听命于政府，对如此重大的事情不能贸然行事。南部次郎接到小泽豁郎的来信后，首先考虑的是突然举兵有无成功的把握。因此，南部次郎特派最亲信的浪人白井新太郎前往福州，以了解确实情况。临行前，南部次郎嘱咐白井新太郎说："小泽与志士共谋举兵，到底实际情况如何？你亲去了解，可则答应，不可则制止；否则，轻举妄动必误大事。重要的是，兵备齐全否？"③

白井新太郎受命后立即南下，路经上海，适与陆军中尉柴五郎相遇。柴五郎是受参谋本部派遣，到华南一带从事谍报工作的，但因为

① 王振坤、张颖：《日特祸华史——日本帝国主义侵华谋略谍报活动史实》，卷1，第47页注〔1〕。

②《东亚先觉志士记传》，下卷，第316页。

③《东亚先觉志士记传》，下卷，第369页。

他是木村信二的叔辈，故对“福州组”的事情特别关心。他从白井新太郎那里听到小泽豁郎策划暴乱的事，立即告诉了时驻上海的陆军少佐岛弘毅。岛弘毅认为时机并不成熟，招白井新太郎来，嘱二人加以规劝。柴五郎和白井新太郎来到后，皆劝小泽豁郎务必慎重行事。柴五郎说：“一旦举事，来投者能有多少？操何胜算？”劝之再三，小泽豁郎仍固执己见。白井新太郎请小泽豁郎至内室，敞开心扉交谈。

小泽：“有轮船二艘泊在闽江，可随时为我所用；有大米数百石储存在一处山寺，可随时取来做兵粮。混入清军中的哥老会会员，皆私下与我有约，一旦举事则作为内应，听我号令。我目睹马江之役战况，深知清兵作战能力，今我起而一呼，必如疾风扫落叶一般席卷十八省。”

白井：“如君所言，则是反客为主，难以有为，窃以为不可。何况欲‘改造’清国，必清人为主，我为客加以扶助，这才是顺乎道理的可行之策。哥老会首领果真与君盟约，那么他们可先行举事，然后我再响应。”

小泽：“他们为主不成问题。我们一起，他们也会起来。”

白井：“此辈怎能共谋大事！君应暂时放下此事，以等待时机。”①

在这种情况下，小泽豁郎虽然还不死心，但也只好表示同意。白井新太郎完成了任务，便离开福州北上，向南部次郎复命。

1885年春，伊藤博文以特命全权大臣来华，在天津与李鸿章进行谈判，结果难以预料。对此，小泽豁郎极为关心。期间有谈判即将破裂、中日或将兵戎相见的消息传来，小泽豁郎认为策动暴乱的时机终

---

①《东亚先觉志士记传》，下卷，第370页。

于来到了。根据小泽豁郎本人的亲笔手记，可以窥见当时的他是怎样一种心情：

> 十八年三月（1855 年 3 月）接报，朝鲜京城发生动乱，日本将有事于中国。余闻之欣然。未久，又闻伊藤（博文）大臣奉命赴天津。余慨然曰："此行又是和平了局。"时上海岛弘毅飞报："谈判极端困难，若终至破裂，足下宜善自处。"余为之雀跃不已。柴五郎则磨其剑，整日举酒为祝，曰："一旦谈判破裂，则回长崎军中，跟随山地（元治）将军进击北京。"又过十日，岛氏报曰："《天津条约》业已签订。"余叹息久之。①

小泽豁郎策动暴乱的计划终于流产。

在此以前，日本政府已获悉小泽豁郎准备在福州策动暴乱的消息，大吃一惊，担心此举会过早地暴露日本的侵华阴谋，急令派军舰押送小泽豁郎回国，听候处分。小泽豁郎闻讯，立即逃到烟台，由南部次郎匿藏起来。恰在此时，陆军大尉福岛安正自北京来烟台，宿于芝罘领事馆，南部次郎将小泽豁郎事相告，福岛安正即电参谋本部，请求宽大处理。参谋次长川上操六也很同情小泽豁郎，认为派军舰押回处分太重，为之说情，最后以改派香港了事。

第三节　创办上海东洋学馆

中法战争的爆发，不仅使失势的激进的"征韩论"者又粉墨登场，而且使成立不久的民间浪人组织也活跃起来。1881 年在九州福冈成立的玄洋社，就是当时浪人组织的一个典型。

①《对支回顾录》，下卷，第 316 页。

所谓“玄洋”，乃是自福冈附近之玄海滩跨越远洋之意。据日人木下半治的解释，此名表示“越玄海滩而向亚细亚大陆进取”的意思。[①] 这道出了创办玄洋社的宗旨。进入19世纪下半叶，在日本兴起一种“大陆经营”论或“大陆雄飞”论思潮。这种思潮认为日本国土狭小，与欧美诸国比，国力微弱，以狭小之国土、微弱之国力与世界强国对峙，难保国家的真正独立。那么，日本的出路在哪里？若在往时四海波静的时代，视中国、朝鲜为友邦，相互携手，与欧洲诸国并峙，尚可保全独立；如今四海波涛汹涌，东亚安危朝夕难测，邻邦清国腐朽不堪，势将倾覆，中朝关系虽如唇齿辅车，共为列强俎上之肉，其余波所及，日本之存立亦受到威胁。为今之计，只有走“略取支那”之路。即先发制人，走在欧洲虎狼之国前面，先将中国掌握在日本手中，以抗拒虎狼之国的侵略。这是保持东亚安全的最上之策。[②] 玄洋社正是这一思潮推动下最早成立的一个民间右翼团体。

玄洋社的主要创始人是头山满，公开出面活动的社长是平冈浩太郎。他们在日本国内以“尊皇主义”和“国家主义”者的面目出现，鼓吹“绝对主义天皇制论”，全力支持明治政府的对外侵略扩张政策。他们还与日本军方密切配合，为日本中央情报指挥机关效力。从此时起，他们在一个相当的时间内成为大陆浪人的总代表。[③]

1882年朝鲜发生壬午兵变后，日本通过《济物浦条约》取得了在朝鲜驻兵的权利。这是近代日本首次获得在朝鲜大陆的驻兵权。尽管如此，日本方面并不感到满足，因为它还不能完全控制朝鲜。这时，日本的“大陆经营”论者开始感觉到，要想改变局面，必须解决好

① 钟鹤鸣：《日本侵华之间谍史》，华中图书公司，1938年，第26页。
②《东亚先觉志士记传》，上卷，第311~312页。
③ 王振坤、张颖：《日特祸华史——日本帝国主义侵华谋略谍报活动史实》，第14~15页。

"征韩"与"略取支那"孰先孰后的问题。事实证明，先"征韩"是很难行得通的。唯一的办法是首先"略取支那"。其代表人物有：熊本县的宗像政、鹿儿岛县的长谷场纯孝、和泉邦彦、高知县的中江笃介、爱媛县的末广重恭、三重县的栗原亮一、奈良县的樽井藤吉等。他们找玄洋社交流看法，并征求意见。平冈浩太郎鉴于以往侵朝计划受挫[①]，对他们的看法非常赞同。头山满也十分肯定他们的看法，说："若先取大者，则小者可不劳而获；若先取中国，则朝鲜可不招自来。故与其先向小小的朝鲜下手，不如先处置庞大的中国。"[②] 经过此番计议，玄洋社进一步明确了以侵略中国为主要目标的方向。从此，玄洋社大力配合日本军方，开展在中国大陆的谋略谍报活动。情报军官与大陆浪人携手合作，正是中法战争期间日本对华谍报工作的一个新特点。

中法战争的爆发，给大陆浪人提供了开展活动的机会，故这时渡华者人数大增。这些大陆浪人都是激进的"大陆经营"论者，希望借经略中国而建功立业，其中有的准备参加"福州组"策动的暴乱，有的则考虑经略中国的长远计划。当时的一些在野政客，如末广重恭、佐佐友房、长谷场纯孝、中江笃介、栗原亮一等，都主张对中国采取积极方针，着眼于未来，认为可在上海创设东洋学院，以此作为培养日本侵华情报人才的机构。并决定征询平冈浩太郎的意见，希望玄洋社为其后援。

于是，末广重恭等人商派日下部正一去见玄洋社社长平冈浩太郎。

---

① 朝鲜发生壬午兵变，头山满和平冈浩太郎大为高兴，曾组织"征韩义勇军"。其先锋 80 人，化装为商人、官吏或平民，由博多乘开往大阪的此花丸，途中将轮船劫持，强迫船长将轮船开往对马，但在对马被官宪发现，予以解散（见升味准之辅著《日本政治史》，商务印书馆，1997 年，第 1 册，第 185~186 页）。

②《东亚先觉志士记传》，上卷，第 310 页。

日下部正一与樽井藤吉等志同道合，都是激进的“大陆经营”论者，且与同在中国活动多年的山口三郎太关系密切，故被认为是最合适的说客。这时，平冈浩太郎恰好来到长崎，日下部正一赶去会见，说：“上海乃东洋第一要港，在此地创设学校，培养通晓中国语言和国情的有志青年，为他日经略大陆计，极有必要。”[①] 平冈浩太郎认为此话很有见地，表示愿意助成此事。

为落实筹建学馆事宜，平冈浩太郎偕末广重恭、宗像政、樽井藤吉、中江笃介、杉田定一、日下部正一亲自来到上海。经过一番实地考察，最后在上海昆山路找到一所房子可作学馆用。对此，平冈浩太郎非常满意。他想象着东洋学馆开馆之后，许多日本有为青年济济一堂，各怀气吞“支那四百余州”的豪情，“龙吟虎啸而唤起风云骤起于大陆”的景象。想到这里，平冈浩太郎趾高气扬，甚至得意忘形，对宗像政等说：“清国政府已经腐败透顶，将其颠覆则若摧枯拉朽，而吾辈七人足矣。”中江笃介也有同感，在旁应声道：“英雄豪杰之士登高一呼，则天下如响斯应，此中国人之本色。清国真乃英雄成大业之地也。”[②] 他们的这番话，道出了创办东洋学馆的真实目的。

东洋学馆终于创办起来了。东洋学馆以末广重恭为馆长，其实际经营者则为宇都宫平一、大内义映和山本忠礼。另外，由宗像政和新井毫担任监督人。当时，从日本招来学生三四十人。东洋学馆为民间集资筹办，没有连续的经费来源，开办仅一年即因经费不继而关闭。

①《东亚先觉志士记传》，上卷，第 318 页。

②《东亚先觉志士记传》，上卷，第 318~319 页。

东亚同文书院

虽然东洋学馆存在仅一年光景，但在学生当中有不少人后来成为在华活动的重要间谍，如山内嵓、高桥谦、荒贺直顺、隐岐嘉雄、松本龟太郎、尾本寿太郎、中野熊五郎等。更为重要的是，上海东洋学馆的创办，成为后来的日清贸易研究所和东亚同文书院的先声。直到若干年后，一些日本的当事人回顾当年的这段历史时，仍然认为："本学馆存在日期虽如此短促，但它开天下风气、启迪后继的功绩，实在是不可磨灭的。后人回顾当时，不得不追认它具有可资尊贵纪念的存在意义。"①

① 东亚同文会编：《对华回忆录》，商务印书馆，1959 年，第 482 页。

第三章　汉口乐善堂揭秘

第一节　荒尾精的“兴亚”思想

在近代中日关系史上，荒尾精可算是一个十分神秘的人物。其人之所以神秘，是因为他在中国进行了大量的秘密侦察活动，推动了日本侵华谋略谍报工作的发展。因此，荒尾精受到日本朝野特别的推崇。

荒尾精是日本名古屋藩士荒尾义济的长男，于1858年生于尾州琵琶岛。其父原姓福田，名善十郎，后过继给同藩荒尾家，改名义济。荒尾精乳名一太郎，后名义行，又改名精，号耕云，到晚年专以东方斋为号。其父于明治维新后归还食禄，举家迁至东京，经营小本杂货生意，然入不敷出，生计艰难。1873年，荒尾精年届16岁，为住在同区的鹿儿岛人、时任东京麹町警察署警部的菅井诚美所抚育。菅井诚美将荒尾精送入麹町的私立学校学习汉学、英语、数学等课程。当时，“征韩论”在日本兴起。“征韩论”的实质，是以中国为主要侵略目标的海外扩张论。如久留米藩士佐田白茅建白书所说：“全皇国为一大城，则若虾夷、吕宋、台湾、满清、朝鲜，皆皇国之屏藩也。”[1]时任外务大丞的柳原前光说得更清楚：“皇国乃是绝海之一大孤岛，此后纵令拥有相应之兵备，而保周围环海之大地于万世始终，与各国并立，弘扬国威，乃最大难事。然朝鲜国为北连满洲、西连鞑清之地，使之绥服，实为保全皇国之基础，将来经略进取万国之本。”[2] 可见，“征韩论”者的主要图谋，是要先征服朝鲜，再征服中国，然后与西方列强抗衡，争霸世界。在这种黩武主义的影响下，荒尾精耳濡目染，开始萌发了“雄飞海外”的思想。1877 年，西南战争爆发，西乡隆盛败亡，反而激发荒尾精下定了辍学从军的决心，借此学习军事并研究中国问题，以备他日赴华之需。

1878 年，荒尾精考入陆军教导团炮兵科。翌年，荒尾精从教导团毕业，被派到大阪镇台任陆军军曹。1880 年，又被选拔进入陆军士官学校步兵科学习。1882 年，从士官学校毕业，授陆军少尉。同年，朝鲜发生壬午兵变，日本驻朝公使花房义质逃回日本。荒尾精大受刺激，认为这是日本的耻辱，亟欲西渡中国，以便有所作为。于是，他去拜谒陆军卿大山岩，陈述自己前往中国的志向。大山岩问：“目前一般俊杰都争先留学欧美，足下为何却急欲到落后的中国去？”他答道：“正因为大家都醉心于留学欧美，却对中国不屑一顾，所以才想去中国。”又问：“足下去中国的目的何在？”他笑着回答：“取得而统治它，以便振兴东亚。”[3] 此时，荒尾精的“兴亚”思想已经初步形成了。

1883 年，荒尾精被分派到熊本步兵第十三联队任职。在此期间，

---

① 王芸生：《六十年来中国与日本》，三联书店，1979 年，第 117 页。

② 日本外务省编：《日本外交文书》，卷 3，1938 年，第 149 页。

③ 井上雅二：《巨人荒尾精》，左久良书房，1910 年，第 12 页；东亚同文会编：《对支回顾录》，下册，原书房，1981 年，第 463 页。

他仍念念不忘前去中国。曾驰书任职东京的朋友强调："中国距日本仅一衣带水，然身似笼中之鸟，无法展翅高飞，徒然对四百余州魂牵梦萦。呜呼！吾离京已历两度春秋，东亚大局日非，何日宿志得伸？宁愿决然弃官乘槎而去！"为了实现赴华而预做准备，特拜任职于熊本镇台的日本第一批留华学生御幡雅文为师，学习汉语。

两年后，荒尾精被调到参谋本部中国课任职。他利用职务之便，遍阅有关中国的典籍、舆图及各种机密文件，并广交志同道合者。参谋次长川上操六对他特别赏识。据荒尾精的契友小山秋作回忆，川上操六与其他将领谈话时，如荒尾精求见，必离席予以接见；如川上操六正与荒尾精谈话，而其他将领求见，则必等谈话结束才肯接见。[①]这一方面说明川上操六对中国问题的浓厚兴趣，另一方面也表明了川上操六对荒尾精的器重。

从"兴亚"的思想渊源来说，对荒尾精影响最大的是佐佐友房。他们两个人一见如故，不但交情深厚，而且"对华意见有灵犀相通之处"。佐佐友房是熊本藩士佐佐有无的次子，乳名寅雄，后改名坤次郎，字亮卿、克堂，号鹏洲。年 8 岁时，即进入藩校实习馆学习汉学。及长，跟随国友古照轩专习汉学，听到水户学派之说，非常兴奋，对水户学前辈学者藤田东湖等人产生仰慕之情。水户学融儒家思想和国家意识为一体，主张尊崇天皇、护持君主国体、君臣大义名分等，这些主张引起他的强烈共鸣。于是，他离开家乡前去水户，寄居在水户任职的前辈同乡田信道翁家中，致力于水户学研究。当时，日本的社会思想流派较多，对国家应取何种政体议论不一，或宣传法国思想家卢梭（Jean Jacques Rousseau）的《民约论》，强调民主主义；或标榜帝政主义，主张天皇亲政论。佐佐友房则提出，以水户学的"皇道精

① 井上雅二：《巨人荒尾精》，第 245~246 页。

神”为根本，“奠定皇室中心的国是，向创立钦定宪法迈进”①。他的对外思想，见其《东亚经纶》，认为日本有志之士必须将眼光转向国外，实行海外扩张，“以护持皇室于无穷，宣扬国威于八表”②。其要图是“经略大陆”。所以，后来他在担任济济黉校长时，专设汉语一科，其目的即在于此。

其实，《东亚经纶》所表述的基本思想，并非佐佐友房的独创，而是来自副岛种臣的观点。说起副岛种臣这个人，其身世和来历极不寻常。其先祖为东汉灵帝刘宏的曾孙，曹氏称帝后避祸东渡日本，居住枝吉，因以枝吉为姓。副岛是佐贺藩儒枝吉种彰的次子，乳名龙种，通称二郎，号苍海。少时出嗣副岛利忠家，故以副岛为姓。其父枝吉种彰曾任藩校弘道馆教谕，历40年之久，宣扬皇国精神，主张君臣主从大义名分截然有别。曾作《日本天子一君、主从非君臣论》。其兄枝吉经种承袭其父的思想又有所发展，其尊王贱霸之大义名分论，成为水户学尊王贱霸主义的主要来源。当时，许多“勤皇家”都出于他的门下，如大木乔任（曾任参议、司法卿）、大隈重信（曾任大藏卿）、江藤新平（曾任左院副议长、司法卿）等。副岛种臣深受其父兄思想的影响，很早即与尊王攘夷派志士相结交。1871年就任明治政府的外务卿后，便策划改琉球为日本藩属，以作为吞并琉球的第一步。1873年，他乘舰来华互换《中日修好条规》，途中赋诗云：“风声鼓涛涛声奔，火轮一帮舰旗翻。圣言切至在臣耳，保护海南新建疆。”③“保护海南新建疆”一句，既流露出即将吞并琉球之意，又表明此次使华也是为日本侵略台湾预做外交准备。不仅如此，副岛种臣还是侵

① 平山岩彦、绪方二三、深水清、阿部野利恭合撰：《我们的回忆录》，《九州日日新闻》，1934年9月连载。见吴绳海、冯正宝编译：《宗方小太郎与中日甲午战争》，未刊稿。

②《对支回顾录》，下册，第355页。

③《对支回顾录》，下册，第102页。

略中国大陆的积极鼓吹者。他在《大陆进出意见》中指出：

> 日本四面环海，若以海军进攻，则易攻难守。若甘处岛国之境，则永远难免国防之危机，故在大陆获得领土实属必要。如欲在大陆获得领土，由于地理位置的关系，不能不首先染指中国与朝鲜。……今日欲将朝鲜占领，中国决不会袖手旁观，则我势必依靠武力决战以获得朝鲜，此外别无他途。此非师出无名，依靠战争使国家强盛，系确保国家独立之道，亦系对君主尽忠之道，故必须认为此乃国家之正理。中国若将朝鲜作为属邦，则对保全我之独立不利，故为消除此一不利而诉诸战争，乃符合国际公法所谓“均势”之含义，应当视为正当的权利。[①]

可见，佐佐友房的《东亚经纶》不过是副岛种臣《大陆进出意见》的翻版而已。

荒尾精的“兴亚”思想，可以说与副岛种臣、佐佐友房一脉相承。荒尾精一面宣扬皇国精神，撰有《宇内统一论》；一面鼓吹侵华，撰有《兴亚策》。《宇内统一论》与《兴亚策》，二者互为表里，相辅相成。荒尾精在《宇内统一论》中极力赞美日本的“万世一系”，宣称：“在宇宙内只有我国拥有万世一系的皇室，我国所以具有完美的国体，乃是上天之意，也是上天特别眷顾我国，故完成一统六合，奄有四海之宏猷远谟，是为上天赋给我国的天职。”在《兴亚策》中则提出：日本应“内振纲纪，外宣威信，使宇内万邦永久瞻仰日本皇祖皇宗之懿德”，以“挽回东亚之颓势，重振东亚之声威”。并强调：日本一旦将中国掌握手中，“以其财力，养一百二十万以上之精兵，配备百艘以上的坚舰而绰绰有余，若再将日本的尚武精神与中国的尚文风气相融合，并行不悖，相辅而进，则东洋文明必将发扬于宇内，宣

---

① 平山岩彦等：《我们的回忆录》，《东亚先觉志士记传》，上卷，第 88~89 页。

示亚洲之雄风于四海”[1]。对此，宫崎滔天称之为“占领中国主义”[2]。

正是在这种“兴亚”思想的支配下，荒尾精才迫不及待地要来中国。

第二节　汉口乐善堂的筹办经过

荒尾精为参谋次长川上操六所赏识和关注。在川上操六的支持下，荒尾精渡华的机会终于来到了。

1886年春天，荒尾精奉日本参谋本部之命来华执行特殊使命。虽说这时荒尾精已晋升陆军中尉，但为执行秘密任务方便起见，便脱掉军服装扮成一个普通旅客，由日本乘船抵达上海。荒尾精初到上海，要考虑如何才能立足，以便开展活动。于是，他首先拜访了闻名已久的乐善堂主人岸田吟香，请求指点迷津。岸田吟香听了荒尾精的陈述，对其远大抱负颇为敬佩，答应尽量给予帮助。

岸田吟香既是日本近代新闻事业的创始人，又是有名的新闻记者；既精于汉学，又是经商致富的巨贾。岸田吟香死后，三岛中洲为其所撰碑铭有云：“维新诸业，翁实倡始。见机制先，百蹶弗已。及事就绪，模效竞起。后者胜先，功让嚆矢。”所以，日人将岸田吟香与福泽谕吉并称，说：“福泽介绍西洋事情，破除旧有之陋习；岸田消化西洋事物，直接移植于日本。”人们可以列举许多岸田吟香在日本得著先鞭的各种事业，如：创始新闻事业，编纂《和英辞典》，创立盲哑学校，始办海运业，计划采掘石油，制造贩卖西药等等。最令日本

① 《东亚先觉志士记传》，上卷，第364~365、第361~362页。

② 宫崎滔天：《三十三年之梦》，平凡社，1967年，第41页。

军政界人士难以忘怀的，是岸田吟香对日本侵华谍报人员的资助。①

岸田吟香，原名国华，乃岸田德义的长子，故幼名太郎。后自称银次，人戏称“银公”，因日语“银公”与“吟香”读音相同，干脆以吟香为号。② 幼而聪颖，有“神童”之称。曾入津山藩儒昌谷精溪主持的赤松塾学习汉籍。17 岁时，经昌谷精溪推荐，到江户拜于林图书头门下，钻研汉学。数年间，学业大进，因得时常代替业师到水户侯及秋田侯的府邸讲学，并与水户学泰斗藤田东湖等结识。1855 年，岸田吟香又前往大阪，一面投藤泽东畡门下继续研究汉学，一面师从绪方洪庵学习兰学。在此期间，他又结识了木户孝允、西乡隆盛等人。通过对兰学的学习，他开始对外国问题产生兴趣。

1864 年，对于岸田吟香来说，是他一生命运发生重要转折的一年。在此前 5 年间，岸田吟香因罹文网之祸而被逐出江户，顿时穷困潦倒。后虽潜回江户，然生活无着，无奈到妓院做仆人。他苦做 5 年，幸经知友箕作麟祥介绍，认识了美国传教士赫本（James Curtis Hepburn）。赫本是宾州大学医学博士，当时在横滨开设诊所，并从事传教活动，需要有一位日本学者协助他编纂《和英对译辞典》。于是，岸田吟香便成为赫本的助手。1866 年，《和英对译辞典》稿成，岸田吟香随赫本乘轮船到上海，以接洽付印事宜。这是岸田吟香首次渡华，也是他与中国结缘的开始。当时的上海已是中西文化交汇的都市和繁华的商业城，岸田吟香这次旅居 9 个月，眼界大开。

更为重要的是，岸田吟香从赫本那里得到莫大的启示。于是，他开始跟滨田彦藏学习英语。这时，岸田吟香了解到美国报业的一些情

---

①《对支回顾录》，下卷，第 1~2 页。

② 黄福庆：《甲午战前日本在华的谍报机构——论汉口乐善堂与上海日清贸易研究所》，《近代史研究所集刊》，台北，1984 年，第 13 期，第 307 页。

况，从而激起了办报纸的兴趣。1864 年，即与本间潜藏共同办了一份旬刊报纸《海外新闻》。1868 年，又发行《横滨新报》。1872 年，《东京日日新闻》创刊，岸田吟香被聘请担任主笔，与成岛柳北、福地樱痴、石井南桥并称为日本四大记者。1874 年，日本发兵侵略台湾，岸田吟香作为从军记者随军采访，他所写的《战地通信》甚受读者欢迎，使《东京日日新闻》销路大增，创下发行量 15 000 份的记录。①

正当岸田吟香在新闻事业上如日中天之际，他却突然辞掉了《东京日日新闻》的职务。此事的原委是：赫本因岸田吟香协助编纂《和英对译辞典》，为表示酬谢之忱，便将一种制造眼药的秘方传授给岸田吟香。岸田吟香根据这种秘方制造的眼药水，起名为“精锜水”，并利用担任《东京日日新闻》主笔之便，在该报刊登广告，结果非常畅销。于是，于 1877 年索性辞去主笔职务，在东京银座开设乐善堂，除主要贩卖“精锜水”外，还销售杂货、书籍等。由于生意兴隆，不出一年，岸田吟香顿成巨富，便决定向中国大陆发展。

1878 年，岸田吟香又来到上海，在英租界河南路的繁华区开设了乐善堂上海支店。在以后近 30 年的时间里，这里成为岸田吟香在华活动的主要据点。乐善堂上海支店除出售“精锜水”外，还贩卖各类药品达数十种。岸田吟香特用中文写成《卫生宝函》一书，加以介绍和宣传，收到了良好的效果。岸田吟香很有商业头脑，能够捕捉商机。他看到中国参加科举考试的士子所用的书籍都是木

岸田吟香

①《对支回顾录》，下卷，第 3~4 页。

刻版本，因其卷帙浩繁，部头庞大，携带不便，便改用铜刻细字的活字版印刷，装订成袖珍本。这样，原来庞然巨帙的诸子百家的书籍变成了小型书册，携带十分轻便，甚受读书人的欢迎，因此畅销全国各省，给乐善堂上海支店带来了巨额的利润。[①]

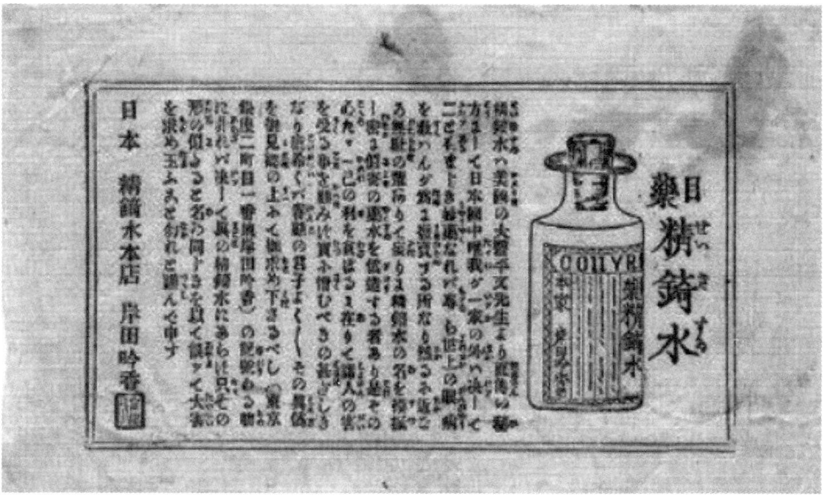

精锜水

岸田吟香接受前此以文字招祸的教训，视官场为畏途，因此绝不做官。木户孝允、寺岛宗则等人曾推荐岸田吟香出任县知事，他一口回绝说："我虽穷也不愿为五斗米而折腰！"[②] 应该看到，岸田吟香绝意仕途，一心发展在中国的民间事业，是有其深刻的用意的。在他看来，这样比做官更能为自己的国家做出实际的贡献，并以此而感到自豪。从岸田吟香留下的一些诗作看，早在随赫本初渡上海的时候，他就确立了这一理想。当时他有一首七律写道：

折花须折未开时，莫折春风落后枝。

①《东亚先觉志士记传》，上卷，第 340~341 页；《对支回顾录》，下卷，第 5 页。
②《东亚先觉志士记传》，下卷，第 660 页。

笑杀湖州狂刺史，十年空赋绿阴诗。

此诗前两句是用唐代杜秋娘《金缕衣》诗“花开堪折直须折，莫待无花空折枝”句之意。清代蘅塘居士解曰：“即圣贤惜阴之意，言近旨远。”近人喻守真亦谓其“有‘少壮不努力，老大徒伤悲’之意”。这两句诗是用来自勉的。后两句是写宋代苏轼因诗作被弹劾的遭遇。当时，苏轼正在湖州刺史任上，被捕入御史台狱，数月后被释放，贬至黄州、汝州等地，一贬就是10年。所以，苏轼写有“十年江海寄浮沉，梦绕江南黄苇林”“十年髀肉磨欲透，那更陪君作诗瘦”等诗句。这两句诗是说苏轼写诗被贬，空有抱负而难以施展。全诗的意思是，应以苏轼的宦海浮沉为戒，走另外的一条道路，相信只要肯发奋努力，仍可大展宏图。可能是因为岸田吟香从苏轼的经历得到了启迪，所以才坚定了从商的决心。

不过，岸田吟香开设乐善堂上海支店，绝不是单纯以获取商业利润为主要目的，而是有着更深远的打算。事实上，岸田吟香在上海乐善堂步入正轨之后，将大部分精力和财力用到了其他方面①：

第一，为了遏阻已经占领中国市场的欧美经济势力，岸田吟香率先开拓中国市场，为日本商品打入中国市场开路。为此，他经常在《横滨新报》上介绍上海的商情，以推动日本对华贸易的发展；同时还将振兴对华贸易的意见写成建议书，以供日本政府采纳。

第二，岸田吟香还亲自游历中国各地，甚至跋山涉水，详细考察地理形势及风土人情，并将所见所闻写成材料提交给日本军事当局，为未来发动侵华战争时作参考。他实际上已经充当了日本军方的义务谍报人员。

第三，更为重要的是，岸田吟香以上海乐善堂商号为掩护，接待

①《对支回顾录》，下册，第4~5页；《东亚先觉志士记传》，下卷，第660页。

来自日本国内的所谓“东亚先觉志士”，其中既包括大陆浪人，也包括参谋本部派遣来华的军事间谍。当时，岸田吟香在乐善堂上海支店附近租借了一处住所，常有食客数十人入住。日人说这是仿效当年孟尝君、春申君等公子的故事。因此，当时日本有志于“雄飞大陆”的人士，纷纷徒手渡华，投入乐善堂门下，从而使乐善堂上海支店成为大陆浪人和军事间谍的麇集之所。

正是在这种情况下，岸田吟香不仅热情接待荒尾精，而且还答应将全力支持其工作。由于岸田吟香的大力协助，荒尾精便由上海溯江而上，抵达湖北汉口，靠岸田吟香从上海提供的药品、书籍等货物，在汉水岸边开起了一家乐善堂汉口支店。

第三节　乐善堂汉口支店挂牌开张

1886 年春天，在荒尾精主持下的乐善堂汉口支店终于挂牌开张了。

荒尾精为什么要将乐善堂的支店设在汉口呢？因为荒尾精本是日本派驻中国大陆的谍报武官，所设乐善堂汉口支店实际上是日本参谋本部的一个间谍机构，所以选址是要考虑到便于开展活动这个重要条件的。汉口的地理位置和形势完全符合这个条件。按长江水路计算，上海至汉口为 292. 5 公里，南京至汉口为 187. 5 公里，轮船往来，非常便利。从汉口过汉水，对面便是汉阳，临长江可望武昌，三地恰成鼎足之势。特别是汉口位于中国中枢之区，地当要冲，近则与湖北、湖南、河南、江西诸省沃野相连，远则可到四川、贵州、云南、陕西、甘肃等西南、西北内陆地区，水陆交通四通八达，自古以来即成为九省之会。离日渡华之前，荒尾精经过反复研究，即选定汉口为未来“兴亚”的策源地。他认为，一旦取得湖北、湖南、河南、四川、陕西等省，以其人口之众、财富之饶，足以号令天下。

汉口乐善堂既已开张，荒尾精又胸怀计划，就是要对中国大陆进行充分的调查，无奈手下缺少人手。于是，他想到了当时居留于上海、天津等地的日本大陆浪人，连忙驰书相招。这些大陆浪人纷纷到汉口来投。最先投到荒尾精麾下的是井深彦三郎、高桥谦、宗方小太郎、山内嵓四人，以后陆续到达的有浦敬一、山崎羔三郎、藤岛武彦、中野二郎、中西正树、白井新太郎、石川伍一、片山敏彦、维方二三、井手三郎、田锅安之助、北御门松三郎、广冈安太、松田满雄、长谷川雄太郎、大屋半一郎、黑崎恒次郎、前田彪、成田炼之助、伊藤俊三、荒贺直顺、河原角次郎、浅野德藏、吉泽善次郎等。这些大陆浪人大都出身于藩士家庭，而且具有较好的文化素养，特别是对汉学有一定研究，能讲中国话。他们都很年轻，年龄大的不过20多岁，小的还不满20岁。据日人回忆，这些“兴亚志士”个个“议论风发，意气纵横”，“大有气吞四百余州之概”。①

汉口乐善堂既是以商店为掩护的间谍机构，为了日常应付门面，除招揽上述“兴亚志士”外，还招收了部分店员。其中，有日本人七八名，中国人五六名。日本店员一般是来中国谋生者，有一定文化基础，熟悉中国情况。如井上清秀就是其中颇具代表性的典型。他是日本大分县人，初名弥三郎，后改名清秀，号如是居士。少年时曾到东京，入斯文黉学习。不久，乘船到上海，寻求谋生之道。得同乡实相寺贞彦帮助，为日本海产品公司向顾客介绍产品，携带幻灯片跋涉中国各地进行宣传，这使井上清秀对中国的风土人情有了实际的了解。

①《东亚先觉志士记传》，上卷，第344页。

后经岸田吟香介绍，到汉口乐善堂负责《四书》《五经》袖珍本的专卖。甲午战争爆发后，井上清秀被征为陆军通译官，随日军转战辽东各地。[①] 可见，在乐善堂汉口支店内部，尽管一般日本店员的地位比不上那些“兴亚志士”，但是在为日本侵略中国效力这一点上，他们彼此之间是不分轩轾的。

荒尾精作为汉口乐善堂主人，自称堂长，特制定《堂规》七条，以规范堂内所有人员的言行举止。《堂规》第一条是总则，对汉口乐善堂成员的起码要求，称：“我党目的极大，任重道远，岂轻易所能致？其关系国家兴亡者实非鲜浅，亟宜深谋远虑，慎其行踪，重其举止，做到万无一失，以俟其机，然后采取迅雷不及掩耳之手段，务期达其目的。”其余诸条还规定了“堂员分外员与内员，由堂长总辖”“每年春季各外员齐集总部开会”等。此外，荒尾精又制定了《内员须知》和《外员探查须知》，对内员、外员的工作及活动提出要求。

《内员须知》规定，内员分为理事、外员股、编纂股三个部门。理事的专职是经营，综理日常商业、会计等一般事宜。外员股负责与外员保持联系，向外员通报各在外干部的情况、国内外形势及有关报纸摘要等，以提供给所有外员参考。编纂股负责搜集各地的探查报告、有价值的东西洋新闻等，加以摘要编纂，渐次汇编成册，以备他日参考。

《外员探查须知》对外员的活动、侦察对象都做了详细的规定和要求。如其中的“人物之部”，将外员的侦察对象规定为六类，即君子、豪杰、豪族、长者、侠客和富豪，要求详细记录其住所、姓名、年龄、行迹等。而且规定了对这些人物侦察的范围和重点。如将君子分为六等，其第一等是志在以学说拯救世界，第二等是志在振兴东亚，

①《对支回顾录》，下卷，第 669 页。

第三等是立志改良政治以救国，第四等是教育子弟以传道于后世，第五等是志在立朝治国，第六等是独善其身待价而沽；将豪杰则分为四类，其第一类是志在颠覆政府改立新朝，第二类是志在起兵割据一方，第三类是愤于洋人跋扈而志在逐洋，第四类是为了军事等目的而欲取西洋之利器。再如对于长者和侠客，则说明对他们的作用不可小觑，因为“长者为一乡所仰望，得一人即得一乡”，“侠客仗义疏财济贫，为常人所尊敬，为少年所仰慕，得一人即得许多人”。按此原则，凡哥老会、九龙会、白莲会之类秘密结社及马贼等，都在侦察之列。另外，在侦察各类人物的同时，还要求外员调查与军事和经济有关的事物，举凡山川土地的形状、人口的疏密、风俗的良否、民生的贫富、军营的位置、兵工厂的情况、粮秣运输等不论巨细，都要进行详细的侦察。[①] 所有这些，都是为了日本发动大规模侵华战争的准备而周密制定的。

按照荒尾精的计划，汉口乐善堂的侦察触角要遍及中国大陆各处，包括西北与西南边远地区。面对中国幅员辽阔的现实，为使外员有落脚和开展活动的据点，荒尾精决定将乐善堂汉口支店作为本部，另在其他适当地方设立若干支部。其主要者有：

一、湖南支部：1887 年设于长沙，先由高桥谦主持，后改派山内嵓负责。湖南省人杰地灵，为晚清“中兴”名臣曾国藩、左宗棠、胡林翼、彭玉麟等人的出生地，人才荟萃，名人辈出，与中国未来的前途息息相关。该省虽早有西方传教士进驻，但屡次遭到当地士绅及民众的抵制，其活动收效不大。因此，外人来此者也就不多。越是这样，越增加了湖南的神秘感，使荒尾精感到更富有调查价值，极想完成西

---

①《东亚先觉志士记传》，上卷，第 347~353 页。

方传教士所未能完成的事，即打开这座“铁门之城”[1]。最终由于湖南排外势力很强，开展工作不易，荒尾精便决定将中国西南调查的据点改设在重庆。

二、四川支部：1888 年设于重庆，将高桥谦从长沙调来主持工作。荒尾精十分看重四川支部的设立，并寄予厚望。四川乃古巴蜀之地，僻处中国西隅，形势险峻，有天然屏障，故李白诗有“蜀道之难，难于上青天”之句。荒尾精认为，该省可成为经营中国大陆的枢要之区，选择此处为据点，将来就是理想的举事之地。四川支部的成员，除主持人高桥谦外，还有石川伍一、松田满雄、广冈安太等人，调查范围包括四川、贵州、云南、西藏等。

三、北京支部：与四川支部同年设置，派宗方小太郎主持。北京是中国首都和中枢机构所在地，在此设立支部，对于及时掌握清政府的政治动向是极为方便的。同时，还可以就近将调查范围扩展到直隶、山东、山西及东北诸省。荒尾精决定派北御门松二郎、河原角次郎、井手三郎、荒贺直顺等到北京，参加宗方小太郎所负责的北京支部工作。

四、天津支部：荒尾精在决定设北京支部的同时，又考虑到天津是北洋大臣兼直隶总督的常驻地，而时任此职的李鸿章又集军事、外交大权于一身，从而使天津的地位倍加重要，所以决定加设天津支部。天津支部与北京支部一起统归宗方小太郎负责。设天津支部还有一个好处，就是可以让北京支部专门负责对清政府内部情形的侦察，而让天津支部负责对直隶、山东、山西、东北各省，甚至蒙古的调查事宜。

五、上海支部：设在乐善堂上海支部内，由山内嵓主持，兼负责

① 戚其章、王如绘主编：《晚清教案纪事》，东方出版社，1990 年，第 187 页。

对其他支部货品的供应。

荒尾精特别重视各支部的工作，认为支部工作成效如何，直接关系到“兴亚”事业的成败。他在给宗方小太郎的一封亲笔指示信中指出：

> 对于我党事业务必热心奋励，无论任事何处皆属相同。其中尤以兄等任事彼地，其责任不得不谓为甚重。何以故？盖彼地为他日我党演戏之首要地方故也。此次急遽设置该部之目的，在于无论遭遇任何时势之变迁，得以及早透露其机于未显之先，以使我党不失其机先也。愿我兄善体此意，尽速订定建立基础之方案。若有所踌躇贻误时日，则将使我党遭遇不幸亦未可知也。强烈之事业，其关系诚属广泛，小之有关日本，大之有关世界。故宜自觉其责任之重大，百折不挠，小心胆大，巧装俗态，以避内外人之疑。若受有嫌疑，则不便殊多也。各事言不尽意，至嘱至嘱！①

此信虽主要突出设置北京支部的意义，但也表明在中国大陆分设若干支部有其必要性和重要性。

在汉口乐善堂设立后的最初两三年内，对支部的建设始终是其工作的重点。为此，荒尾精作为堂长，殚精竭虑，煞费苦心，对每个支部的侦察目标、活动范围及方法等都提出了明确的要求。如对天津支部，荒尾精确定的侦察目标是：（一）“探究朝野人物及马贼、白莲会等的踪迹和实情，善收其人心，以及他日能为我所用之方法。”（二）“细查豪族的系统，同时访求他日足为我之妨害的朝野人物，以及除去彼等的方法。”（三）“侦察兵器、弹药、粮饷、银钱等各种水陆军务上必要之器材物料。”（四）“侦探中国对内对外之各种处置及各种事项的计划。”（五）“侦察各外国对中国之政略及其计划。”并对其有

①《荒尾精致宗方小太郎亲笔指示信》，见《宗方小太郎与中日甲午战争》。

关事项也做出了具体规定。如："该部之管辖区域：定为直隶、山东、山西、辽东。但以后得根据情况在辽东另派一干部，使之独立工作；或不仅限于辽东，蒙古部之设立亦有必要。""该部之权限：小事得适当处理，然大事及支部之设立、人员之进退等，必须经过本部计议。但有关事业上已处理之事件，须具报其理由及目的等。""对本部之报告：每年分春夏秋冬四季进行；在冬季终了时，须将该年内各事详细报告。紧要事件得从速报告。……报告务必注意，应忌避之文字则用'假名'或暗号，不可引起一切内外人之嫌疑。"①

其后，荒尾精又感到对设置天津支部的规划还太粗略，又做了新的重要补充，并提出了新的要求。其主要内容如下：

一、在天津支部的辖区内，包括北京在内共设 13 处支店，其名号为书药铺、鸦片馆或客店。在天津、北京、保定府、盛京、太原府、济南府、德州、承德府、锦州府设立书药铺；在平阳府、顺德府、宣化府设立烟馆兼客店；在山海关设立客店。并说明所以设鸦片馆及客店的理由有三："第一，以打通内外各路联络为首要着眼点；第二，若在不甚热闹的地方开设书铺药局，徒然耗费资金，得不偿失；第三，上述设客店的地方多位于各地进京之要路，官吏、商贾往来频繁，因此有助于接触各种人物，多少可获悉一些情况；尤以烟馆为土人、过客或兵卒、无赖之徒的聚集之所，颇利于侦探。"

二、对既定对象要想达到侦察的目的，要特别讲究方法手段，而"方法手段不一而足，全在主其事者之如何用其智术而已"。如对待在野的不得志人士，可"派遣适当人选长期伪装土著，审视其土俗民情，结交邑长豪族，以获得彼等之欢心；或侦求革职、候补等官吏，以及蛰伏于岩穴间而不得志于当世之人士，与之深订交游，细查其为

① 荒尾精：《设置天津支部的目的》，《宗方小太郎与中日甲午战争》。

人及其真意所在，由浅入深，由粗及密，推衣分食以表情义，千方百计以委婉曲折之手段，渐次询以我所欲知之事，使彼知悉我之足以信赖。及至彼我之间不存一丝界限之时，始向彼探听我所欲探求者，图谋我所欲图谋者”。

再如对待九龙会、哥老会、白莲教及“发贼”余党之类的“不平党”，则要采取蓄积力量的策略。“试观中国之所谓‘不平党’，其种类殊为不少，然多为无赖者之集合体，由于无策无术，轻举妄动，羽翼挫折，党势衰落，不免有支离破碎难以收拾之虞。此无他，统驭不得其人也。苟有英迈雄略一世之士为其魁首，收集党羽，抑暴制横，秘其踪迹，慎其举动，藏形于地下，暗中养其党力，联合统一九龙、哥老、白莲诸会党及‘发贼’余党，俟筹划成熟之后再行举事，则其势力无人可动摇之。故曰：探索不平党之踪迹不如采取提纲举目之策，至于自始即啸聚多数党羽，反足以坏事，实为策之最下者也。”

又如对待“马贼”，更须采取不同的办法。“盖马贼者，以东三省中之黑龙江、吉林二省为多。其巢穴在黑龙江省三姓及吉林省长白山地方；此外自盛京省西北部起，沿长城以外，至直隶省张家口，亦时时有其踪迹。马贼与哥老会、白莲教等秘密结社完全不同，无一定组织，亦无颠覆政府之雄心，或系地方土民，或系山东、北直地方无业者远走边外，流为匪贼，惟以抢劫行旅财物为满足而已。然在平时，彼等亦开垦、畜牧以为生计，难以分别孰为良民，孰为马贼。故如何利用马贼，应与处理内地不平党之方法有所区别。其方法为先派壮士二三名游历吉林、黑龙江二省，熟悉土俗民情，初步发现马贼之巢穴后……再派遣胆大而能耐苦者数人至该地，从事开垦畜牧。俟访得其巨魁后，处理方法可大致与上述手段相同。事若至此，比之驾驭中国本部之不平党当较易也。一俟马贼为我掌握，可以奉天府为经略东三省之本部，并在兴京设立联络部，然后在吉林、三姓二城设立小屯所。至于自奉天至北京之联络照应，可由锦州、山海关的支店办理，以资往来迅速。”

三、建立巡回员制度。“当直隶、山西、山东、东三省四区域内店铺配置就绪后，可在天津支部内设巡回员两名，预定每年在四区域内巡回数次，与各店主任商量有关事宜，使活动方式更加灵活，以免鞭长莫及之虞。巡回员返回天津后，应详尽报告各支店的情况及地方情势，然后再由天津向汉口报告，由此可详悉掌握中国北部之形势。”①

这样，在荒尾精的精心设计和组织下，以汉口乐善堂本部为中心、若干支部和为数众多的店铺为联结点，一张覆盖中国全土的细密间谍网终于结成了。

第四节　“四百余州探险”（之一）

在当时日本人的语汇里，“四百余州”指的就是中国大陆。当日本发动甲午侵华战争之初，其国内舆论即赤裸裸地煽动将战火扩大到中国大陆：“日本刀，日本胆，何不蹂躏四百州？”② 在这里，是因诗的句式所限而略去了“余”字。为发动大规模侵华战争而预做准备，汉口乐善堂决定将侦察活动扩展到整个中国大陆。

1888 年，汉口乐善堂下属的几个主要支部已经设置完毕，便准备进行所谓“四百余州探险”了。按照《堂规》的规定，凡是汉口乐善

① 荒尾精：《设置天津支部的目的》，《宗方小太郎与中日甲午战争》。

②《日清战争实记》，博文馆，1894—1896 年，第 2 编，第 82 页。

堂的外员都要在每年春季回到本部，一来总结上年调查工作的经验和存在的问题，二来研究并部署本年侦察活动的目标及人员的分派。

1888 年春，汉口乐善堂的外员都按规定回到本部，举行例会。恰在这时，日本驻德国公使馆武官福岛安正陆军少佐①的来信提供了最新的欧洲动向。说起这个福岛安正，他跟汉口乐善堂的关系非同一般。福岛安正是一位军事间谍。早在 1882 年，他就被派到中国来从事侦察，并一度担任驻北京公使馆武官。1885 年，还向日本参谋本部提出了一份为发动侵华战争做准备的意见书。1887 年，福岛安正调任日本驻德国柏林公使馆武官，但他同汉口乐善堂始终保持着联系。据当事人回忆，当时大家对福岛安正的“特别通信”非常感兴趣，因为通过这些信能够及时了解欧洲的情况。这次福岛安正来信带来的消息却是大家所万万没有想到的。福岛安正报告说，俄国御前会议已经做出决定，通过兴建西伯利亚大铁路的宏伟计划，而且这条铁路还要向伊犁方向延伸。这个消息使汉口乐善堂诸人大吃一惊，一时议论纷纷。但一致认识到，俄国本来企图南下巴尔干，又想窥伺印度，因遭到英国的遏阻，故将扩张的重点转向东亚；一旦西伯利亚大铁路建成，俄国将可从中国东北和伊犁两个方面出兵，使中国背腹受敌，难以自保。“中国有如一棵空心的参天大树，一经大风便会倒地枯死。但在三五年内我们不可能实现既定方针。若俄国在此期间逐步实施其经略东方的计划，则我等之宿志与使命将不能完成。”② 他们十分担心，俄国会对中国先下手为强，使日本的侵华图谋化为泡影。根据这一新的情况，如何防止俄国吞噬中国这一议题，倒成了这次汉口乐善堂会议讨论的

---

① 平山岩彦等人的《我们的回忆录》记福岛安正此时为陆军中佐，应是记忆有误。据《福岛安正传》载，福岛安正是在 1893 年回国途中才晋升为陆军中佐的（见《对支回顾录》下卷，第 271 页），故此时福岛安正应为陆军少佐。

② 平山岩彦等：《我们的回忆录》。

一个重点。

当时，在荒尾精的主持下，与会的外员有：浦敬一、宗方小太郎、山内嵓、中野二郎、藤岛武彦、高桥谦、白井新太郎、石川伍一、广冈安太、中西正树、井深彦三郎、井手三郎、荒贺直顺、片山敏彦、松田满雄、山崎羔三郎、北御门松次郎、河原角太郎、绪方二三、前田彪、大屋半一郎、高桥源助、黑崎恒次郎等，共20余人。经过反复讨论，最后形成如下决议：

一、“将来俄国西伯利亚大铁路建成后，其势力必向中国方面扩张，必须采取坚定的防遏之策，并付诸实施。以此之故，最迟在十年之内，对中国实行‘改造’。”

二、“为对俄国的东侵实行防遏方策，派遣浦敬一前往伊犁方面，以便临机处置。”

三、“在湖南支部之外，继在四川省重庆府设置支部，以对中国西南地方的情况进行调查。”

四、“除对清国中央政局情况，包括北京宫廷人物行动进行侦察外，还要对远至关外满洲方面的形势展开调查。”①

根据以上决议，在人员派遣方面一般不必多费斟酌，如宗方小太郎负责中国东北方面的调查，石川伍一、松田满雄、广冈安太、山崎羔三郎四人负责中国西南诸省的调查。最难确定的是派往新疆方面的人选。此行要横穿绝漠，是一项十分危险的任务。据与会者回忆，当时环顾全场，“足以担负此重任者，除学养有素、识见卓越的浦敬一外，别无他人。浦敬一也悲壮地下了决心，挺身担此重任”②。

浦敬一，本是九州肥前平户藩士坂本琢左卫门的长子，襁褓中即

①《对支回顾录》，下卷，第503页。

② 平山岩彦等：《我们的回忆录》。

为当地藩士浦贞元收为养子，幼名省三，后改名敬一，字子和。少年时酷爱读书，手不释卷，尤爱读南宋陈亮之遗著《陈龙川文集》。陈亮之为人，倜傥不羁，自以豪侠自居，尝自言其所学：“研穷义理之精微，辨析古今之同异，诚有愧于诸儒；至于堂堂之阵，正正之旗，风雨云雷交发而并至，龙蛇虎豹变现而出没，能推倒一世之智勇，开拓万古之心胸，自谓差有一日之长。”浦敬一每读至此，则击节而朗其声，并高呼：“快哉！快哉！”① 后进入专修学校专攻政治法律之学，为该校高才生，以优等成绩毕业。当时，有朝野人士500多名参加该校毕业典礼，浦敬一代表优等生演讲《权利论》，批判自由民权论，高倡非民权论，受到与会者的瞩目。毕业后，他又一面在讲耨义塾学习德语，一面从陆军士官学校教官学习兵学，并研究用兵之道，以为他日雄飞之资。在此期间，他曾拜谒副岛种臣等人，请给予指引，大受启发，从此坚定了渡华发展之志。这时，浦敬一已小有名气，后来与平户出身的同乡稻垣满次郎、菅沼贞风并称为“平户三杰”。1885年冬，内阁官报局长青木贞三对他的志向特别赏识，推荐到大阪内外新报社任职。此后，浦敬一便积极进行渡华的准备。1887年秋，从长崎乘船西渡。临行前，他曾作诗云：

> 君不见东汉英豪班定远，壮图投笔平北边。
>
> ……
>
> 丈夫岂无功名地，嗟他垂头乞人怜。
>
> 俯仰感来意气奋，叱咤驱马举长鞭。
>
> 朔风卷雪万岳震，亦以单骑入北燕。②

他一心想的是，为日本的海外扩张效命，以建功立业。到达上海后，

①《东亚先觉志士记传》，下卷，第403页。

②《对支回顾录》，下卷，第502页。

他立即与荒尾精会面，谈及东亚经纶，二人志同道合，真是一见如故。荒尾精长浦敬一两岁，便介绍浦敬一加入汉口乐善堂。所以，这次选派前去伊犁方面的人员，不但荒尾精认为浦敬一是最佳人选，而且其他外员也都感到能够担此重任者非浦敬一莫属了。

荒尾精派遣浦敬一前往新疆，其最主要的目的是做新疆巡抚刘锦棠的工作。刘锦棠是湘军名将，曾随左宗棠收复新疆，立下赫赫战功。左宗棠对他的评语是："忠勇罕俦，机神敏速，有谋能断，履险如夷，实一时杰出之才。"[①] 刘锦棠还一度署理伊犁将军，先是在 1880 年，中俄关系相当紧张，为防俄国挑起衅端，清政府曾命刘锦棠帮办新疆军务，协助左宗棠在新疆备战。荒尾精对刘锦棠的经历甚感兴趣，相信凭浦敬一的三寸不烂之舌，以联合防御俄国东进为由头，可以说动刘锦棠联日抗俄，甚至打进刘锦棠的帐下成为幕僚，在中国的西部边陲安插一颗钉子。[②] 荒尾精的如意算盘打得倒是不错。基于以上宗旨，他为浦敬一的新疆之行做了周密的安排：先派藤岛武彦、大屋半一郎二人携带价值 1 000 余元的书籍及杂货，到兰州府开办商店，以所得的货款作为浦敬一西行的经费；浦敬一随后出发，再加派北御门松二郎、河原角次郎做助手，与藤岛武彦、大屋半一郎二人在兰州会合。

除了劝说刘锦棠联日抗俄外，荒尾精还为浦敬一规定了以下八项任务[③]：

第一，调查俄国军队进入新疆的路线，如伊犁路、阿克苏路、塔尔巴哈台路、喀什噶尔路等的情况。

第二，调查新疆边防线一带的地形及气候情况。

---

①《左宗棠全集》，奏稿六，岳麓书社，1992 年，第 511 页。

②《东亚先觉志士记传》，下卷，第 383 页；王振坤、张颖：《日特祸华史——日本帝国主义侵华谋略谍报活动史实》，卷 1，群众出版社，1987 年，第 41 页。

③《东亚先觉志士记传》，下卷，第 384~385 页。

第三，调查新疆回教徒、喇嘛教徒的分布状况，了解屯垦兵士、各类流放人等的情况，并研究他们在多大程度可为我所用，以确定招揽彼等的方法。

第四，调查清政府对俄国的防御措施、兵力配备，以及对汉回民众的现行政策和开垦、牧畜的奖励办法等。

第五，调查清政府对新疆的年度经费支出及其财政来源，包括对当地人和屯垦兵采取何种税法。

第六，调查新疆各地牧畜、农耕、商业和各种物资的库存情况，计算出全疆物资库存的数量，以及清政府与俄国发生战争时如何保证物资的运输与供应。

第七，调查新疆各地的主要通路，并结交当地汉回人士，以便为在新疆设置支部进行人事准备。

第八，调查在新疆经营牧畜、开垦及商业等各项事业的可行办法，以便为本部向新疆派遣支部干部做出经费预算。

不仅如此，按照荒尾精的设想，最理想的情况是，若浦敬一新疆之行任务完成得十分圆满，则在返程时，经南疆地区进入西藏，调查与英属印度及缅甸交界一带的地理形势，从而研究防御英军自印度或缅甸进入西藏的方案。荒尾精建功心切，未免急于求成，对浦敬一此行的困难和危险都估计不足。这就决定了此次使命是很难完成的。

6 月 18 日，浦敬一同北御门松二郎、河原角次郎离开汉口北上。浦敬一在汉口乐善堂成员中是岁数偏大的，又素为众人所佩服，然此番心中无底，前途莫测，不免有一丝凄凉之感暗上心头。前一夜，荒尾精摆酒为浦敬一等送行。当酒酣耳热之际，浦敬一赋古诗一首，有句云：

疏狂漫怀蓬桑志，落魄江湖何所依？

……

儿也兹去千万里，漂迹恰似水上萍。

茫茫关山雁书绝，不知何时侍双亲。

仰诉天兮天不应，俯诉地兮地无声。

彷徨回首何所见？阴云漠漠汉水滨。[①]

诗调低沉，似有一种不祥之预感。宗方小太郎在旁听了，急忙给他鼓劲打气，提笔亦书古诗一首《送浦敬一、北御门、河原三子赴伊犁》：

君鞭白马走天涯，我棹扁舟入渤海。

时势变迁难预知，把臂交膝岂复期？

想君北出边关时，天山草木尽秋声；

万里平沙连大陆，无限客路多辛酸。

胸间静蓄十万师，腰下斜挂斩蛇剑；

事成应并吞北陲，不成沙漠埋其骨。

大道与君相追随，鬼神此时泣壮烈。[②]

浦敬一一行三人辞别荒尾精等上路，冒炎暑跋涉前进，总算到了兰州。按原先的计划，藤岛武彦和大屋半一郎先抵兰州，赁屋开店，为浦敬一等筹足西行的经费。但是，浦敬一、北御门松二郎、河原角次郎在兰州空等了 30 天，始终没见到藤岛武彦、大屋半一郎二人的踪影，不禁焦急起来。这究竟是怎么一回事？原来藤岛武彦、大屋半一郎在汉水上乘船遇盗，货物被抢，无奈滞留襄阳，未能及时赶到兰州。浦敬一无法继续等待，只得让北御门松二郎、河原角次郎两位助手返回北京，他自己则回到了汉口。此次新疆“探险”的计划流产了。

本来，荒尾精也好，宗方小太郎也好，都对浦敬一等新疆之行寄

①《对支回顾录》，下卷，第 503 页；《东亚先觉志士记传》，上卷，第 387 页。

②《对支回顾录》，下卷，第 361 页。

予厚望。结果半途而废，北京支部的北御门松二郎、河原角次郎二人又被打发回来，使宗方小太郎极为不满。于是，究竟派谁去继续新疆之旅，一时成为乐善堂诸人争论的焦点。浦敬一要求二次西行，宗方小太郎则提议改派精通汉语的石川伍一去，因此二人发生争执。荒尾精多方调解，反复权衡，最终还是决定派浦敬一本人继续完成使命，并加派藤岛武彦做其助手。

1889 年 3 月 25 日，浦敬一化名宋思斋，藤岛武彦化名宋克己，皆改着华装，扮成行商，携带书籍、杂货等，自汉口乘船溯汉水北上。出发前，荒尾精为他们的行程路线做了明确的规定：

> 离汉口后，出襄阳，经荆紫关，过蓝田至西安；再出凤翔入甘肃省境，取道秦州（今天水）、狄道州（今临洮）至兰州；再出嘉峪关，经玉门县，越过沙漠至哈密，复经吐鲁蕃，于乌鲁木齐观览后至伊犁；再经塔尔巴哈台（今塔城）至乌拉雅苏台（今阿尔泰以北地方）；又回头取向天山，出阿克苏，至喀什噶尔（今喀什）；再经叶尔羌城（今莎车）、和田，越过昆仑山进入西藏；调查前藏、后藏完毕后，出四川打箭炉（今康定），经成都至重庆。若行程顺利，计划不变；若行程有阻，可不去西藏，转经内蒙古，出北京返回上海。一切按实际情况，见机行事可也。①

浦敬一、藤岛武彦二人乘船行 850 余公里，又转为陆路，越过险峻的终南山，于 5 月 8 日到达西安府。按预定计划，在西安将货物卖掉，将货款作为西行的经费。6 月 9 日，他们离开西安向西进发。直到 9 月，才到达兰州。两人随带经费本不宽裕，从西安到兰州一路竟走了 3 个月，花费殆尽，此时盘缠只剩下七十几两银子了，根本不够两个人的费用。两个愁思无计，最后商定分给藤岛武彦 18 两白银折回

①《对支回顾录》，下卷，第 505 页。

汉口，由浦敬一一人携带余下的 50 多两白银继续其新疆之行。于是，两人在兰州城外握手而别。不料浦敬一从此却踪迹杳然了。

浦敬一在西行途中失踪，下落始终不明，但他的经历却经一些“兴亚志士”着意渲染，演绎成“单骑万里度绝漠”的故事，从而编造了种种传说，也出现了种种猜测。例如：

传说之一：其后，听到曾在甘肃布道的一位英国传教士说：“当年在老子曾经出走不知所终的万里长城最西端嘉峪关，遇到过一位骑驴西行的旅行者。那人行装虽污秽不堪，然面目清秀，像是学生神气。”据此，乐善堂的一些成员推测，此人必是与藤岛武彦分袂而西行的浦敬一。①

传说之二：或称浦敬一后来混入蒙古牧民中，准备怀柔剽悍的蒙古王公、旗主，以待将来实施“大陆雄飞”方策之时；或称浦敬一已进入西藏，帮助喇嘛收揽人心，将大权集于一身。认为传说不一，当非空穴来风。②

传说之三：浦敬一到了缅甸，又同缅甸豪族的一位千金结婚，并且生有一子，即在缅甸长住下来。后去印度，因参加一次起事而丧命。③

如此等等，已经难以稽考。后来宗方小太郎所撰《亡友招魂碑》，称浦敬一“万里度绝漠，深入新疆地”④，虽有溢美的成分，但肯定浦敬一是死了。为什么说宗方小太郎有溢美之嫌呢？因为浦敬一是否进入新疆是很成问题的，也是无从证明的。最大的可能是，他是死于自兰州西行的途中。或在沙漠中迷失道路，魂断绝漠；或因中国话太差

---

① 平山岩彦等：《我们的回忆录》。
② 《东亚先觉志士记传》，上卷，第 393~394 页。
③ 《东亚先觉志士记传》，下卷，第 405 页。
④ 《东亚先觉志士记传》，下卷，第 394 页。

而露出马脚，为人所害。浦敬一曾作《失题》诗，其前四句云：

人生不满百，在世如过客。

何事营营争枯荣？不识骨朽复无迹。[①]

不想竟这样过早地被自己言中了。

浦敬一西行不返，宣告了荒尾精新疆工作计划的破产。

第五节　“四百余州探险”（之二）

针对俄国宣布建造西伯利亚大铁路，荒尾精未雨绸缪，连下两步棋：一是派浦敬一去新疆，一是派宗方小太郎去东北。宗方小太郎赠浦敬一诗“君鞭白马走天涯，我棹扁舟入渤海”之句，即指此而言。虽然浦敬一在西行途中失踪，宗方小太郎在东北的调查却基本上达到了预期目的。

宗方小太郎是肥后宇土藩士宗方仪后卫门（后改名庄藏）的长子，字大亮，因后来负责乐善堂北京支部而坐镇北京，故自号北平。少时即从藩儒草野石濑学习汉籍，最喜读史书。后为佐佐友房所知，对其颇为赏识。当时，佐佐友房正主持熊本济济黉，培养有为青年，将他们的志向引向中国大陆，以实现其“兴亚”思想。宗方小太郎也仰慕佐佐友房之为人，受其影响颇深。按年龄，佐佐友房长宗方小太郎10岁，说不上忘年，也在师友之间；论友谊，志趣相投，堪称莫逆之交。试看佐佐给宗方的私信《示宗方大亮书》：

吾年二十兴一乡，三十兴一县，四十、五十欲兴一国，而六十、七十及宇内也。以君子之心，行英雄之事，文武一致，刚柔

①《东亚先觉志士记传》，下卷，第406页。

兼济，以护持皇室于无穷，宣扬国威于八表——平昔所自期如此。呜呼！吾虽不敏，请终始生死，从事于兹矣。……言颇傲慢，以故未敢示人也。余持书此，以赠大亮吾兄，盖信识吾之深也。老兄若爱吾，慎勿示诸他人。至嘱至嘱！①

佐佐友房相信宗方小太郎对自己相知之深，都志在“护持皇室于无穷，宣扬国威于八表”，而且决心“终始生死，从事于兹”，故敢对其道不足为他人道之事，可见他们的交情确实非同一般。正是由于与佐佐友房的这种关系，宗方小太郎才走上了对华间谍活动的道路。

1884年夏秋之交，法国政府见在越南的军事行动逐渐得手，欲乘胜扩大侵略，将战火燃烧到中国本土，于是中国东南沿海一带首当其冲，成为抗法的前线。法国舰队先是登陆台湾基隆，全歼福建水师于马江，继而封锁台湾海峡，东亚大局又为之一变。当时，日本的“兴亚志士”纷纷来华，企图乘机一展抱负。同年10月，佐佐友房带宗方小太郎及佐野直喜来到上海。佐佐友房此次滞留中国两个月。通过多方观察，认为日清关系至为重要，应及早规划，制定未来的方策。佐野直喜熟悉汉语，因受日本陆军委托，到山东烟台活动。宗方小太郎则继续留在上海，一面担任熊本《紫溟新报》通讯员，一面与山内嵓、荒贺直顺、隐岐嘉雄等入东洋学馆进修中文，并研究中国问题。东洋学馆停办后，他又蓄辫着华装，跋涉华北九省，进行各方面的调查。特别是东三省之行，正值降雨季节，河水泛滥，地广路险，纵横数千里，全靠徒步而行。如此3年，宗方小太郎获得了大量调查材料，写成长篇纪行。②

①《对支回顾录》，下卷，第355页。

②《对支回顾录》，下卷，第360页。按：宗方小太郎的《华北纪行》《东三省纪行》原稿，后存放于汉口东肥洋行，1903年一场大火使之化为乌有。

时过3年，宗方小太郎奉派再度赴东北调查。与浦敬一调查新疆失败不同，宗方小太郎此行却比较顺利。事实上，宗方小太郎早就将工作做在前头，应该说在这次汉口乐善堂外员会议的前一年就完成了任务。因为清政府营建旅顺口作为北洋海军的基地，到1886年海岸炮台的修筑已经竣工，船坞建设也进入关键性的施工阶段。同年，总理海军衙门事务的醇亲王奕譞偕北洋大臣李鸿章等巡阅北洋海防，便亲自到旅顺检查过船坞工程。时人称此项工程为“海军根本”[①]，对当时中国海防建设的重要意义不言而喻。故后来李鸿章奏称：“嗣后北洋海军战舰，遇有损坏，均可就近入坞修理，无庸借助日本、香港诸石坞，洵为缓急可恃，并无须糜费巨资。从此量力筹划，逐渐扩充，将见北洋海军规模足以雄视一切，渤海门户深固不摇。其裨益于海防大局，诚非浅鲜。”[②] 日本军事情报部门也早就盯上了作为北洋海军重要基地的旅顺。正由于此，宗方小太郎主持北京支部的工作后，即准备亲自去侦查旅顺也就很自然了。

宗方小太郎作为一名日本间谍，不但是“大陆雄飞”的实践者，而且此时已经形成了一套怪诞的“兴亚”理论。这是他与一般“兴亚志士”的主要不同之处。试读一下当时宗方小太郎给另一大陆浪人熊谷直亮所写的长信，便可了然于胸了。在这封自题为《狂夫之言》的长信中，宗方小太郎首先指出东亚正处于危急存亡之秋：

> 试拭目观看宇内大势，德义拂地，道理乖亡，滔滔天下以优胜劣败为真理，转噬攘夺，优者为所欲为。虽有万国公法，终不过强国之私法，有内为夜叉而外装佛陀者，有左手抚之而右手刺

① 《中日战争》（中国近代史资料丛刊），上海人民出版社、上海书店出版社，2000年，第1册，第53页。
② 《李鸿章全集》，奏稿卷69，海南出版社，1997年，第34页。

> 之者，有表示不夺而夺之者，权谋术数愈出愈奇，殆使人不可加以端倪。当此时也，我亚细亚之全局危如累卵，有眠者，有醉者，有穷者，有困者，见此光景者谁不寒心乎？明了此现状者谁不奋励乎？回顾英夺印度，略缅甸，割阿富汗，占香港，窥波斯，朵颐西藏；葡踞玛港；西班牙取吕宋；荷兰略爪哇；法领安南；俄施奸谋于桦太，逞毒锋于土国，觊觎朝鲜，割满洲，窥伊犁，垂涎蒙古，近来中亚细亚铁路已达撒马尔罕，西伯利亚铁路不久将竣其功。嗟！岌岌乎危哉！

以上所述诚为事实，问题是亚洲的出路何在。宗方小太郎认为："熟按我亚细亚洲幅员之大，生民之聚，物产之富，实为彼欧洲之数倍，而受白人之凌辱如斯者，虽曰天运，抑又有人事所未尽者也。"那么，如何才能尽人事？他对日本的现状极为不满："其外交政略之卑屈怯懦，国内施政之变化无穷，所谓国是者尚未一定，措置错乱殆已处于不可收拾之势。庙堂之诸公多沉溺于富贵，苟且偷安，无一足为国家之重者。"因此，对于日本来说，当务之急是"为邦家策划远谋"。何谓"远谋"？他这样写道：

> 予窃谓邦家现况如此，亚细亚之大势又如此，以寻常之策处于此间终不可及也。惟有视亚洲如一家，为亚洲之事如为我之事，在于以复兴自任，以兴其大局谋求帝国之安全。古人曰："以四邻守国。"予亦曰："欲救邦家今日之急以谋无穷之独立，宜立于日本以外之地，在于兴日本以外之地，以修邦家之藩篱，希求邦家之无事。"闻此言者皆曰，弃内驰外，不分本末。予谓曰不然。今日之事不可拘于一部一局，当此大局已倾覆之时，虽望一局部之安全岂可得乎？目今之急，不在日本一局部之急，而在亚细亚

大局之急也。如置大局于脑后而专局促于一隅，则大势所趋，虽有虎贲百万又焉能防之乎？然则我之对策如何？曰：在于匡治亚洲头脑之腐败。所谓头脑者何？中国是也。

宗方小太郎提出的对策是，首先“匡治”中国，即解决中国的问题。对于“匡治”中国的唯一办法，他认为只有“取而代之”：

中国之隆替有关亚洲全局之休戚最切，是以欲兴亚洲，非先兴中国不可。是乃形势之不得不然者也。今视中国之情况……犹如病入膏肓，虽有扁鹊亦不可治之。朝野滔滔狂奔于名利之途，至于天下国家之事，则漠然无知者。如何使之足以成为亚洲之盟主乎？中国之不兴犹如亚洲之不兴，虽导之而不变，说之而不从，如何方可乎？中国对我之宿怨深于海，联合之策可言而不可行。毋宁假借事端之名义，出兵与之作战，以取而代之。……至于在推倒之时，或将不得不杀戮苍生数万人，并擒其国王。事虽近乎凶残，但此举并非为个人之功名私利，毕竟为亚洲之真理，系大义名分之所许也。

在宗方小太郎看来，要“匡治”中国，必须靠战争解决问题。就是说，制造借口出兵中国，占领北京，擒清帝而取而代之。只有这样，中国才能获得振兴。不过，这还是“兴亚”的第一步。下一步又当如何？他又进一步指出：

在中国获得振兴后，可打破亚洲各国之酣睡，使其知晓大义之所在，养其国力，鼓其元气，以驱逐彼贪婪无厌、横暴狼戾而长期在我亚洲地域上跳梁跋扈之残暴欧洲人。是乃兴亚之第一着也。若欧洲人占我亚洲一寸之地，即我一寸之耻辱也。更何况已大半为其所占乎？惟愿尽亚洲之全力与欧洲进行一大决战，以惩处其多年之积恶，使之非仰仗于我不可。盖此举非特为复仇也，仅在使其知亚洲之威力，断绝其再以强凌弱之贪念而已。[①]

从宗方小太郎的这封长信看，他不愧为一位“东亚先觉志士”。在信中所提出的“兴亚”方策，当时可能和者甚寡，但后来却为日本历届当政者所奉行。时至今日，日本国内宣扬侵略史观者仍大有人在，甚至叫嚷日本当年发动的所谓“大东亚战争”是“解放”亚洲国家的战争，这固然反映了此辈根本不知天下有羞耻事，但也可由此看出他们正是宗方小太郎衣钵的忠实继承者。

宗方小太郎既以“推倒中国”为己任，深知只有侵略中国的战争才能解决问题，所以他决定要及早地对旅顺口及其后路乃至辽东腹地进行侦察。宗方小太郎此番辽东之行也比较顺利，这是因为：他对中国东北曾进行过长期调查，十分熟悉情况，得以驾轻就熟。此其一。何况宗方小太郎是一位“中国通”。他的女婿宗方丈夫回忆说：“他是数目众多的‘中国通’之第一人。”[②] 宗方小太郎也十分了解中国风土人情，与人接触彬彬有礼，显得极其谦恭和蔼。他的得意门生波多博回忆说：“当时所谓‘中国通’或大陆浪人，有许多都非常粗野，酗酒，好说大话，而宗方先生绝无这种情况。”[③] 显然，这有助于赢得人们的好感，更容易隐蔽自己的真实目的。此其二。更为主要的是，宗方小太郎这次东北调查，是以“学生”的身份，而且是经日本驻北京临时代理公使梶山鼎介函请总理衙门批准，并发给了游历护照，其行为是公开的，也是合法的。此其三。

① 宗方小太郎：《狂夫之言》，见《宗方小太郎与中日甲午战争》。
② 宗方丈夫：《忆亡父宗方小太郎》，见《宗方小太郎与中日甲午战争》。
③ 波多博：《谈宗方先生》，见《宗方小太郎与中日甲午战争》。

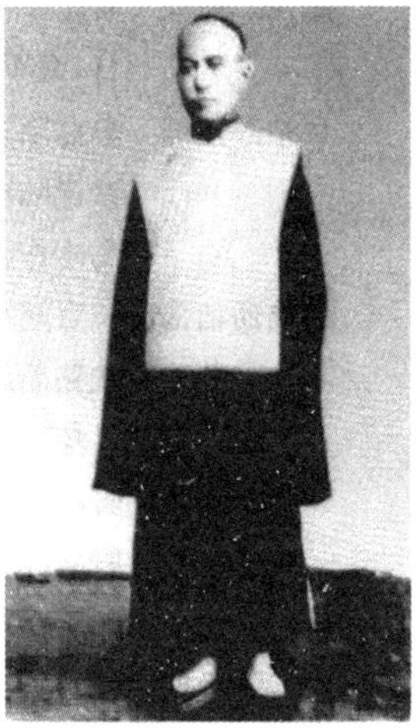

宗方小太郎

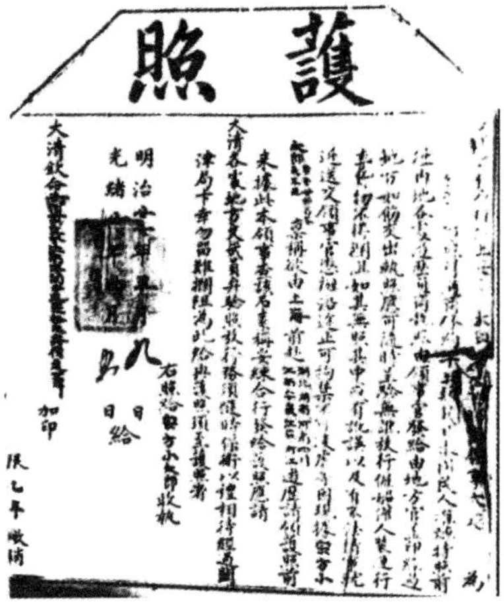

宗方小太郎在中国从事间谍活动时使用的合法护照

宗方小太郎的“游览”计划虽得到总理衙门的批准，但负责北洋海防的李鸿章却以金州、旅顺防区为军事要地，阻止这位日本“学生”到此“游览”。现有李鸿章于光绪十三年五月二十九日（1887年7月19日）给旅顺营务处直隶候补道刘含芳的饬札为证：

五月二十二日准总理衙门咨开：“光绪十三年五月十六日准日本署公使梶山函称：本国学生宗方小太郎禀，拟于本月初十日、即中历二十日出都，经通州、三河、蓟州、玉田、永平（今河北卢龙）、临榆（原驻山海关西口）、宁远（今辽宁兴城）、锦州、奉天（今沈阳市）、辽阳等处，抵九连城（今丹东市东北），取道大姑（孤）山（今庄河市东北）、金州、旅顺、复州、盖平（今盖州市）、海城，出牛庄（今营口东北），由水路回天津，日程约三个月。函请发放护照，沿途放行等因前来。除由本衙门缮就护照，札行顺天府盖印发给收执外，相应咨行贵大臣查照，于该学生过境时，饬属照条约保护，并将入境、出境日期咨复本衙门备查可也”等因到本阁爵大臣。准此。查日本学生宗方小太郎由九连城等处取道大姑（孤）山，经金州、旅顺，再由牛庄回津。如该学生经过金州、旅顺，欲往各防营游览，即照案妥为阻止。合行札饬。札到，该道即便移行各防营一体查照。此札！①

但是，李鸿章的饬札究竟能起到多大的作用，是值得怀疑的。事实上，这样一纸札文并不能真正阻止宗方小太郎潜入驻军的防区。宗方小太郎完全可以化装为商贩进入营地。这是许多日本间谍惯用的伎俩，宗方小太郎本人也多次这样做过。正由于此，1888 年春汉口乐善堂的外员会议所作出的决议，才强调北京支部的工作是主要“对清国中央政局情况，包括宫廷人物行动进行侦察”。

宗方小太郎在汉口送别浦敬一后，乘船到上海，北行前先回国省亲，然后返回北京，继续主持北京支部的工作。此后，宗方小太郎“自观察清国中央政府之动静起，以至调查直隶、山东、山西、辽东等省，同时联络乐善堂诸同仁，殆无虚日。偶尔尚须亲自上街推销上海乐善堂提供的书籍、药品等，以尽力为在通衢开设商店而筹措经费。他当时在日记中写道：‘此日下午起，余与汪某携带书籍出，至崇文门外路旁摆摊卖书。这在日本乃最下等之商人所为，心中暗自好笑。噫！大丈夫或时为乞丐、为奴仆、为小吏、为商贩，或为立于庙堂雄视宇内的英雄，或为仁人君子，皆随时势而浮沉，虽出没似无常，而一片至诚之念则贯穿万古也’”②。在此期间，宗方小太郎通过各种途径和手段，获取了大量有关清政府最高决策层的机密情报，从而为日本后来发动大规模侵华战争提供了重要的决策依据。当时，他作有一

①《北洋大臣李鸿章饬总理北洋海军军械兼旅顺军械事宜直隶候补道刘含芳札》，见《宗方小太郎与中日甲午战争》。

②《对支回顾录》，下卷，第 362 页。

篇题曰《寄燕京诸君》的七言古诗：

落花时节辞歇浦，放浪今尚滞天涯。
十年落拓君休笑，胸里常蓄一片奇。
草鞋曾凌岱岭顶，匹马遥饮鸭水湄。
此行不知何所得，怀抱只有哲人知。
君不见东洋今日太多事，邦家前途累卵危。
先则制人后被制，毕竟此言不我欺。
谁取禹域献君王，谁扫边尘绥四陲？①

此诗中的最后六句，是对他所写给熊谷直亮的长信基本意思的概括。其中，“谁取禹域献君王”一句最值得注意。“禹域”乃指中国。“君王”，日本天皇也。这句诗自然会使人们想起日本海外扩张论的鼻祖丰臣秀吉。早在1577年，丰臣秀吉便发下弘誓大愿：“席卷明朝四百余州，以为皇国之版图。”到1592年，他更提出明确的计划：翌年占领北京；后年迁都北京，请天皇行幸明都。② 可见，宗方小太郎的“狂人之言”并不是兴之所至口头说说而已，而是要采取“先发制人”的手段灭亡中国。其侵略狂想真是达到了无以复加的地步！

第六节 “四百余州探险”（之三）

根据1888年汉口乐善堂外员会议的决议，对中国西南诸省的调查，由四川支部来负责完成。石川伍一、松田满雄、广冈安太、山崎

① 《对支回顾录》，下卷，第363页。
② 戚其章：《国际法视角下的甲午战争》，人民出版社，2001年，第3、5页。

羔三郎（系临时加入）四人成为当然的人选。他们的分工是，石川伍一、松田满雄负责四川全省的调查；山崎羔三郎负责贵州、云南二省的调查；广冈安太则专门从事西南苗族地区的调查。这样，他们便分三拨先后出发了。

第一拨是石川伍一和松田满雄，两人结伴而行。石川伍一是日本秋田县人。少时即习汉籍，后入“兴亚”学校专习汉语。这所“兴亚”学校乃是一帮所谓“东亚先觉者”们创办，标榜“兴亚主义”，成为当时“大陆雄飞志士”之渊薮。石川伍一处此环境，耳濡目染，更坚定了“兴亚”的决心。1884 年，19 岁时的石川伍一乘船渡海来到上海，投奔海军大尉曾根俊虎，一面进修汉语，一面研究中国问题。后从上海北上，寄身日本驻烟台代理领事东次郎处，专门从事中国问题的调查研究。1887 年，石川伍一得知荒尾精在汉口开设乐善堂支店，急忙前往加入。松田满雄是细川藩士族松田七十郎的长子，也曾从藩儒学习汉籍。1886 年来华，投汉口乐善堂。1887 年，曾长期从儒学大家俞樾学习的汉口乐善堂成员吉泽善次郎，到贵州调查下落不明。消息传来，松田满雄挺身去贵州寻找，行至苗族地区，被发现形迹可疑，遭到拦阻盘问；又因讲不成几句连贯的中国话，便装成是口讷的老实读书人，蒙混过关，侥幸逃回了汉口。此番接受前次的教训，荒尾精命熟悉中国话的石川伍一与松田满雄结伴，正是为了避免重蹈覆辙。

两人出发之前，石川伍一对这次调查任务做了反复的考虑，认为除了对全川进行调查外，还需确定两个重点目标：一是四川南部的苗族状况；一是西藏地区的牧场。他有一个设想，就是在西藏的牧场经营畜牧业，以便为汉口乐善堂赚取调查经费。另外，他甚至还有一个更深远的考虑，即如果畜牧业计划搁浅不行，则仿效三国故事，据有四川，在巴蜀奠定立国基础。① 这次他们在四川盆地绕了一大圈，并且还深入到西藏东部。途中几次遇到危险，遭到过当地少数民族人民的包围，也遭到过当地官府的逮捕，每次都是石川伍一靠谎话而逃脱困境。最后，两人完成了《四川调查报告书》，并附有极其详细的地图，为日本政府第一次提供了关于四川的详尽资料，填补了日本对华情报搜集工作中的一项空白。

第二拨是广冈安太一人。广冈安太是九州熊本人，字子龙。② 幼时从藩儒学习。稍长，因受到熊本“兴亚”思潮的影响，萌发了“大陆雄飞”之志。1886 年乘船来到上海，寄居在城内冯国钧家中，专门学习中国时文与日常会话，历时两年。冯国钧，字相如，广东人，时年已七十，曾担任中国驻日本横滨副领事，精通日语和英语，对广冈安太帮助极大。1888 年，广冈安太离开冯国钧家，到华北各省游历，以考察山川形势及风俗人情。事有偶然，途中巧遇荒尾精。当时，荒尾精正到处招揽大陆浪人，便向广冈安太介绍汉口乐善堂的宗旨与活动。广冈安太大为高兴，情愿投其门下。从此，广冈安太便成为汉口乐善堂的一名外员。

1889 年，广冈安太与高桥谦、石川伍一、松田满雄同赴重庆，以开店贩卖药品、书籍为掩护，从事调查活动。广冈安太等读顾炎武《天下郡国利病书》颇受启发，以周游四方为志。同年 4 月，他只身离开重庆，向预定的目的地贵州苗族地区进发。广冈安太一目失明，

① 平山岩彦等：《我们的回忆录》。

②《对支回顾录》《东亚先觉志士记传》二书所收之《广冈安太传》，皆未提到广冈安太之字。兹查石川伍一有《想广冈子龙一别无音信》诗：“独眼睨今古，壮心吞九州。探幽溟黔路，何处追鹏游?”广冈安太一目失明，故云“独眼睨今古”；广冈安太在贵州调查时失踪，故有“探幽溟黔路”二句。可知石川伍一所想之广冈子龙，即广冈安太，子龙其字也。

然自视甚高，傲视一切，所以石川伍一称他“独眼睨古今，壮心吞九州”①。临行前，广冈安太曾吐露自己的如意打算，就是准备长期潜伏于云贵山区，“置身于清朝化外之民的苗族之中，纠合苗族发动暴乱；若机缘凑巧，则争取成为苗族头人的赘婿，有朝一日作为苗族首领经略西南诸州”②。正所谓“机关算尽太聪明，反算了卿卿性命”！结果机关被一戳穿，身份暴露，一命呜呼。半年多以前，宗方小太郎自汉口北行时，广冈安太曾作《送宗方大兄北游》诗相赠，内有“飘寒雨露炼筋骨，跋涉河山见大观。君须好风浮海澨，我吟残月倚栏杆”③之句，意谓祝其一路顺风，等待其平安消息。当时，他还未料到自己倒先成为异乡之鬼了。

第三拨也只有一个人，即山崎羔三郎。山崎羔三郎是福冈藩士白水清八的三子，幼名濯，后改名羔三郎。1884 年，21 岁时的羔三郎按其祖母的意志，出继御笠郡（今筑紫郡）山崎茂一郎家，因以山崎为姓。少年时曾师事老儒海妻甘藏、筒井胜，学习汉籍；又进入英语学校学习英语。“夙怀四方之志，广交天下志士，被称为福冈玄洋社青年三杰之一。”此时其“大陆经纶”思想已初步形成。1885 年游学东京，入泰西学馆，于学习英语之余暇，造访都下名士论客，讨论时事。当时，“日本朝野政客醉心于党争，无敢倡导东亚大计者，山崎为之慨叹不已”④。一次，山崎羔三郎偶与荒尾精邂逅，听其畅论“兴亚”之策，与自己所想正不谋而合，大有相见恨晚之感，于是决定到中国大陆一闯。1888 年秋，山崎羔三郎被同县前辈玄洋社头目平冈浩太郎

①《东亚先觉志士记传》，下卷，第 51 页。
② 平山岩彦等：《我们的回忆录》。
③《对支回顾录》，下卷，第 500 页；《东亚先觉志士记传》，下卷，第 717 页。
④《东亚先觉志士记传》，下卷，第 472 页。

派来上海，先跟随冯国钧学习南京官话，随后又投汉口乐善堂研究中国问题。

到 1889 年初，山崎羔三郎的发辫渐长，中国话也比较熟悉了，便决定开始西南调查之行。他化名常致诚，字子羔，装扮成中国人，或为药行商人，或为游方郎中，或为卜卦算命者，甚至为讨饭的乞丐，一直深入到云、贵二省的险塞荒陬之区。这些地方多为日人所从未到过之处。此行历时近一年，于当年年底返回汉口。翌年初，山崎羔三郎再次南行，深入广西、广东两省调查，历时半年回到上海。

山崎羔三郎这次花一年半的时间深入云贵、两广调查，有一个重要的目的，就是寻找可以作为起事根据地的地方。1888 年 12 月 30 日，即山崎羔三郎赴云贵调查的前 5 天，他曾写信给福冈的胞兄白水致称：

> 拙弟所从事的事业至艰至难，系图亘古未有之大事，故须甘愿承受千辛万苦。然开其端绪极难，进退稍有不慎，必将付诸东流。诚为此焦心至极，静时千思万虑，拙弟心中已决。我同志者所欲成就之事，第一位的目标是寻找一根据地。然而，此根据地即割据地，中国虽地域辽阔，然得之实非易事。拙弟窃不谓然。若周游各地，一心寻求，必有边境政化不开之地，地理风土良好之处，占而据之，集天下志士好汉于此，生养之，训练之，伺机举事，亦何难哉？方今经常思虑之事，是必须赶快压服腐败的清廷。然目下时机尚未成熟，选择南方或北方一时难作决定，来年初夏大抵可有眉目。中国北方（此指东北——引者）土地肥沃，便于机动应变，得之亦易，然此处为清廷创业之地，政化兵机非他处可比，潜伏其地营建根据地甚难。因此，为今之计，转向南方寻找较为稳当。本年中，即决心孤剑飘然漫游南方。来年决然

南游，窥探其地理形势，调查其地利所在，用意即在于此。昨29日归堂，今年只剩一天，故决定明年1月4日启程。此番南行，云烟万里，涉湖南之水，越贵州之山，过云南之野，穿广西之森林，行福建之荒郊，入虎狼豺豹之窟，游猛獞（原注：贵、云、桂所居蛮人之称）苗蛮之巢，彷徨于瘴疠毒雾之间，决心务必达到目的。虽前途渺茫，难保无虞，若得神明加护，上天保佑，来年中将重返上海。①

从山崎羔三郎这封致胞兄的信中可以看出，他南游的主要目的是寻找将来起事的根据地。就这一点来说，他并未达到预期的目的。特别是到1890年后，日本政府的侵华方针发生重大变化，乐善堂谍报中心也随之转移，寻找起事根据地已经成为不必要的任务。

第七节　撩开日清贸易研究所的面纱

荒尾精来华3年，通过汉口乐善堂成员的大量实地侦察活动，窃取了多方面的重要情报，从而感觉到对华谋略谍报工作有必要进行适当的调整。3年来，在他的主持下，汉口乐善堂的调查工作主要侧重于政治、军事方面，为日本发动侵华战争做准备，或寻找根据地伺机起事。就是说，他的主要工作是为未来的兵战服务。经过几年对中国内外形势的了解，他逐渐认识到，为兵战而早做准备是必要的，但却是不够的，必须采取兵战与商战并重、以商辅兵的方针。

1889年4月，荒尾精返回日本，为实施他的以商辅兵方针展开活

①《对支回顾录》，下卷，第570~571页；《东亚先觉志士记传》，下卷，第374~376页。

动。此前，他将从中国所获得的情报资料分门别类地加以整理，进行分析研究，写成了一份长达2万余字的调查报告。回国后，他将这份调查报告作为《复命书》呈送日本参谋本部。《复命书》认为："观清国朝政之现状，承二百余年之积弊，上下腐败已达极点，纲纪松弛，官吏逞私，祖宗基业殆近倾颓。故今日虽能苟且偷安，施姑息之策以维持，绝非长治久安之术。""故虽外示强盛，内实困弊衰惫。夫其情势如此，大厦之将倾，岂一木所能支?"而另一方面，"英、俄、德、法四大强国在欧洲已无扩展的余地，于是垂涎土地丰饶的亚洲，磨其锐牙利爪以求一逞。而亚洲的最大美饵实是中国。是以皆虎视眈眈，注目中国"。面对中国严峻的内外形势，日本绝不可漠然置之。因为"以清国的地势而论，正与日本唇齿相保，成辅车相依之势，土地广大，富源丰饶，位于亚洲中原地带，保之足以霸亚洲，兴之足以制欧洲。故将来日本与欧洲列强对峙，并进而争衡，非结合清国之地势不可；防欧洲列强侵取而保日本，亦非利用清国之地势不可。若清国一旦为他国所制，则日本势将形格势禁，进退维艰。是清国之忧即日本之忧也。夫先发制人，后发者制于人。……今清国形势虽然如此，若我巧为利用，乘机操作运动，则转祸为福，以立我国万世之大计亦非难事"。根据以上分析，提出当前"兴亚制欧"之计，就是在上海设立日清贸易商会。然后以上海为中心，渐次扩展到汉口、镇江、天津、广东各地，并在其管辖区内要地设立支部，派驻有为干部，"装作中国商人，因地制宜，或开茶馆，或开旅店，或办工厂，或经营牧畜，或从事农垦，以便开展调查事宜"。在荒尾精看来，设立日清贸易商会的好处有三：（一）以商人身份开展活动，把商贸事业搞得红火起来，可以消除对我方人员的怀疑。（二）每个支部安置侦探，不仅可网罗他日为我所用之人物，而且可借此得到充足的资金。（三）由此扩张对华贸易，提高我之商权。因此，《复命书》最后得出结论说："设立日清贸易商会，实乃对清国第一要着，今日万急之务也。"[①]

除向日本参谋本部提出《复命书》外，荒尾精还向日本政府的大臣们多方游说。当时，内阁总理大臣黑田清隆、大藏大臣松方正义、农商务大臣岩村通俊等皆曾先后表态，给予大力支持。农商务次官前田正名对荒尾精更是赞许有加，称："精通东洋问题者惟荒尾一人，迄今尚无出其右者，事关国家的东洋问题可以放心委托他办。"[②] 既得到政府的支持，荒尾精便到日本全国各地做巡回演说，寻求响应者。同年 12 月，他在九州博多地区发表的演说，特别强调了商战与兵战的密切联系。他说："如果为了扩充军备，至少需要花 10 年工夫去从事调查和经营，才能奏效，而经费则需 3 000 万元。以目前的日本情况而论，恐难负担此一庞大的开支。因此，要想伸张我国威于海外，与西洋各国抗衡，惟有发展工商业以赚取外国金钱之一途。"[③]

起初，荒尾精的计划相当宏大，表现了他在东亚扩张商权的野心。按照荒尾精的设想，先在上海成立日清贸易商会，并设日清贸易研究所；如果计划进展顺利，则再推而扩大，进一步设立亚洲贸易商会，附设亚洲贸易研究所。这样，不出十年，日本国旗将飘扬于亚洲各通商口岸，甚至取代英国东印度公司。但是，日本财力本来就已不足，何况为了扩军备战，连年增加军费，很难拨出经费来支持荒尾精的计划。荒尾精无奈求其次，决定先把日清贸易研究所开办起来。至于招生的名额，也由原来计划的 300 名压去一半，实招 150 名。

①《对支回顾录》，下卷，第 473~474、487、490~491、494~495 页。
②《东亚先觉志士记传》，上卷，第 398 页。
③ 井上雅二：《巨人荒尾精》，第 38~39 页。

经过荒尾精长达一年时间的四处游说，当时报名日清贸易研究所者达到300多人。[①] 到1890年3月，正在汉口的宗方小太郎收到高桥谦从日本福冈寄来的信，谓受尚在全国游说的荒尾精委托，恳切希望宗方小太郎回国协助实现招生计划。宗方小太郎立即从汉口出发，经上海返回日本。3月20日，宗方小太郎来到荒尾精在东京芝明舟设立的招生办事处，与先后回来的井深彦三郎、中野二郎、高桥谦、中西正树等汉口乐善堂同仁相见。4月3日，荒尾精自名古屋回到东京。翌日，荒尾精召集返日汉口乐善堂成员会议，讨论落实招生计划，拟定实施方案。并决定宗方小太郎尔后即留驻东京，专掌日清贸易研究所招生考试及其他有关事务。

日清贸易研究所的招生工作，从筹备考试到最后录取，历时三个月。从宗方小太郎的日记中可以了解其大致的经过：

4月13日　开始草拟日清贸易研究所之教育意见书。

5月1日　送呈榎本武扬文部大臣之教育意见书完稿。

5月15日　制定社内规则，规定从明日起一同开始办公。

6月13日　拟定招生考试题目。又代表荒尾精及社内诸友致函汉口乐善堂诸君。

6月20日　上午，至地学协会视察考场。下午，至警官练习所视察房舍，将用此处暂作入学新生之宿舍。

6月22日　上午，为考生查体。

6月23日至24日　考生参加知识课程考试。

6月25日　彻夜阅考卷直至拂晓。

6月30日　发新生录取通知书。

7月1日　已录取之新生皆集中于警官练习所。

---

①《对支回顾录》，下卷，第467页。

7月9日　榎本武扬、川上操六两氏在厚生馆对新生训话。

7月13日　拜观皇城。余早起斋戒后，率学生由坂下门入。荒尾精及其他社员十余名亦来会。

7月14日　有栖川宫殿下驾临厚生馆，余先晋谒，后又率新生拜谒。[1]

从宗方小太郎的日记中可以清楚地看出，日清贸易研究所绝不是一所单纯以培养中日贸易人才为宗旨的普通学校，而是主要以日本军方为背景而培养能够执行对华特殊任务的人的间谍学校。试看新生录取后，不仅参谋次长陆军中将川上操六亲临训话，而且还被恩准拜观皇城，甚至受到参谋总长陆军大将有栖川炽仁亲王的亲自接见，即不难窥见此中的秘密了。

正当荒尾精等人在日本为日清贸易研究所招生而紧张活动之际，汉口乐善堂内部却在酝酿发动起事。进入19世纪下半叶后，西方列强把对华掠夺重点转向中国长江流域的富饶地区，教会势力也跟随而来，民教矛盾日趋尖锐。正是在这种情况下，汉口乐善堂的成员认为策动起事的时机已到，不可失之交臂。[2] 但是，这是一个冒险的计划，有多大成功的希望难以预料。特别是当时日本政府正为发动大规模侵华战争而积极准备，此项计划一旦实行，必然会打乱其整个战略部署，于是决定派人赴汉口制止此项计划。日本参谋本部经过研究，认为炮兵大尉根津一是前往汉口处理此事的最合适的人选。

根津一是山梨县人，与荒尾精齐名。幼名傅次郎，后改名为一，号山洲。根津一幼而好学，曾从医师矶崎角之丞学习汉学。1876年，考入横滨师范学校，不久因病退学。翌年，应募进入陆军教导团。后

① 《对支回顾录》，下卷，第364~365页。

② 王振坤、张颖：《日特祸华史——日本帝国主义侵华谋略谍报活动史实》，卷1，群众出版社，1987年，第57页。

经特科选拔，转入陆军士官学校，在校期间被授予炮兵少尉军衔。1883年，从陆军士官学校毕业，分到广岛镇台炮兵队任职。根津一在校5年，结交“兴亚志士”，与晚一届的荒尾精意气相投。这就是为什么后来选中他前往汉口处理乐善堂的问题。1885年，根津一考入陆军大学，当年即晋升炮兵中尉。因不满德国教官之盛气凌人，与其发生冲突，被勒令退学。1887年3月，根津一被派往仙台炮兵大队任副官，仅一周即改调参谋本部“支那课”，专门从事中国问题研究。在“支那课”工作期间，他有机会看到俄国参谋本部的《支那攻略论》等秘密文书，愈感解决中国问题之迫不及待，几次要求脱离军籍赴华，以便专搞侵华谋略谍报活动。1889年11月，根津一又升任炮兵大尉。直到1890年7月，日本参谋本部考虑到根津一是处理乐善堂问题的最佳人选，才准其转入预备役，命其前往汉口。根津一即至汉口，制止了原先的起事计划之后，便留在那里，代替荒尾精主持乐善堂的工作。

此时，日清贸易研究所的招生工作虽告结束，但师生赴华路费及开办经费尚无着落。当时，日本国内财政状况并不景气，政府很难拨专款给荒尾精做办学经费。先前农商务大臣岩村通俊和次官前田正名曾答应提供经费，并讲明将出售北海道山林，以10万元作为日清贸易研究所的开办费。然而，不久岩村通俊因病辞职，由陆奥宗光继任农商务大臣。前田正名因与陆奥宗光意见不合，亦辞去次官职务。出售北海道山林事也就搁置起来。此时，150名新生业已集中起来，正整装待发，却难以成行。荒尾精万分苦恼，一度产生自杀的念头。由于川上操六出面大力帮助活动，经内阁总理大臣山县有朋和大藏大臣松方正义批准，由内阁机密费项下拨出40 000元，作为日清贸易研究所的开办费，才得暂解燃眉之急。川上操六深知这笔经费不敷开支，又以个人府宅作抵押贷款数千元，一并交付，使荒尾精大受感动，为之感激涕零。

1890 年 9 月 3 日，荒尾精终于率领学生 150 名及教职员工共约 200 人，从横滨乘船前往上海。9 日，荒尾精一行抵达后，即住进英租界大马路泥城桥畔的日清贸易研究所校舍。所谓校舍，实际上是购买若干间民房后改建而成的。20 日，在荒尾精主持下举行开学典礼，日清贸易研究所正式成立。除荒尾精自任所长外，将学生分为三个班，每班 50 人，每班设干事一人，由宗方小太郎、小山秋作、西村梅四郎分别担任。这三人中除宗方小太郎外，都是日本现役军人。荒尾精离日赴沪前，曾请陆军部推荐二人做助手，于是小山秋作、西村梅四郎被选中。小山秋作，长冈人，少时去东京，先后在蒲生学塾、二松学舍学习汉学。后考入陆军士官学校。毕业后任步兵少尉，又调陆军部专门研究中国问题。此时已晋升步兵中尉的小山秋作，闻调往上海的命令，不禁欢欣雀跃，即改名小山元三。西村梅四郎，佐贺人，旧姓北原，后改姓西村，名忠一，又称忠四郎。1884 年，考入陆军士官学校。1887 年 7 月毕业，任步兵少尉，补步兵第十二联队小队长。1890 年 8 月，调任参谋本部，奉命与小山秋作一起担任荒尾精的助手。后因病回国，由益田三郎接替其职。益田三郎亦是陆军士官学校毕业的步兵少尉。据说，此人才干压侪辈，唯嗜酒为上官不喜，遂辞去职务赴上海就任。其中，宗方小太郎的职务较高，他的干事是兼职，同时还担任学生监督。此职的设立是为了加强对学生的管理。担任庶务的有山崎羔三郎、井上佐太郎等。

荒尾精对教学工作十分重视，聘请有办学经验的猪饲麻二郎担任日清贸易研究所的教务主任。猪饲麻二郎生于旧大分县中津藩士的家庭，曾就学于庆应义塾，受过福泽谕吉的熏陶，后担任长崎商业学校校长，自然是比较理想的人选。对教师的确定，则多注重其有坚定的

"大陆雄飞之志"者，如日人教师御幡雅文、草场谨三郎、小滨为五郎、木下贤良、片山敏彦、井深彦三郎等。此外，为了教学的需要，荒尾精还聘请中国人沈文藻、桂林担任汉语教师，英国人阿斯脱（Astor）担任英语教师。

按日清贸易研究所规定的教学计划，该校学制为四年，其中前三年为专业学科，最后一年为实地调查和实习。顾名思义，荒尾精设立日清贸易研究所的宗旨，应该是以培养中日贸易人才为目的，但从师资配备看，主要是教授汉语、英语及有关中国问题的课程，而能够开设经济贸易方面专门课程的师资则付之阙如。可见，荒尾精之所以设立日清贸易研究所，本不是专门为了培养发展中日贸易的人才，而主要是着眼于培养具有多方面才能的间谍人员的。正由于此，日清贸易研究所的办学方向曾引起许多学生的怀疑，以致对前途产生茫然之感。

日清贸易研究所先天不足，所以运作十分困难。首先是经费不足，难以为继。开学才两个月，荒尾精便不得不回日本继续奔走，以解决经费之困难。临行前，他请在汉口主持乐善堂的根津一到上海，担任代理所长，负责一切校务工作。这样，根津一一面长驻上海全面管理校务，一面兼任汉口乐善堂的监督。于是，乐善堂本部自然而然地移到了上海，成为新的谍报中心。不过，荒尾精回国后多方活动，并无多大的实际效果。其后，根津一将汉口乐善堂成员经过三年调查所写的报告加以整理，编纂成《清国通商综览》一书。此书分两编 3 册，共 2 300 余页，内容包括政治、经济、金融、商贸、教育、产业、交通运输、地理、气候、风俗习惯等，其中每一项的记述都非常具体而翔实，为日本侵略中国提供了大量的情报资料。因此，此书刚问世，便立即受到日本国内的重视。特别是《清国通商综览》一书系由日清贸易研究所发行，从而大大提高了日清贸易研究所的地位和影响。大阪富商冈崎荣次郎便出资在上海英租界四川路与汉口路交界处开办了一处日清商品陈列所，对外称瀛华广懋馆，以此作为日清贸易研究所学生的实习基地。后来，瀛华广懋馆的生意兴隆，每天多时能卖到1 500元到1 600元，从而基本上解决了日清贸易研究所的经费困难问题。但在日清贸易研究所开办之初，经费困难却一直是困扰着全校教职员工及学生的突出问题。

《清国通商综览》

当时，在日本议会办部，党争激烈，政府被迫削减预算，原来计划拨给日清贸易研究所的10 000元补贴被取消了。1890年年底，消息传到上海，在学校内部引起巨大的震动，人心为之浮动。荒尾精在日本获悉后，十分重视，给全体学生写了一封长信，予以劝勉和鼓励。信中称：

> 凡人欲为非常之事，必有非常之决心。如我之商会诚乃古今未有之大事业，岂能保其前途未有困难？然无论遭遇何等困难，变节易志之行为断不足取。……诸君其勉之。
>
> 呜呼！燕雀安知鸿鹄之志哉？诸君今日为实业家之模范，为扫除积弊之创业家，为兴复亚洲之志士，为开创日本富强之俊杰，岂肯与区区燕雀为伍乎？诸君当谨志勿忘！①

本来，日清贸易研究所学生的思想就很混乱。所招收的学生，有的是寻找生活出路而来，有的甚至是逃避兵役而来，其成分相当复杂。

① 《东亚先觉志士记传》，上卷，第407~408页。

有一部分学生既对课程设置不满，又见学校经费不继，认为上当受骗，公开闹腾起来。荒尾精的长信竟将这部分学生比作燕雀，自然不能使他们心服，也无助于事件的平息。1891 年 2 月，荒尾精闻讯，急忙兼程赶回上海，安抚学生，而对不听劝谕的 30 名学生则勒令其退学。这批学生仍住在上海不走，纷纷在报纸上撰文攻击日清贸易研究所，引起在校学生的气愤，以致演出了一场械斗的武剧。

为接受这次学潮的教训，荒尾精勒令闹事学生退学后，着手裁减冗员，改革教务，并重视在校学生的精神教育。当了解到熊本籍学生鸟居赫雄擅长文笔时，便鼓励他创作校歌。歌词云①：

日本少年向中国远航，
一百五十人弦诵一堂。
若问吾辈何所思？
将见东亚万里无云乾坤朗。

荒尾精命学生朝夕朗诵吟咏，以坚定其“大陆雄飞”之心。此后，学校生活逐步走上正轨。

然而，一波才平，一波又起。几个月后，上海局势不稳，使日清贸易研究所又面临一次严峻的考验。同年夏，长江中下游地区发生了一场大规模的反洋教运动，波及苏、皖、浙、赣、湘、鄂等省的数十个城镇，这就是著名的长江教案，又称长江流域哥老会起义。镇江海关帮办英国人梅生（Charles Welsh Mason）也参加了起义，并帮哥老会从香港购买武器。长江教案的序幕先从芜湖揭开，然后蔓延到长江流域各口岸。芜湖海关最先组成志愿武装，即所谓“义勇队”。当时，上海的外国人非常紧张，惶惶不可终日。各国租界也仿效芜湖海关的做法，纷纷组织“义勇队”。旅居上海的日本侨民当时有 800 人左右，

①《东亚先觉志士记传》，下卷，第 115 页。

而日清贸易研究所的120名学生年轻力壮，最适合组成一支“义勇队”。欧美各国驻上海领事也都向主持校务的根津一提出了这样的要求。但是，根津一担心一旦组织“义勇队”便会暴露日清贸易研究所的真实面目，将会得不偿失，因此予以拒绝。连日本驻上海领事鹤原定吉亲自出马动员，也终未能说服根津一。此事虽引起驻上海欧美人士的不满，却继续保持了日清贸易研究所的假象，消除了中国人对它的某些怀疑，从而“研究所的地位与价值，亦因而得到增进”①。

到1893年6月，经过3年的艰难经营，日清贸易研究所有89名学生修业期满。这时，日本参谋次长川上操六来中国考察，亲自参加了该校的毕业典礼，使学生受到鼓舞。当时这批毕业生被称作是“东亚经纶之先驱者”②。他们一面轮流到瀛华广懋馆实习，一面分赴中国各地，从事军事侦察，此举曾引起上海地方当局的注意。上海地方当局向两江总督刘坤一报告：“倭人在沪向设有日清（贸易）研究所，约七八十人，5月以前陆续散去，闻多改作华装及僧服者，分赴北京、津、烟、江、浙、蜀、鄂、闽、台各处，芜湖尤多。”③ 及至甲午战争爆发，日清贸易研究所的这批学生，除奉命继续潜伏者外，余皆由日清贸易研究所监督御幡雅文带领回国待命。至此，日清贸易研究所也就结束了它的历史使命。

随后，荒尾精和根津一向日本大本营建议，希望批准汉口乐善堂成员及上海日清贸易研究所师生参加军队，以展其长。大本营立即采纳了他们的意见。据统计，当时有汉口乐善堂成员19名和日清贸易研究所师生72名，陆续到广岛大本营所在地报到。在这91人当中，或充军事间谍，或当军队通译，或参加前敌作战和后勤运输，或为参谋

① 根津一：《研究所回想谈》，见沪友会编：《东亚同文书院大学史》，1982年，第33页。
②《东亚先觉志士记传》，下卷，第609页。
③《中日战争》（中国近代史资料丛刊），第5册，第7页。

本部出谋划策。其主要人员如下表所列：

姓名	籍贯	年龄	事略
山内嵓	福岛	31	1884年来华。汉口乐善堂成员。甲午战争时任陆军通译。
小山秋作	新潟	33	日本陆军中尉。日清贸易研究所干事。甲午战争时晋升大尉，后参加近卫师团侵台。
小池信美	福岛	22	1889年来华。日清贸易研究所毕业。甲午战争时任陆军通译，后任台湾总督府通译。
三谷末次郎	香川	23	日清贸易研究所毕业。甲午战争时任陆军通译，后到台北厅任职。
大熊鹏	福冈	20	1890年来华。日清贸易研究所毕业。1894年潜入辽东被捕获。甲午战后遣返日本途中病死。
大屋半一郎	群马	31	汉口乐善堂成员。甲午战争时任陆军通译，后任台湾办务署长。
山崎羔三郎	福冈	31	1888年来华，加入汉口乐善堂。日清贸易研究所成立，任庶务。甲午战争前夕，奉命侦察朝鲜牙山清军驻地。任驻朝日军龙山兵站通译。后在辽东被清军捕获，被处斩。
小槌芳	石川	29	日清贸易研究所毕业。甲午战争时任陆军通译，后参加日本“台湾讨伐军”。

（续表）

姓名	籍贯	年龄	事略
小滨为五郎	鹿儿岛	27	日清贸易研究所英语教师。甲午战争时任陆军通译。后任台湾宜兰办务署长。
木下贤良	东京	38	1880年，被日本参谋本部所派第一批海外留学生。日清贸易研究所教师。甲午战争时任陆军通译。后历任台湾各地办务署长。
井口忠次郎	熊本	不详	日清贸易研究所毕业。甲午战争时任陆军通译。
井手三郎	熊本	33	汉口乐善堂成员。甲午战争时任陆军通译。又在安东县民政署任职。
户田义勇	福冈	26	1891年赴沪，日清贸易研究所插班生。甲午战争时任陆军通译。
内田英治	福冈	25	日清贸易研究所毕业生。甲午战争时任陆军通译。后任台湾法院通译官。
冈田晋太郎	广岛	26	日清贸易研究所毕业。甲午战争时任海军通译。后在台湾总督府任职。
长谷川雄太郎	群马	30	汉口乐善堂成员。甲午战争时在日本参谋本部陆地测量部任职。后调大本营任陆军通译。

（续表）

姓名	籍贯	年龄	事略
中西正树	岐阜	38	1883年来华。汉口乐善堂成员。日本贸易研究所成立时为荒尾精助手。甲午战争时任陆军通译。先后任台湾淡水支厅书记官、日军威海卫驻屯军临时陆军通译。
中西重太郎	长崎	21	日清贸易研究所肄业，因父丧退学。甲午战争时任陆军通译。
丹羽次吉	石川	30	日清贸易研究所毕业。甲午战争时任陆军通译。后任台湾法院通译官。
水谷三郎	京都	27	日清贸易研究所毕业。甲午战争时任陆军通译。后任台湾总督府通译。
井深彦三郎	福岛	29	汉口乐善堂成员。日清贸易研究所成立时为荒尾精助手。甲午战争时任陆军通译。后在桦山资纪手下任职。
石川伍一	秋田	29	1884年来华。汉口乐善堂成员。甲午战争时潜伏天津，不久被捕处死。
片山敏彦	熊本	29	汉口乐善堂成员。日清贸易研究所教师。甲午战争时任陆军通译。
市川御弥	福冈	33	日清贸易研究所毕业。甲午战争时任陆军通译。后调野战炮兵部队参加大陆作战。

（续表）

姓名	籍贯	年龄	事略
右田龟男	熊本	不详	日清贸易研究所毕业。甲午战争时任陆军通译。缸瓦塞之战参加日军突击队。
鸟居赫雄	熊本	28	日清贸易研究所毕业。为该校校歌作者。甲午战争时任随军记者。
成田炼之助	鹿儿岛	24	1890年进入日清贸易研究所，中途退学。又入汉口乐善堂。甲午战争时潜伏营口，后逃归日本。又任日本第一军陆军通译。
伊地知季纲	鹿儿岛	25	日清贸易研究所毕业。甲午战争时任陆军通译。又随日本第二师团赴台，任师团通译。
西村梅四郎	佐贺	不详	日清贸易研究所干事，保留步兵少尉军职。甲午战争时恢复现役，调步兵第十三联队任职。
西岛良尔	静冈	25	日清贸易研究所毕业。甲午战争时任陆军通译。后又到台湾总督府任职。
那部武二	石川	27	日清贸易研究所毕业。甲午战争时任陆军通译。
吉原洋三郎	三重	不详	日清贸易研究所毕业。甲午战争时任陆军通译。
向野坚一	福冈	27	日清贸易研究所毕业。甲午战争时任陆军通译，又奉命潜入旅顺后路侦察。

（续表）

姓名	籍贯	年龄	事略
伊藤俊三	东京	27	1886年来华，随后投入汉口乐善堂。甲午战争时任陆军通译。
别府真吉	鹿儿岛	28	日清贸易研究所毕业。甲午战争时任陆军通译。
宗方小太郎	熊本	31	1884年来华。汉口乐善堂成员。日清贸易研究所干事。甲午战争时潜伏烟台，监视北洋舰队行踪。
松田满雄	熊本	34	汉口乐善堂成员。甲午战争时任陆军通译，奉命与老牌间谍侦察旅顺、金州方面，后又潜伏营口侦察。
和田纯	爱知	27	日清贸易研究所毕业。甲午战争时任陆军通译。后任台湾总督府秘书官。
河本矶平	冈山	26	日清贸易研究所毕业。甲午战争时任陆军通译，后参加日军进攻台北之役。
金岛文四郎	石川	26	日清贸易研究所毕业。甲午战争时任陆军通译，从事战地粮饷供应工作。
胜木恒喜	熊本	24	日清贸易研究所毕业。甲午战争时任陆军通译，又任速成通译养成所教师。
前田彪	熊本	29	汉口乐善堂成员。后以《九州日日新闻》通讯员名义在上海活动。甲午战争时潜伏营口。

（续表）

姓名	籍贯	年龄	事略
荒尾精	名古屋	37	汉口乐善堂创始人。日清贸易研究所所长。陆军大尉。甲午战争时建议汉口乐善堂成员和日清贸易研究所师生参加军队，并上《对清意见书》，为日本发动侵华战争出谋划策。
钟崎三郎	福冈	26	日清贸易研究所毕业。甲午战争时潜伏天津，又到山海关一带侦察。后侦探旅顺后路时被清军捕获处决。
益田三郎	福冈	32	日清贸易研究所干事。步兵少尉，为荒尾精助手。
栗村显三郎	仙台	26	日清贸易研究所毕业。甲午战争初起，在上海从事间谍活动，被捕后获释。后任日军陆军通译。
根津一	山梨	35	汉口乐善堂后期负责人。日清贸易研究所代理所长。炮兵大尉。甲午战争爆发时潜伏上海达两月之久，部署对华谍报活动。
猪田正吉	福冈	26	日清贸易研究所毕业。甲午战争初起时潜伏上海，旋逃归日本。又奉命侦探旅顺后路，在花园口上陆后被捕。

（续表）

姓名	籍贯	年龄	事略
黑崎恒次郎	冈山	23	1885年14岁时来华。汉口乐善堂成员，为根津一助手。甲午战争时任陆军通译。
景山长治郎	冈山	24	日清贸易研究所毕业。甲午战争初起潜伏营口侦探。后任陆军通译，又赴台任台东办务署长。
堺与三吉	福冈	22	日清贸易研究所毕业。甲午战争时任陆军通译。后任海军省翻译，又转任外务省通译生。
渡部正雄	长崎	23	日清贸易研究所毕业。甲午战争时任陆军通译。后渡台任台北厅通译官。
富永又吉	佐贺	不详	日清贸易研究所毕业。甲午战争时任陆军通译。
御幡雅文	长崎	36	日清贸易研究所教师。甲午战争时任陆军一等通译官。
楠内友次郎	佐贺	30	日清贸易研究所毕业。甲午战争时潜伏上海，后奉命与福原林平赴辽东侦察，在上海候船时被捕，被押南京处斩。

（续表）

姓名	籍贯	年龄	事略
福原林平	冈山	27	日清贸易研究所毕业。甲午战争时潜伏上海，后奉命赴辽东侦察，与楠内友次郎同时被捕，被押南京处斩。
藤岛武彦	鹿儿岛	26	汉口乐善堂成员。甲午战争时潜伏上海，奉根津一之命赴普陀山与高见武夫会合，在上海开赴宁波轮船上被捕，被押杭州处斩。
藤城龟彦	熊本	24	日清贸易研究所毕业。甲午战争时任陆军通译，为日本侵略军向导，在貔子窝附近被曲家沟村民徐三用长矛刺死。
藤崎秀	鹿儿岛	24	日清贸易研究所毕业。甲午战争时潜伏上海，后逃回日本，任陆军通译。又奉命侦察旅顺后路被捕，在金州被处死。

由上述可知，日清贸易研究所实际上是汉口乐善堂间谍组织的一个派生机构。汉口乐善堂也好，上海日清贸易研究所也好，都是为日本日后发动大规模侵华战争培养执行特殊任务的间谍而设立的。后来的事实也完全证明了这一点。

第四章　日本间谍与对华“作战构想”的出笼和实施

第一节　日本参谋本部陆军部提出《清国征讨方略》

中法战争后，日本为加强发动对华侵略战争的准备工作，一面大力扩军备战，一面推行军制改革。在扩军备战方面，为对付北洋海军的两艘7 000吨级的铁甲舰定远和镇远，日本海军从法国聘来了造舰专家白劳易（Louis-Emile Bertin），专门设计了严岛、松岛、桥立三舰，号称“三景舰”。在推行军制改革方面，日本参谋本部则聘请德国陆军少校梅克尔（Klemens Wilhelm Jacob Meckel）担任顾问。梅克尔曾进德国陆军大学学习，参加过普法战争，又先后任德国参谋本部部员和陆军大学军事学教官，是一位既富有军事理论素养又具有战争实践经验的军官。他受聘来日本后，在日本陆军大学讲授军事学，并向参谋本部提出军制改革建议，为日本确立德式军制起了重要作用。[①]

① 戚其章：《国际法视角下的甲午战争》，人民出版社，2002年，第155页。

尤其值得注意的是，梅克尔在日本陆军大学执教期间，除讲授军事学之外，还特别传授了谋略谍报活动技术。英国著名谍报史作家唐纳德·麦考米克（Donald McCormick）称：

> 在军事谍报战线上，日本人大大得力于梅克尔少校的帮助。1885 年，这个少校曾率领一个德国军事代表团访问东京。梅克尔是原普鲁士陆军参谋长、著名军事战略家赫尔穆特·冯·莫尔特克伯爵的学生，他向日本人不厌其烦反复陈述自己的看法，即日本在军事谍报方面手段不多，组织不强，需要整顿。[①]

梅克尔的工作产生了效果，并得到了当时任日本陆军大学校长儿玉源太郎的充分肯定。

从这时起，日本谋略谍报工作发生了转折性的变化，即从以往谋略谍报工作单纯或主要为军事作战服务提升到服从于国家政略或战略需要的高度。这从小川又次陆军大佐的《清国征讨方略》中可以得到充分的体现。

早在 1880 年，时任参谋本部管西局局员的陆军少佐小川又次，即曾奉命率十余名军事间谍潜入中国，到各地进行秘密调查。管西局掌管朝鲜及中国沿海的地理政治谍报，便根据小川又次一行所搜集的情报资料编成《邻邦兵备略》一书，以备日后制定侵华计划的参考，并呈送天皇睦仁御览。1886 年 3 月，根据设置陆海军统一军令掌管机关的敕令，参谋本部下设陆军部和海军部，小川又次以陆军大佐的身份任陆军部第二局局长。第二局除承担原来管西局的职责外，还负责制定陆军的作战计划。故小川又次莅职后，再次潜入中国进行广泛调查。他归国后，于 1887 年 2 月写出了著名的《清国征讨方略》。小川又次

① 理查德·迪肯：《日谍秘史》，世界知识出版社，1984 年，第 37 页。按：理查德·迪肯（Richard Deacon）是唐纳德·麦考米克（Donald McCormick）的笔名，著有《英国谍报史》《苏俄谍报史》《中国谍报史》《以色列谍报史》《无声的战争：西方海军谍报史》等。

自称："此前，为研究谋清国之方略，又次两次秘密去清国，视察形势概况，并吸取驻清国之日本军官意见，以决希望之方略。"[①] 即指此而言。

《清国征讨方略》包括两个部分，即《趣旨》和《进攻方略》。

《趣旨》首先强调政略与战略的相互依存关系，认为："战略同所谓政略并存，关系密切，几乎间不容发。政略存则战略存，战略存则政略存。欲确定战略，不可不知政略如何。若不研究政略如何，则战略不能不龃龉不成，危及国家，无大于此者。"继而从国家政略的高度，提出应改变守势战略而采取进攻战略："谋清国，须先详知彼我政略与实力，做与之相应之准备。养成忠勇果敢精神，经常取进取之术略，定巍然不动之国是，实乃维持和平之根本，伸张国威之基础。动辄曰：我国乃东洋一小国，财源不富裕，于今日以强邻为敌，取进取计划，乃危道；宜厚信义，避干戈，研究富国之道。此又次最不解者。应详察邻邦形势，做与之相应之准备，有迅速进取计划，始能鼓舞士气，始能伸张国威，始能富国，而且，于此始能与强邻亲睦，维持和平。于今日优胜劣败、弱肉强食之时，万一不取进取计划，让一步，取单纯防御方略，外则日益招来觊觎，内则士气日益衰败。国家兴亡之所系，岂有甚于此者。何况邻邦清国正忍怨以待时机，欧洲强国之舰船出没于咫尺之间，欲使欲望得逞。此乃视察清国形势倍感之所在。自今年起，在未来五年即完成准备，若有时机到来，则攻击之。"这是小川又次《清国征讨方略》的主旨所在。他两次奉命到中国调查后形成的基本方略思想，就是从1887年起，以5年为期，抓紧扩军备战，到1892年时便可伺机发动大规模侵华战争了。

---

① 小川又次：《清国征讨方略》。按：此件为日本神户女子大学山本四郎教授所提供。译文见《抗日战争研究》1995年1期，第207~218页。

小川又次的基本方略思想，并非毫无依傍，而是对日本传统的“大陆经略”思想的承袭和发展。即以日本军方而论，早在 1880 年，参谋本部长山县有朋即提出，为了准备对中国作战，扩军备战是当务之急。他宣称“财政困难不能成为反对扩充军备的理由，因为强兵为富国之本，而不是富国为强兵之本”。主张以军备和对外侵略为国家的最高目的，一切政策都服从这一目的。① 小川又次的方略思想与此一脉相承，而其阐述更加具体可行，故受到日本当局的极大重视。这从日本陆军的军费开支增长情况便看得很清楚。70 年代末，日本陆军年度经费不超过 700 万日元，数目已不算很小。进入 80 年代，山县有朋发表“强兵为富国之本”说之后，陆军经费猛增过 1 000 万日元，但仍长期在 1 100 万日元左右徘徊。小川又次提出《清国征讨方略》后，情况又为之一变，当年陆军经费即增至 1 240 万日元。其后逐年有所增加。若将海军经费也统计在内，1890 年日本军费为 2 045 万日元，占国家预算的 30%；1892 年日本军费为 3 450 万日元，占国家预算的 41%强。②

《进取方略》系《清国征讨方略》的主体部分，乃是小川又次根据两次来华调查所得，具体地阐述采取进攻方略的理由和方法的。其中包括三篇：第一篇是《彼我形势》，第二篇是《作战计划》，第三篇是《善后》。

《彼我形势》主要从形势的角度分析，说明采取进攻方略的必要性。此篇一开头便开门见山地提出：“若欲维护我帝国独立，伸张国威，进而巍立于万国之间，保持安宁，则不可不分割清国，使之成为数个小邦国。此由彼我形势可知。”作者认为，应该看到世界形势的

---

① 井上清、铃木正四：《日本近代史》，上册，商务印书馆，1959 年，第 100~101 页。

② 万峰：《日本近代史》，中国社会科学出版社，1978 年，第 214 页；田中惣郎：《日本军队史》，东京理论社，1954 年，第 197 页。

巨大变化，“舰船、兵械已非昔日可比。当时视为远洋隔壤，现在近在比邻”，若西方列强“欲选择侵犯之所在”，而日本“地形狭长，首尾难以策应”，必处于不利的境地。为今之计，莫若仿效英国对待印度的做法。“我们看英国之于印度形势如何，则了然。英国若欲保持富强，全靠此印度。我国谋取支那之地，以之为辅助防御物，或以之为印度，则可。”这样做是有充分的理由的：由于日本于1874年发兵侵台，又于1884年在朝鲜策动甲申政变，“清人胸中深有所感”，故“于彼我之间更有终究不能两立之一大形势”，两国迟早难免一战。此其一。“清国虽老衰腐朽，仍乃一世界大国，自尊傲慢成风，自称中国。发生一事件，内心实畏惧，表面却伪装成豪壮不挠之态。因此常以虚张声势为惯用外交策略，屡屡酿成同外国纠葛，又屡屡招致失败。”可见其外强中干，色厉内荏，不足为惧。此其二。对付中国，此正其时，莫要错过良机。试看中国“近来陆海两军已渐有讲究改良之趋势。清国优柔，显然不能一举成强国。但是，只要努力不懈，理应达到此境界。……清国自尊傲慢，若实力达此程度，即便对无关邻国，亦欲玩弄实力，何况作为曾经使彼遭到失败之小国——日本”。“由当前形势看来，二十年后可能稍有完备，若其实力稍有完备，彼对我国之感情如何，实堪忧虑。”对日本来说，果真如此，则后果不堪设想。此其三。据此，作者断言：“清国终非唇齿相依之国，论战略者不可不十分注意于此，而现今又乃最需注意之时机。因此，乘彼尚幼稚，断其四肢，伤其身体，使之不能活动，我国始能保持安宁，亚洲大势始得以维持。”否则，“动辄视清国为强国，自先以宽仁让步，不思进取。万一计从此出，只能徒增彼之觊觎，进一步招来外国蔑视，日益损害我国民秉性，并将至不可挽回之势。当今宜研究进取计划，乘机伸张国威，定巍然不动之国是，此乃最大急务”。盖“自古以殖产为先，取自屈退守政略，尚未有成强国者，且招外侮，危独立，无大于此者”。

根据以上对中日形势的分析，小川又次充分肯定了明治初期日本的对外侵略扩张政策：“自明治维新之初，常研究进攻方略，先讨台湾，干涉朝鲜，处分琉球，以此断然决心同清国交战。此国是实应继续执行。”继而强调指出：

> 而今清国人民，只知有中国，不知有外国，因袭自尊傲慢旧习，疏于天下形势。无知愚昧之人民，多不知爱国为何物。呜呼！缺乏忠君爱国精神之国家，又有财政困窘，可谓弊端已登峰造极。
>
> 对如此国家，动辄以宽仁相让，实非国家之良策。且今日乃豺狼世界，完全不能以道理、信义交往。最紧要者，莫过于研究断然进取方略，谋求国运隆盛。

《作战计划》提出一旦对中国开战，日军总的作战目标和要求是：“若欲使清国于阵头乞降，须先以我国海军击败清国海军，攻占北京，擒获清帝。自不待论，此乃最佳手段。而欲奏其功，则须于进攻北京之同时，阻击来援京畿之敌兵，以此为紧要者。”为达此目的，日本应派出远征军八个师团，其中常备师团六个，后备师团两个。全部远征军分南北两部：北部六个师团；南部两个师团。其部署如下：

在中国北部：“在海军掩护下，把五个常备师团与一个后备师团运至直隶湾，于山海关至滦河口之间登陆，夺取昌黎县、滦州、永平府（今卢龙县）。将兵站、医院设于永平府，以之为根据地。利用滦河同海军联系，并保持同本国交通。占领永平府后，立即命一个常备师团进发，经开平，占领唐山，利用铁路于唐山建立坚固根据地。然后攻克芦台，不断运动，做欲攻入天津之样态，以牵制天津兵北上，保护我军背后安全。”“一个后备师团同各部同时登陆，攻占山海关后，坚守山海关，断东三省之援兵，并注意铁门关（今河北迁安市西北）方向，以使我军无后顾之忧。”在主攻方向上，集中四个常备师团。“以两个常备师团，经滦州、开平、丰台（今天津市宁河区西北之东丰台）、宝坻县（今宝坻区）、香河县，进入通州。此二师团左方乃天津，须对天津方向保持战略。在行进间，须不断对通热河道路及北京北方保持战备，采取防止清帝逃脱，阻止援兵之措施。……占领通州后，以通州为临时根据地，努力把地方物资集中于此，并立即围攻北京。”“关于围攻北京之部署，应以两个师团据于通州地方，其他两个师团据于燕山地方，围东西北三面。东西两面虚张声势，以东北角为主攻点。”

在中国南部：“以一个常备师团与一个后备师团，同海军一起进入扬子江，先克吴淞，据之，切断上海及长江沿岸各地交通；然后水陆合力，攻克江阴、镇江、扬州、南京、九江、安庆、武昌、荆州、长沙、宜昌等沿岸要冲，于扬州、武昌各设师团本部；占领镇江、南京、安庆、荆州，于南京拥立明朝后裔。据长江，使长江以南之兵不得北上，对长江以北之地骚扰威胁其背后，亦使之北上，且集中地方物资，以图持久之计，使进攻北京之兵专心致力于进攻。”继对怀疑此项部署者做出解答：“向长江沿岸派出两个师团，或许有过少之虑。实则不然，两个师团足以控制长江沿岸。此二师团一旦攻占南京，实有击败十八省40万敌人之功效。南京乃清国重地，明朝旧都，故人民有南京存亡即十八省存亡之感。……我军得南京后，立即拥立明朝后裔，建都于此。此后必有人来附，从而抗击清兵者大增。能抗我军者，不过北京附近六七万兵。克日制胜，使之结城下之盟，达我目的，绝非难事。”

《善后》是陈述战后处置中国的计划。认为发动侵华战争是为了

“绝欧洲觊覦，伸张我国国威于天下，兴隆东洋之命运”，所以只有“制定最有利于我国之计划”，才算达到了此次战争的目的。因为“清国虽困弊衰败，但仍是亚洲大国。东洋命运关系清国兴亡国甚多。若万一清国成为他国蚕食对象，我国命运亦不可料。莫如为使欧洲不致侵入，我国先主动制定统辖清国之方略”。

所谓“统辖清国之方略”，实际上是一个分割中国的计划。小川又次提出，围攻北京之后，迫使清政府签订城下之盟，将中国本土分割为六块：

（一）自山海关至西长城以南，直隶、山西两省之地，河南省之黄河北岸，山东全省，江苏省之黄河故道、宝应湖、镇江府、太湖，浙江省之杭州府、绍兴府、宁波府东北之地，及盛京盖州以南之旅顺半岛、山东登州府管辖之地、浙江舟山群岛、澎湖群岛、台湾全岛、扬子江沿岸左右十里[①]之地等“六要冲”，皆划归日本版图。

（二）东三省及内兴安岭山脉以东、长城以北之地，分给清朝，使之独立于满洲，成为“满洲国”。

（三）在中国本部割扬子江以南之地，迎明朝后裔，建立王国，并使之成为日本的保护国，以“镇抚民心”。

（四）扬子江以北，黄河以南，再建一王国，拥立关羽后裔或寻求其他名人为王，使之成为日本的属国。

（五）西藏、青海及天山南麓，立达赖喇嘛，由日本监视之。

（六）内外蒙古、甘肃省、准噶尔，选其酋长或人杰为各部之长，亦由日本监视之。

在提出“六块”论之后，小川又次又对两个问题加以特别的

① “10 里”，当为 10 日里。每日里约等于 3.9 公里，10 日里约等于 39 公里。长江两岸左右各 10 日里，则总跨度近 80 公里。

说明：

其一，既将长城以南，直隶、山西两省，河南省黄河以北，山东全省，江苏之黄河故道以南包括宝应湖、镇江府、太湖之地，及浙江省杭州、绍兴、宁波三府等中国本土之广袤地域，划归日本所有，为何又强调“于缔结战胜条约时，无论于任何情况下”，一定要把“六要冲”划入日本版图呢？其中，“扬子江沿岸左右十里之地”之重要性自不待言。至于其他“要冲”的重要价值，小川又次依次指出：“旅顺半岛乃渤海之门户，便于控制清国北部，并与对马相对，便于控制朝鲜；更有大连湾、旅顺口二良港，最便于舰船停泊。”“俄罗斯之东进政策乃乘时机合并满洲，以大连湾为舰队根据地，蹂躏东洋之方略。万一俄国先占旅顺半岛，东洋形势可想而知。……于我国，现今乃最有利时机，必先占领之。”“登州半岛有芝罘、威海卫二良港，同大连湾、旅顺口相对，乃扼渤海必需之地，且是平时南北通商船只必由之地，贸易利益不少。就清国而言，失旅顺、登州二半岛，则不能于渤海以巨舰护卫京畿，而只能以小军舰于大沽口内做河内防御。……今后，清国海军再不足虑。”“舟山群岛乃清国中部要冲，扼扬子江口，控制福建、浙江。一旦有事，便于彼尚未备先击压之。舟山若为外国所有，则不利于我国。台湾和澎湖岛乃清国重地，常令世界各国流涎不已。虽台湾东部至今仍系化外蛮地，仅其西部服清国之教化，设二府八县，但土壤极富饶，物产颇丰富。24 年前已开台湾、淡水、鸡笼（今基隆）三港，次年又开打狗（今高雄）为西港，乃各国贸易之地。由此可知其为要冲并富饶之地。故我国必当占此二岛，于台湾设重镇；除常备军外，当另训练生蛮，编成一种军队；利用鸡笼（今基隆）之煤炭，于澎湖岛设一镇守府，以控制清国中南各省，并作为他日向南洋发展之根据地。”

其二，针对对此策持怀疑者之发问：“我国乘机占有大版图，虽系好事，但对清国虎视眈眈之白人岂有袖手旁观，放任我国为所欲为之理？白人必群起插入日清两国之间，竭力妨碍我国。俄、英、法、德诸国乘机占据清国之部分土地，易如反掌。若事到此等地步，有何良策？”小川又次则颇不以为然。根据他的分析，中国未来的变化有三：一是“清国富强”；二是“他国入侵”；三是“豪杰举起反旗，颠覆清朝，创立一新国家”。认为：“在此三变化中，无一不与我国安宁有关。我国若努力于自卫，乃坐而自求困弊衰退，绝非国家之上策。”唯一可行之途，只有取进取方略。并为此辩解道：“分割清国，占有其一部，有并非无名暴举之理。清朝自满洲来，夺取明朝之中国，而今日立于世界却不努力把中国引向开明，故应使之退回其本土——满洲，在中国使故主明朝再兴，统辖其土地。但将全部土地给予明朝，于东亚之权衡与安宁，绝非上策。因察其未来，等于又造出一个有实力之新清国。”莫如再建一王国，使为日本属国，“于属国拥立其民族被尊为武圣之关羽后裔，或寻求其他名人封之于王位。……并于西藏、内外蒙古、准噶尔封立之达赖喇嘛及各酋长施政中，给人民以幸福，或尽监视之责，权衡得平，安宁得保，谁能一味视我国为土地掠夺者？”即使退一步说，“若白人欲乘机夺取清国部分土地，则应仔细审其地形，对于我无害之地，不闻不问。毕竟白人得寸地我得丈地，白人占小部我占大部”。

由此可见，《清国征讨方略》既是一个分割中国的计划，更是一个灭亡中国的计划。其用意十分恶毒，是要建议日本政府对中国采取先发制人的手段，两路分兵进攻中国，通过迫使清政府订立城下之盟，而将中国任意分割，置于万劫不复之境地。作者还特别强调要伺机而动，且莫错过机会：“现今，幸而欧洲各国相互戒备，尚非欧洲各国远征东洋之时机，欧洲各国亦无此实力。于此时，我国断然先发制人，制定进取计划，谋求国家他日之安宁与幸福，实今日之最大急务也。于清国之可乘之机，乃欧洲或中亚战乱之时。现在磨刀以待时机，最为重要。”

日本学者说：“日本的主力部队在直隶平原登陆作战的方针，似其后被长期执行。……看来，小川又次的《方略》在甲午战争前的日本陆军中很有影响。”① 这自然是有道理的。直到甲午战争爆发前夕，日本大本营制定的作战方针，即日本海军如能取得制海权，则陆军主力将从渤海湾登陆，进行直隶平原作战。其后，日本侵华第一军司令官陆军大将山县有朋向大本营提出《征清三策》，其第一策亦主张从海路至山海关附近登陆，建立根据地，以进行直隶作战。② 所有这些，不难从中看出《清国征讨方略》对日本军界的长期影响。更不能忽视的是，小川又次的《清国征讨方略》对日本海军发展的影响。小川又次建议日本政府，为了早日做好对华作战的准备，扩充海军势在必行，“最迟以五年为期”。并提出了扩充海军的具体方案：“我国岁入权作7 000万日元，从中扣出1 500万日元，五年合计7 500万日元，以之为预算。”用这笔经费陆续添置：大军舰12艘；小军舰20艘；汽船30只；运输船60只；水雷艇若干只。一年后，海军大臣西乡从道的《军备扩张案》，便是一个庞大的制造舰船的计划，其中包括建造海防舰以下46艘的五年计划，这与小川又次的《清国征讨方略》也不是毫无关系的。

① 山本四郎：《1887年日本小川又次〈清国征讨方略〉介绍》，《抗日战争研究》1995年1期，第207页。
② 戚其章：《甲午战争史》，人民出版社，1990年，第264页。

第二节　日本海军六种“征清”方策的发现

日本参谋本部对小川又次的《清国征讨方略》极为重视，因为其对华“作战构想”完全符合参谋本部酝酿已久的日后进行中国大陆作战的基本思路。但由于未来的中国大陆作战需要陆海军的协同，所以参谋本部又命海军部掌管海军出师的第二局和掌管外国谍报工作的第三局就此问题组织讨论。这次讨论的结果如何，因未看到有关史料，也未读到涉及此事的记载，故难窥其中底蕴。1995 年，日本同台经济恳话会发行了一部通观近代战争的 6 卷本《近代日本战争史》①，其第一编收有田中宏的《日清两国对立和开战的轨迹》一文，曾提到日本参谋本部海军部有六份对清“作战构想”，但仅提到了标题，却没有论述其内容，犹如打了一个哑谜，令人无从猜起。然而，仔细一想：这倒不足为怪，因为正如该书编辑委员长奥村房夫执笔的“前言”中所述，《近代日本战争史》的特点在于宣扬“大东亚战争”的“‘本来动机’不是‘占领’”，而是从白人统治下“解放”亚洲人民。②既然硬把侵略战争说成是“解放”战争，那么不利于此说的证据自然不便公之于众。不过，搞这种小动作并不能掩盖历史真相，反而欲盖弥彰了。

那么，日本参谋本部的这六份对清“作战构想”，究竟是藏在哪里呢？又是怎样被发现的呢？

1993 年秋，为了迎接甲午战争 100 周年的到来，以日本早稻田大学教授大畑笃四郎为委员长的“日清战争与东亚世界的变化”国际学

① 奥村房夫主编：《近代日本战争史》，纪伊国屋书店，1995 年。
② 中塚明：《日清战争前的日本对清战争准备》，《抗日战争研究》1997 年 2 期，第 2 页。

术讨论会执行委员会在东京成立。日本奈良女子大学教授中塚明和专修大学法学部教授大谷正，为精心进行学术准备，到日本全国各地图书馆展开有关“日清战争”史料的调查。他们通过摸底了解到，福岛县立图书馆藏书极其丰富，仅其中的“佐藤（传吉）文库”所藏即达13 378册之多，涉及“日清战史”者有不少是第一次发现的珍贵史料，称得上这次调查的重大收获。中塚明从中发现了日本参谋本部未刊的《日清战史》草案42册，上盖“参谋本部文库”蓝色印章，可知这些稿本是从“参谋本部文库”流出而被“佐藤文库”收藏的。[①]在此期间，他还有一个重要发现，就是找到了秘藏达百年之久的六份海军部“征清”方策。它们是：

（一）《征清方策》，参谋本部第二局第一科科员、代理科长、海军少佐樱井规矩之左右作于1887年12月30日；

（二）《对策》，参谋本部第二局第三科科长、海军少佐岛崎好忠作于1887年12月；

（三）《对策》，参谋本部第二局第二科科员、海军大尉三浦重乡作，无日期；

（四）无题，参谋本部第三局第一科科员、海军大尉日高正雄作于1887年12月30日；

（五）《陈述有关对策之意见》，参谋本部第三局第一科科员、海军大尉佐佐木广胜作于1887年12月28日；

（六）《对策》，浪速舰长海军大佐矶边包义作于1888年4月20日。

中塚明认为：“上面六个文件除一件没有日期以外，其余有四件起草日期集中在1887年12月。这一事实值得注意，联想到前面提到

① 中塚明：《历史の伪造をただす》，高文研株式会社，1997年，第15~24页。

的小川又次的《清国征讨方略》是作于1887年2月，可知早在1887年，参谋本部就预测到和中国的交战，并有组织地讨论过作战构想。”[①] 这一推测是不错的。

从海军部提出的六份“征清”方策看，尽管其内容不尽相同，但其总的作战目标与小川又次的《清国征讨方略》并无二致，都是以最终攻占北京为要着，不过从海军作战的角度考虑，所承担的任务有所不同罢了。所以，这六份“征清”方策着重讨论了以下几个问题：

第一，谋取何地为海军前进根据地。主要有三种建议：（一）金州半岛。樱井规矩之左右提出：“我前锋部队总队任务在于击溃敌之北洋舰队及（攻占）旅顺军港，以大连湾以西即金州半岛为我军进攻北京之第一根据地。”何以必破旅顺为先着？因为“察清国北部之地貌，山东省之突角与盛京省之岬角相互突出，其间许多岛屿星罗棋布，似成天然之渤海门户。加之，旅顺、威海及芝罘三港成鼎足之势，且将坚舰巨船加以伪装，以防不备之变，岂不更严？故若欲令我舰船游之于渤海中，如不先击破此门户，则不能攻克”。如此，方可“与北洋舰队决斗，将其击溃，以开拓进攻北京之要道”。（二）威海卫。岛崎好忠认为，先占领威海卫最为有利。因为“北洋舰队如封锁、防守直隶湾之咽喉要港，而我甲、乙舰队则支援、协作，以对付北洋舰队，并将其击沉，进而先占领山东省之要地，而后掩护陆军部队登陆，最后将舰队根据地设在威海卫，侵入直隶湾，轰击沿岸炮台及其他要地，以援助陆军部队进攻北京”。（三）芝罘。日高正雄则主张先占领芝罘：“舰队令通报舰探知敌舰之所在，侦察山东省沿海之要地，趁黑夜袭击敌之舰队，将其击毁。炮击山东半岛之诸要港，占领芝罘，以此为舰队之根据地，封锁旅顺港，在海上打开运输船之通路，使陆军

① 中塚明：《日清战争前的日本对清战争准备》，《抗日战争研究》1997年2期，第7页。

诸部队得以登陆。”

第二，如何打败北洋舰队。岛崎好忠预想，届时日本舰队“已在大东湾（今朝鲜黄海南道西海岸）集合，彼不断往来，终于大举连结，其目的似在于将我舰队击溃于渤海之外，不得接近要港。我若不轰沉此舰队，则不能侵入渤海，以逞我意。而派往各处之侦察船已逐次归来，复命探索之状况。由此，我司令长官认为，要在彼等联合之前，将敌舰队诱至旅顺港以外，以一战决优劣”。“敌之舰队（由9艘建立）横陈于海洋岛与大东湾大约中间处，在探索中航行。（我）甲舰队形单纵阵航行……逐渐接近，一旦到达发火距离，即从先导舰上开始相互炮击。彼我利用猛烈之炮火各自通过，我舰队依预想之航线前进，故彼之右翼小队遮住左翼小队，不能充分利用炮火，反而导致自己舰队损毁。此全因我舰队运用巧妙、发射精密而制胜。……我援助队亦编制成二群队，在彼之背后敏速勇进，利用猛烈之炮火。且彼我敌射，炮烟淡暗之际，有相互冲突，有水雷艇侵冲。此活跃之景观实为笔墨难尽，乃空前之海战。勇敢之彼等亦终于破损舰甚多……故转航向旅顺港退却。”三浦重乡之思路与此不同，他预想：因“庙岛海峡不曾设防”，“大舰队定庙岛海峡为我作战之地，击退原有之敌舰，占领其地，以诱出彼之北洋舰队，一战之下挫敌之前锋，最后完成占领。……经此地之战斗，大抵击破北洋舰队”。日高正雄则预想，两国舰队决战可在旅顺与威海之间的黄海上进行，一旦侦知“北洋舰队将从旅顺港出发，朝威海卫航来”，便“立即整顿队形，徐徐前进”，准备迎击。俟“射击距离已近，先由我方开炮，彼方亦应战，彼我炮火交替，而得以相互通过。此时，我舰队毫无狼狈之色，整顿预先约定之阵形。见敌舰队之阵形已错杂，而突进急击之……少顷，敌之舰队出现试退却之形势，我舰队因之鼓励众军愈加乱射，逼迫敌舰。敌为易避此势而朝向旅顺港，舰队乱中逃遁”。矶边包义认为，基于“（清国）舰数虽多于我，但（舰炮）口径上不能（与我）比数之多少；若多方相比，假设可视为具有同等势力”的分析，提出制订一个“彼亡四分之三，使清国之北洋无军舰”的“大胜方略”。不过，矶边包义对海军力量对比上“彼众而我寡”的情况，也深为担忧。因此，他又提出：

> 我一舰队，当敌之二三队，虽粉身碎骨，尽多大之能力，但恐无益处。若如此以我寡彼众，则不知其胜算之所出，我国人每每不能高枕而眠。愚以为若有到达妥当之处，自今五年以内至少应增加新舰 12 艘，此乃事关当务之急。

小川又次曾在《清国征讨方略》中提出建造大军舰 12 舰等扩充海军力量之建议，矶边包义在这里也发出了同样的吁请。

第三，选择何处为陆军进攻北京之上陆地点。从原则上说，都认为在确定进攻北京部队之登陆地点时，应选择“尽可能接近主攻点（北京）之处”，但又要考虑到该处是否具备适于登陆的各种条件，故难免见仁见智。在这六份“征清”方策中，提出了多种可供选择的方案，其中有代表性的方案有四种：（一）直隶之抚宁县角石地方。樱井规矩之左右认为：“若已在金州半岛达到目的，则应渡海到直隶省抚宁县登陆，作为进攻北京之策源。”并具体说明选择抚宁县石角附近海岸为登陆地点的种种有利条件，如“尽可能接近主攻点（北京）之处”“海岸少岩礁，为沙滩，适于登陆，且适于舰船停泊之陆岸凸出部”“无暴风激浪之忧，为细浪，便于小艇操作之处”“登陆地近旁有即可作为临时根据地之处”等，故“选定此处为最适之登陆地点”。三浦重乡也有同样的意见，并进一步提出建议：“大舰队封锁旅顺港及白河，且攻击山海关近海，占领抚宁县石角附近之一山脉，以令陆军各部队登陆。”因为“抚宁县石角近旁之地形，陆地上有一山脉，与其他山自然脱离而独立，其周围北为平地，西南有大出河围绕，且近海海水较深，舰船容易靠近，且浅澳及大出河近旁之海滨便于登陆，故占领此地并定为我登陆之处”。（二）胶州湾。岛崎好忠不同意在直隶湾内实行登陆，而主张“陆军先遣兵在舰队之掩护下，占领山东省胶州湾，以待各镇台兵之到达。作为横断山东省，长驱深入攻打北京之目的，而选定此地”。他认为从胶州湾登陆的好处是：“选定此湾为登陆地，因湾之近旁一般为荒废土地，虽将发生不少困难，但港内广阔，可一时系泊许多船舶，很少天灾及敌舰来袭之忧，因之不需要数舰之保护舰队。”此其一。“我部队自如此相隔甚远之地登陆，看似实劳兵力，实不得当，又将如何？我舰队势力薄弱，若强行直航，乱进直隶湾内，不得不花费若干时日，且我运送船极少，务必数次以此运输陆军部队，则不便利。故采用之策为：先于如此迂回之地屯集陆军士兵数万，并附以若干舰队掩护之，陆军将终于堂堂正正列队进发，自胶州经平度州攻取莱州，而且海军甲、乙舰队联合，将根据地移至威海卫，自登州沿海并进，互相呼应，闯入天津。”此其二。（三）大连湾。佐佐木广胜认为：“一次战斗后，应立即在舰队护送下运送陆军部队。陆军部队登陆时必须由小艇运送，由舰队掩护，故须于近处使舰队靠近海岸，尽量选择接近北京之便利之处，但直隶省之海岸大多又远又浅，不便于舰队靠近，加之不得不穿过敌舰队之防御线直隶海峡。辽东湾虽然并非无便于上陆之地，但此在直隶海峡之内，似可以直隶湾外防御不完备之大连湾为上陆之最佳地点。”（四）山海关。矶边包义认为，单纯靠运输船载兵登陆，必将“花费时日，饱尝艰苦，莫如令全军之一半陆行至辽东州，攻陷营口，沿海边或战或进，击败敌军之左翼，至山海关约有一百五十里左右之路。陆海夹击，攻陷山海关，若暂且以此为根据地，反而会减少困难，节省船路之时日，迅速向北京进军。采用自山海关沿万里长城山脉之路线，避开新城、天津等要害，迅速从北京背后万寿山方面攻城”①。

以上六种“征清”方策的提出者，尽管其建议的内容或有参差之处，见仁见智，方法亦各有侧重，但在急欲发动以占领北京为目的的大规模侵华战争这一根本问题上却是完全相同的。但是，甲午战争爆发一百年后，甲午战争“偶发”说在日本开始盛行起来，有些日本论者否认日本早就推行准备侵略朝鲜和中国的大陆政策。通过解读日本陆海的多份“征清”方策，可以清楚地看出，日本发动甲午侵华战争，决不能归结为偶然性的原因，而是经过了长期的精心策划，完全是蓄谋已久的。正如中塚明所说：“日本从政府到军队，预先就设想了和中国交战的时机，并做了尽可能的准备，在这种情况下才断然出兵的，而且日中间的交战，至少从 1887 年开始，具体的作战计划已经被构想出来了。”他还对樱井规矩之左右的《征清方策》进行了个案研究，从而得出结论：“从日清战争的实际作战过程也能看出，樱井规矩之左右的《征清方策》绝不仅仅是凭空描绘的作战构想，在以后，它被具体化并运用于日清战争的实践之中。”②

第三节　为实施对华“作战构想”而准备

从小川又次提出《清国征讨方略》到日本海军多种“征清”方策的纷纷出笼，只能说明日本要将久已酝酿的“大陆经略”思想付诸实践了。但是，在日本，有一些人并不这样看。他们认为，这是由于受到中国发展海军的刺激而采取的应对措施。并举北洋舰队停泊长崎为例，说

---

①《日本预谋发动甲午战争的一组史料》，《抗日战争研究》1997 年 2 期，第 10~41 页。
② 中塚明：《甲午战争前的日本对清战争准备》，《抗日战争研究》1997 年 2 期，第 8~9 页。

这是“向日本炫耀威力”[①]。事实果真如此吗？回答恰恰是否定的。

北洋舰队东航日本是在1886年8月。先是1885年年底，都察院左都御史吴大澂奉命赴吉林，会同珲春副都统伊克唐阿，与俄国使臣勘定边界。到1886年7月中旬，吴大澂勘界将毕，需要派船接回。恰在这时，传来了俄国军舰窥伺朝鲜永兴湾的消息。正好定远、镇远两艘铁甲舰又要上坞油修，而当时中国还没有这样的大坞。于是，作为北洋大臣的李鸿章想出了一个一举三得的办法。试看他在7月14日打给醇亲王奕譞的电报：

> 丁汝昌同琅威理自胶州湾回烟台装煤，即带铁舰、快船赴朝鲜釜山、元山。闻俄船窥伺永兴湾，拟令由元山驶巡永兴，聊作声势。吴大澂俄界勘定，欲由海参崴乘我兵船内渡，永兴距海参崴不甚远，各船即往崴游历，顺便接吴。铁舰须上坞油修，俟由崴折赴日本之长崎，酌量进坞。[②]

丁汝昌奉命后，即率定远、镇远、济远、超勇、扬威、威远六舰出海，于8月初抵海参崴。但因吴大澂尚有未了之事，丁汝昌又不便久留，便令超勇、扬威二舰在海参崴等候，于8月7日自率定远、镇远、济远、威远四舰开赴长崎，于10日抵达后即入坞修理。可见，定远、镇远等舰此次来日本，只是上坞油修，并无其他目的，更谈不上“向日本炫耀威力”！原先，李鸿章把此事看得过于简单，认为大不了用10天时间就可油修完工，到8月19出坞，还给丁汝昌汇去了10 000元的修理费。同时命令丁汝昌，铁舰出坞后即速离长崎，开赴仁川。[③]而实际上，镇远舰直到8月26日才修讫出坞，比李鸿章的估计多了一周时间。北洋舰队铁舰一到长崎就进船坞，一出坞就离港，而且还花

---

① 信夫清三郎：《日本外交史》，上册，商务印书馆，1980年，第211页。

② 顾廷龙、叶亚廉主编：《李鸿章全集》，电稿一，上海人民出版社，1985年，第689页。

③ 顾廷龙等主编：《李鸿章全集》，电稿一，第698页。

费上万元的修理费，哪里会有这样的“炫耀威力”呢？李鸿章说得很清楚：“我船赴崎坞修，足示睦谊。”① 其本来的用意，是想借此向日本表示友好，这是显而易见的。

问题是在北洋舰队铁舰上坞期间，却发生了一起引起国际关注的“长崎兵捕互斗案”。或将此案作为北洋舰队“炫耀威力”的证明，也是毫无根据的。此次中国水兵与长崎日本警察的冲突有两次：第一次发生于夏历七月十四日（8 月 13 日），水兵与日警各有 1 人受伤。第二次发生于夏历七月十六日（8 月 15 日），水兵死 8 人（其中武弁 1 员），因伤成废 6 人，轻伤 40 人；日警死 2 人，因伤成废 2 人，轻伤 25 人。② 此案发生后，经过历时半年之久的反复交涉，始按“伤多恤重”的原则结案。③ 关于长崎案的起因，尽管聚讼纷纭，但基本事实

---

① 顾廷龙等主编：《李鸿章全集》，电稿一，第 701 页。

② 关于长崎事件双方死伤人数说法不一，试看下表：

<table>
<tr><th colspan="2" rowspan="2"></th><th rowspan="2">死亡</th><th colspan="2">受伤</th><th rowspan="2">失踪</th></tr>
<tr><th>重伤</th><th>轻伤</th></tr>
<tr><td rowspan="8">中国</td><td>北华捷报</td><td>7</td><td colspan="2">30</td><td></td></tr>
<tr><td>长崎日报</td><td>5</td><td colspan="2">30 余</td><td></td></tr>
<tr><td>申报</td><td>9</td><td>15~16</td><td></td><td>16</td></tr>
<tr><td>英国外交部档案</td><td>8</td><td colspan="2">50</td><td></td></tr>
<tr><td>驻日公使徐承祖致日政府照会</td><td>9</td><td>6</td><td>39</td><td>9</td></tr>
<tr><td>长崎领事蔡轩报告</td><td>5</td><td>6</td><td>30</td><td>5</td></tr>
<tr><td>丁汝昌报告</td><td>5</td><td>6</td><td>38</td><td>5</td></tr>
<tr><td>中日双方协议书</td><td>8</td><td>6</td><td></td><td></td></tr>
<tr><td rowspan="3">日本</td><td>北华捷报</td><td>2</td><td colspan="2">30</td><td></td></tr>
<tr><td>长崎日报</td><td>1</td><td colspan="2">29</td><td></td></tr>
<tr><td>中日双方协议书</td><td>2</td><td>1</td><td></td><td></td></tr>
</table>

表中关于双方死亡和重伤的数字，中日协议书所列因涉及恤金数额，应该是最后核实的。以中方而言，丁汝昌作为北洋海军提督，其报告的数字最为准确，不过失踪的 5 人中后查明死亡 3 人，另 2 人必系因伤未能及时归队。《长崎日报》系长崎当地的报纸，所载日警伤亡数字大致不差，不过伤者中后有 1 人伤重而死。

③ 关于长崎事件的发生和交涉经过，台湾师范大学王家俭教授进行过全面深入的研究，可参阅其力作《中日长崎事件之交涉》，见所著《中国近代海军史论集》，台北文史哲出版社，1984 年，第 147~198 页。

是非常清楚的。据清朝驻日公使徐承祖转报驻长崎领事蔡轩电：“至起衅因，十四日（8月13日）华兵日捕争闹，各伤一名，皆不重。昨日（8月15日）上岸，嘱丁严饬无带械滋事，讵日人预存害心，千数百人刀砍，倭楼泼滚水，掷石块。我兵不防，散在各街购物，皆徒手，故吃大亏。”[①] 李鸿章致书薛福成亦称：“长崎之哄，发端甚微，初因小争，而倭遂潜谋报复。我兵无备，致陷机牙。观其未晚闭市，海岸藏艇，巡捕带刀，皆非向日所有。谓为挟嫌寻衅，彼复何辞！”[②] 一个说“预存害心”，一个说“挟嫌寻衅”，皆非过当之言。故有论者称：“战斗发生后，日警当即吹哨，表示信号。故除警察等人对我水兵刀棍砍打之外，日民亦在各家楼上投掷石块，泼浇滚水，喊号助杀，一呼百应。如无预谋，其谁能信！”又谓：“长崎为一国际港口，商业都市，一向闭市甚晚。可是当15日那天，每街商店居然纷纷打烊，提早收场。关门闭户，俨然将有不寻常之事发生。市民如不预知风声，何致有此景象！”并指出“日警实不能辞其咎”[③]。可谓不易之论。

但是，决不能将长崎案单纯看成是一起偶发事件，相反，它是有着深刻的社会背景的。实际上，这是日本政府长期执行侵略扩张政策和仇华方针所带来的恶果。1874年，日本发兵侵略我宝岛台湾，实际上已经把中国当成了它的敌人。1879年，日本更不顾中国的反对，悍然吞并了琉球。1885年冬，日本驻朝公使竹添进一郎在汉城策动“甲申政变”失败后，朝野竟掀起一阵仇华腥风，侵华之声甚嚣尘上，海军大臣西乡从道鼓动要对中国宣战。在日本当局的纵容下，东京的公私立学校学生在上野公园集会示威，要求政府出兵惩罚清政府，甚至

① 顾廷龙等主编：《李鸿章全集》，电稿一，第701页。
② 于式枚编：《李文忠公尺牍》，卷1，台北文海书局，1986年，第88页。
③ 王家俭：《中国近代海军史论集》，第152页。

“把象征侮蔑清国的猪头插在竹竿上”①。这更进一步毒化了中日关系的气氛。在这种背景下，北洋舰队铁舰到长崎上坞，使日本朝野不少人的神经紧张起来。冲绳县知事大迫贞清即其一例。他断定北洋舰队来长崎必是为了交涉琉球归属问题，立即带领几十名警察赶回县里。②大迫贞清的举动说明日本警察早对北洋舰队之来怀有敌意，可见长崎案之发生绝非偶然了。也由此可知，日本绝不是因为北洋舰队航日而受到刺激，才开始准备发动侵华战争的。

事实上，就日本侵华的思想渊源而言，可以追溯到相当久远。

早在 1577 年，丰臣秀吉即萌发了“平定中国”的思想，声称要亲自“率军进入朝鲜，席卷明朝四百余州，以为皇国之版图”③。从 1592 年开始，丰臣秀吉先后两次大规模派兵入侵朝鲜，一时的军事胜利使他得意忘形，竟然扬言要占领北京，迁都于此，“恭请天皇行幸明都”④。进入江户时代后，并河天民著《开疆录》，提出：“大日本国之威光，应及于唐土（中国）、朝鲜、琉球、南蛮诸国。……更增加扩大，则可变成了大大日本国也。”⑤ 佐藤信渊著《宇内混同秘策》，狂妄地宣称：日本“乃天地间最初成立之国，为世界各国之根本”，因此，日本号令世界各国是“天理”。根据这一“天理”，日本要首先吞并满洲，继而将中国全部领土划入日本版图，并最终“合并世界各国”⑥。他还主张日本天皇亲征中国，“取南京应天府，定为假皇宫”⑦。幕末时期的思想家吉田松阴提出了所谓“补偿”论，即开国之

① 信夫清三郎：《日本外交史》，上册，第 203 页。

② 信夫清三郎：《日本外交史》，上册，第 211 页。

③ 日本参谋本部编：《日清战史》，朝鲜战役，村田书店，1978 年，第 11 页。

④《丰臣太阁御书事》，《新订大日本历史集成》，卷 3，第 1184~1185 页。参见水野明：《日本侵略中国思想的检证》，戚其章、王如绘主编《甲午战争与近代中国和世界》，人民出版社，1995 年，第 270~271 页。

⑤《甲午战争与近代中国和世界》，第 271 页。

⑥ 井上清：《日本帝国主义的形成》，人民出版社，1984 年，第 2 页。

⑦《甲午战争与近代中国和世界》，第 272 页。

后失之于欧美之物，必偿还于近邻，“养蓄国力，割据易取之朝鲜、满洲和中国”[①]。明治维新后，当1873年春“征韩”问题之争达到白热化时，参议江藤新平虽与西乡隆盛、副岛种臣、后藤象二郎、板垣退助等一起力主“征韩论”，但江藤新平走得更远，公然提出“瓜分中国”论。江藤新平抛出一篇《支那南北两分论》，主张联合俄国将中国瓜分掉。他认为：日韩纠纷正“给我用武于大陆之良机，因此宜先与俄国联手，收取朝鲜，进而将中国分为两部：北部让给俄国；南部归我所有。以十年为期，在中国内地敷设铁路，待经营就绪，即驱逐俄国，请圣天子迁都北京，从而完成我等二次维新之大业”[②]。翌年，江藤新平策划叛乱，兵败被捕入狱，不久被处死。

由上述可知，几百年来，在日本国内，鼓吹侵华者衣钵相承，代不乏人，其流毒极其深远。从日本情报官员提出的种种“征清”方策、特别是小川又次的《清国征讨方略》看，不难发现，其中有不少内容，如直隶作战、占领北京、分割中国等等，都是承袭了在日本长期流传的各种侵华思想，与北洋舰队航日是完全风马牛不相及的。

自明治维新以来，日本的侵华图谋是始终如一的。日本在不断扩充军备的同时，向中国派遣间谍的活动也在逐步加强。日本学者小林一美教授认为，近代日本向中国派遣间谍的活动，迄于甲午战争为止，大致可分为三个时期：1872年至1877年为第一期，是对中国开始“十八省踏查”的阶段；1878年至1881年为第二期，是日本“确立对清正式谍报活动制度”的阶段；1882年至1894年为第三期，是“日本军队以对清大陆作战作为迫切的现实课题而准备”的阶段。[③] 在华

① 吉田常吉等校注：《日本思想大系》，卷54，岩波书店，1978年，第193页。

② 黑龙会编：《东亚先觉志士记传》，下卷，原书房，1933年，第577~578页。

③ 小林一美：《明治期日本参谋本部の对外谍报活动》，滕维藻等编：《东亚世界史探求》，汲古书院，1986年，第391~393页。

日谍活动的发展情况，实际上是日本侵华图谋逐步加紧的一种具体反映。大量的事实证明，早在甲午战争的前十年，即1884年，日本的对华谍报活动得到了空前的加强。这也说明：从此时起，日本的大陆作战准备已开始紧锣密鼓地进行了。

在这里，可以回顾一下发生在1886年北洋舰队航日前夕的一件事：在日本政府内部，展开了一场关于是否“与中国一战”问题的争论。这样，对了解日本参谋本部研究制定各种“征清”方策的历史背景是大有裨益的。

先是在1885年初，立宪改进党领导人物尾崎行雄、犬养毅等联名向参议兼内务卿伊藤博文提出了强硬的意见书，要求“干预朝鲜内政，并设法吞并之”，并强调不惜“同中国发生纠葛，然为国家计，同中国发生纠葛，乃吾等所最希望者”。[①] 其用语虽然模糊，但其真正含义是要与中国兵戎相见，大家对此都是心知肚明的。在当时来说，这也是日本朝野的共识。由于军备尚不充足，扩张军备便成了最紧要的课题。同年3月，日本参事院以“当前东方形势并非太平无事，今后形势变幻莫测”，“如今若不注意着手本国防务，则将祸生不测”[②]为由，通过了设置陆海军联合审议机构的国防会议。与此同时，海军决定在日本西部建设军港。5月，吴和佐世保两港开始施工，规定吴为大陆作战的后方基地，佐世保为最枢要之地，要求扩大到专供出师准备之规模，以准备对华战争。并制定了以八艘铁甲舰为主力的庞大扩军方案，提出一个硬性指标，要求在1894年前拥有一支新的精锐舰队。同样为了适应大陆作战的需要，陆军决定设置监军，以保证在战争爆发时，能够立即率领由两个师团编成的军团出征，并规定当常备

① 信夫清三郎：《日本外交史》，上册，第203~204页。
② 松下芳男：《明治军制史论》，下卷，第22页。参见信夫清三郎：《日本外交史》，上册，第208页。

军和预备队开赴前线后还要有第二线预备队，以保证源源不断的兵力投入。这样，陆军便被改编成能够参加正式大陆作战的军队。由于这一措施，日本陆军的实际兵力膨胀了一倍半。

如果说日本政府内部在对华作战问题上是统一的话，那么，在发动侵华战争的时间问题上则意见不一。时任内阁顾问的黑田清隆是激进派的代表人物。1885 年夏，即犬养毅等人提出意见书后不久，他亲自到中国考察，来时随身携带着一份榎本武扬在中国考察的详细材料。榎本武扬，江户（东京）人。通称釜次郎，号梁川。幼年入昌平黉，学习儒学。其父为德川家臣。幕府末期留学荷兰，回国后任海军奉行，后任海军副总裁。在 1868 年戊辰战争中，榎本武扬自居德川旧臣，率部逃往函馆组织抵抗。翌年 5 月，被迫投降入狱。黑田清隆特别赏识他，多方营救。1872 年春，榎本武扬被赦免出狱。1874 年，榎本武扬奉命以海军中将任特命全权公使出使俄国。1878 年夏，从彼得堡回国，对西伯利亚进行考察，又绕道新疆进入中国，并游历沿海各省进行调查。1880 年，升任海军卿。1882 年夏，被命为驻清公使。后在 1885 年 4 月协助伊藤博文诱使李鸿章同意签订中日《天津条约》。撰有《攻取中国以何处为难何处为易》，并将其呈赠黑田清隆，颇受到黑田的重视。黑田清隆这次亲赴中国考察，携带的正是榎本武扬的这本东西。根据实地考察，黑田清隆对该书的评价是："其（指中国——引者）山川险要，人情土俗，无不详载。今夏请假游历中国，按册而稽，俱无错误。"从中国回到日本后，黑田清隆便主张早日对中国开战，于是在日本政府内部便引发了一场争论。

黑田清隆提出："中国自战法以后，于海陆各军力求整顿，若至三年后，我国势必不敌；宜在此一二年中，速取朝鲜，与中国一战，则我地可辟，我国自强。"

伊藤博文对此不以为然，称：“我国现当无事之时，每年出入国库尚短一千万元左右，若遽与中国、朝鲜交战，款更不敷，此时万难冒昧。至云三年后中国必强，此事直可不必虑。中国以时文取文，以弓矢取武，所取非所用。稍为更变，则言官肆口参之。虽此时外面于水陆各军俱似整顿，以我看来皆是空言。……此时我与之战，是催其速强也。……此时只宜与之和好。我国速节冗费，多建铁路，赶添海军。今年我国钞票已与银钱一样通行，三五年后我国官商皆可充裕，彼时看中国情形再行办理。至黑田云，我非开辟新地实难自强，亦系确论。惟现时则不可妄动。”

外务卿井上馨亦附和道：“中国之不足惧，人人皆知，无烦多论。至黑田欲即取朝鲜，与中国动兵，此时我国饷糈实来不及；且使我与中、高构兵，俄人势必乘机占取朝地。……黑田此议万不可行。”①

日本政府内以伊藤博文为代表的稳健派，虽然不同意黑田清隆“速取朝鲜，与中国一战”的意见，但并不反对向大陆扩张以“开辟新地”，只是由于准备尚不充分，主张等待开战的时机而已。可见，在日本政府内部，对发动侵华战争的问题并无歧见。所谓激进派与稳健派的争论，主要表现在对华开战的时间早或晚，并无原则上的分歧。所以，早在北洋舰队航日之前，为“与中国一战”而准备已经成为日本的既定国策了。

本来李鸿章命北洋舰队铁甲舰赴日本长崎进坞油修，是要“足示睦谊”，却不想日本以此作为借口，煽动仇华情绪。当长崎事件发生后，日本驻华公使馆武官陆军大尉小泉正保即主张对中国采取强硬态度。其报告说：“我国万一采取让步政策，则清帝国将作何感想？……恐将看作为威胁吓倒，苦于抑制，终于屈服，而愈助长其轻侮之

①《日人朝比奈密探各事清册》，《清光绪朝中日交涉史料》，卷10，故宫博物院，1932年，第2~3页。

念。”参谋本部将此报告送至外务省，以表明军方的立场。关于长崎事件的交涉刚一结束，明治天皇睦仁便颁发敕令，谓“立国务在海防，一日不可缓”。并拨出内帑30万日元充实海防，以为全国倡。在这种背景下，日本参谋本部陆海军部都在积极制定“征清”方策，也就不足为奇了。

对于日本参谋本部来说，陆军部的《清国征讨方略》也好，海军部的多种“征清”方策也好，都必须首先要解决一个关键问题，即如何将对华作战的大部队运至中国大陆。在甲午战争爆发前的六七年间，日本对华谍报工作的重点一直是对中国东部沿岸及水路的侦察。从1888年起，日本参谋本部多次派遣海军军官来华侦察。1888年5月，命海军大尉今井兼昌调查长江水路。当时，只有英国人掌握长江水路图。今井兼昌便诈称系日本船夫，经试验合格，上英国商船担任水手，在长江往返航行达一年之久，伺机沿途测量，并测出十八滩的存在，加以仔细研究，绘成新的长江水路图。[①] 1888年6月，又命筑紫舰长海军中佐尾形惟善乘舰视察中国沿岸各港口，以保护日本居留民的名义从事中国沿岸水路研究。[②] 1888年12月，另派在中国从事谍报活动多年的海军大尉安原金次驻烟台，以此地为中心调查山东省沿岸水路，并侦察清军的兵力及海防设施。安原金次在山东半岛一带活动一年多，竟窃取了北洋海军的信号书，使日本海军当局喜出望外。[③]

不过，在此期间，最重要的日本军事情报人员还是要属海军大尉关文炳。关文炳是一个老牌间谍，在中国前后潜伏达7年之久。日方记载说：“在我海军军官中，其任官几乎全在中国，建功亦全在中国

① 东亚同文会编：《对支回顾录》，下卷，原书房，1981年，第541~542页。
②《对支回顾录》，下卷，第541页。
③《对支回顾录》，下卷，第405页。

任职期间，惟君而已。”[①] 1885 年，伊藤博文以特派全权大使来天津，与李鸿章谈判中日《天津条约》时，关文炳随行。这是他首次来华。翌年 3 月，奉派潜入中国，专门从事军事侦察。他脱下军服，装扮为中国商人，化名积参助，在天津城外北洋大臣衙门附近开设书店为掩护，开展军事侦察活动。1888 年 10 月，他与奉派来津的海军少佐诸冈赖之会合，复勘四年前日高壮之丞所探之渤海湾登陆地。当时，日高壮之丞任驻北京公使馆海军武官，带同中尉马场练兵秘密侦察渤海沿岸各要地，曾考察第二次鸦片战争期间英法联军的登陆地点，并对大沽炮台以东之各海口进行实地勘测，发现秦皇岛以南的洋河口是大部队上陆的最适宜之地。[②] 这次，关文炳与诸冈赖之经北塘、芦台抵乐亭，探滦河口；又沿海岸北上，精细地调查洋河口，并对日高壮之丞肯定的这一上陆点进行全方位的勘测。随后，他们继续北上，出山海关，经锦州、新民至奉天，调查当地防军的装备情况。根据此行调查所得，写成对中国备战之具体献策的报告书，呈送参谋本部。[③] 关文炳等人的调查，也印证了樱井规矩之左右、三浦重乡、矶边包义诸人的观点。正由于此，到 1894 年甲午战争爆发后，日本大本营制定的直隶平原决战计划，便采用了此处作为日本大部队的“第一候补上陆地”[④]。

1888 年 12 月，关文炳奉密令潜往威海卫侦察。27 日，他一身中国商人打扮，从烟台出发，一路上冒严寒，踏冰雪，两天行 90 公里，到达威海卫。当时，威海卫炮台还正在施工。关文炳前后滞留了 3 天，调查军港的各种防御设施及驻兵情况。随后，他又对荣成湾、石岛湾、

① 《对支回顾录》，下卷，第 447 页。
② 《对支回顾录》，下卷，第 297~298 页。
③ 《对支回顾录》，下卷，第 413 页。
④ 《对支回顾录》，下卷，第 298 页。

胶州湾等处进行了详细调查，选择了荣成湾作为从背后攻击威海卫的登陆地点；并实地踏看了由上陆地到威海卫的道路，以作为将来开战时的进兵路线。此次往返历时70天，最终写成一份《关于威海卫及荣成湾之意见书》。不过，关文炳这次侦察活动也是颇费周折的。日方记载称："起初，关文炳自芝罘（烟台）到威海卫、荣成，欲再由荣成赴胶州湾，但因迷路而未能达到目的。于是，又返回芝罘，整理行装，再赴胶州，这才达到了目的。"①

关文炳《关于威海卫及荣成湾之意见书》的主要内容，是反对从正面进攻威海卫的意见，而提出先取荣成湾为基地，再攻占威海卫的建议。他认为："我欲攻占威海卫，必先取此湾为基地。由于荣成湾至威海卫陆上距离不过17里（约合66华里），我陆军远征军于此湾上陆后，由陆路挺进，袭击威海卫后路，海军舰队则从正面攻击威海卫诸炮台，海陆相应，使彼背腹受敌，进退操纵失度，此乃攻破威海卫防线而占领之的最佳手段。"② 关文炳之策是否可行，在当时并无明确的结论。

直到甲午战争爆发后，日本联合舰队司令长官海军中将伊东祐亨又派八重山舰长海军大佐平山藤次郎前往荣成湾侦察，平山藤次郎经过详细勘测后报告称："在山东角的南面有一个突出的小岛，叫龙须岛。与龙须岛西侧相对的是龙口崖。二者之间有一个海水湾（荣成湾）。海湾宽3 000余米，长2 500米，湾口水深5米，愈靠近岸边愈浅，但湾内可停泊几十艘大船。西面、北面和东面都是大陆环绕，只有南面向大海开放。因此，在这个季节里几乎不必担心风浪。……以铅锤测水深，直至岸边。在海上看到的全是沙地，直至岸边，水深适

①《中日战争》（中国近代史资料丛刊续编），第8册，中华书局，1994年，第189页。

②《对支回顾录》，下卷，第453页。

宜，以舢板和汽艇可以靠岸。如果事先准备栈桥材料，人马都易于登陆。……作为登陆地点，这是一个难得的适当地点。”① 平山藤次郎的侦察报告完全证实了关文炳建议的可行性。故日本大本营最终采纳了关文炳关于从荣成湾登陆拊威海卫之背的建议。对此，日本随军记者记述道：

> 我军得知山东角至威海卫的道路情况，是已故海军大尉关文炳的功劳。关文炳曾漫游中国，对于山东省的地理进行了特别细心的观察。……对于途中地形、道路情况做了详细的记录。这次我军在制定出兵山东、进攻威海卫的作战计划时，依据关文炳的游记，判断地形，得益甚多。关文炳可以说是圆满地完成了任务。②

第四节　在邀请北洋舰队访日的背后

1886 年北洋舰队到日本上坞油修，是想借此向日本表示“睦谊”，不料想却由此引发了一起日警与水兵的互斗案。此案发生后，中日双方反复交涉，历时半年始得结案。日本借此在国内煽动仇华情绪，积极扩军备战，并制定了多种“征清”方策。可是，5 年之后的 1891 年，日本却一反常态，屡次邀请北洋舰队“往巡修好”③，这又是什么原因？对此，迄今尚无人言及。其实，在日本邀请北洋舰队“往巡修好”的背后，隐藏着不可告人的阴险目的。

对于一心推行大陆扩张政策的日本来说，1891 年是至为关键的一

①《中日战争》（中国近代史资料丛刊续编），第 8 册，第 186 页。
②《中日战争》（中国近代史资料丛刊续编），第 8 册，第 189 页。
③ 顾廷龙、叶亚廉主编：《李鸿章全集》，电稿二，第 371 页。

年。这一年，有两件令日本当政者感到忧心的事情。

第一件，是 1891 年 3 月 30 日俄国宣布兴建西伯利亚大铁路。此前数年，当俄国计划筹建这条铁路的消息传到日本后，在日本政府内部反应即相当强烈。当时的外务大臣青木周藏认为，铺建西伯利亚大铁路计划，其效果等于俄国在西伯利亚地区实际增加了强大兵力，预计俄国不久将占领朝鲜各港口。内务大臣山县有朋更断言："西伯利亚铁路竣工之日，即俄国对朝鲜开始侵略之时。"他们十分担心，一旦西伯利亚大铁路建成，日本实行大陆扩张计划将会遇到强大的阻力。俄国正式宣布兴建西伯利亚大铁路后，日本朝野更是受到很大的冲击。日本政论家大石正已危言耸听地宣称：俄国实乃以此作为"席卷日清韩，逐英国于太平洋之外，以囊括亚洲之器"，俟铁路完工之日，彼将"不动一兵，不派一舰，即可把朝鲜划入该国版图之中"。当时，俄国皇太子尼古拉（Nicholas）准备参加预定在海参崴举行的西伯利亚大铁路东段破土开工仪式，顺便提前到远东游历，先到中国上海、汉口等地，又抵达日本。日本国内为之人心浮动，甚至纷传："俄国皇太子怀霸占我日本国之野心，考察近江等地之地理，以便他日前来霸占。"① 结果发生了担任警卫的日本警察津田三藏刺伤俄国皇太子的严重事件。刚刚成立的松方正义内阁的不少阁员，如外务大臣青木周藏、内务大臣西乡从道等，为此不得不引咎辞职。

俄国兴建西伯利亚大铁路和尼古拉被刺事件的发生，使日本国内危机意识大增，当政者则借此机会进行鼓动。当时日本编了这样的流行歌曲："西有英吉利，北有俄罗斯……表面结条约，内心不可测。虽有国际法，有事靠腕力，强食弱者肉，事前须觉悟！"令在校学童传唱。在一些元老重臣看来，日本似乎已经到了最后关头。准备接替

① 信夫清三郎：《日本外交史》，上册，第 235~236 页、第 240~241 页。

松方正义组阁的伊藤博文称：“目前国步维艰，这是明治政府为贯彻我目的的最后一战。”即将担任伊藤内阁司法大臣的山县有朋也提出：“国家处于危急存亡之秋，同僚已倒，明治政府之末路已到无可如何时，自当有所决心。”① 日本政府深切地认识到：应付当前危机的唯一办法，就是扩充军备。

第二件，是 1891 年 5 月 23 日李鸿章从天津启程，要第一次大阅海军。北洋海军自 1888 年成军以后，已届三年，系第一次校阅之期，而且有南洋海军 6 艘军舰前来参加，这实际上是对当时中国海军的一次大检阅，自然引起日本方面的注意。巡阅海军事竣后，李鸿章奏称：“综核海军战备，尚能日新月异，目前限于饷力，未能扩充，但就渤海门户而论，已有深固不摇之势。”② 那么，北洋海军的实力究竟如何？对此，日本军方还不是完全有底的，于是有屡请北洋舰队“往巡修好”之举。其意图至为明显：一是便于全面考察北洋舰队的装备及实力；二是为前此扩充海军计划受阻寻找打破的途径。李鸿章没想到这一层，答应了日本的邀请。清政府更是不知就里，批准了李鸿章的奏请。颁旨云：“李鸿章电奏已悉。日本既有意修好，著严饬丁汝昌加意约束将弁兵勇，不得登岸滋事。长崎前辙，俄储近事，皆应切鉴。”③ 可见，从中国方面说，是出于对日本“有意修好”的回应而派北洋舰队访日的。有日本学者说：“清帝国的北洋舰队再度来日，名义上是礼节性访问，实际则是为了显示军威。”④ 这当然是无稽之谈。如果说北洋舰队这次访日是为了“显示军威”的话，那么，岂不等于说是日人自己主动要求北洋舰队到日本“显示军威”？

---

① 远山茂树：《日本近现代史》，卷 1，商务印书馆，1983 年，第 118~119 页注 1、5。
② 《李鸿章全集》，奏稿卷 72，海南出版社，1997 年，第 4 页。
③ 顾廷龙、叶亚廉主编：《李鸿章全集》，电稿二，第 372 页。
④ 信夫清三郎：《日本外交史》，上册，第 242 页。

北洋海军提督丁汝昌根据李鸿章的电令，即率定远、镇远、致远、靖远、经远、来远六舰东航，于1891年6月28日抵日本马关，6月30日到神户；装煤后又于7月5日泊横滨。7月9日，驻日公使李经方偕丁汝昌及六舰管带前往日本皇宫，受到天皇睦仁的接见。新任外务大臣榎本武扬，随后在东京小石川的后乐园举行茶会，招待北洋舰队将领。16日，为了表示答谢，丁汝昌也在旗舰定远号上举行招待会，款待日本官员和国会议员。此后的半个多月内，北洋六舰又在兵库、长崎等地停泊。直到8月5日，丁汝昌始率全军驶离长崎回国，于8月8日安抵威海。

此次北洋舰队应邀访日，在日本各港前后停泊时间长达38天，致使全军主力充分暴露在日本朝野的众目睽睽之下，是李鸿章犯下的一个重大错误。而这正是当初日人邀请北洋舰队访问的目的。当时，参加定远号招待会的日本法制局局长官尾崎三良记述道："定远号放出小艇迎接，先登定远号。丁（汝昌）、李（经方）两人在舰门迎接来宾，一一握手。随即由向导带领巡视舰内上下各室。巨炮4门，直径1尺，长25尺，当为我国所未有。……清朝将领皆懂英语，一一说明。舰内清洁，不亚于欧洲舰队。中午12时进午餐，下午1时半离舰辞别。此时，鸣礼炮21响送行登陆。同行观舰者数人在回京火车途中谈论，谓中国毕竟已成大国，竟已装备如此优势之舰队，定将雄飞东洋海面。反观我国，仅有三四艘三四千吨级之巡洋舰，无法与彼相比。皆卷舌而惊恐不安。"① 舆论界也乘机大肆渲染北洋舰队的威容。福泽谕吉在《时事新报》上撰文，惊呼："舰体巨大、机器完备、士兵熟练等，值得一观之处甚多！"② 在这种情况下，建设一支足以战胜北洋

① 信夫清三郎：《日本政治史》，卷3，上海译文出版社，1988年，第258页。
② 信夫清三郎：《日本外交史》，上册，第242页。

舰队的海军，对于日本来说，不用说已成为当务之急。而且，趁俄国暂时尚无力东顾之时，抓紧扩充军备，以期对中国开战，在日本政府内部也已形成共识。

这样一来，对日本进一步大力扩充军备来说，自然而然地产生了巨大的推动力量。先是在 1890 年 12 月，海军大臣桦山资纪提出，日本舰队要扩大到与中国舰队相匹敌的规模，必须在之后 20 年内以 6 艘铁甲舰和 6 艘巡洋舰为基干，造舰 23 万吨。但是，由于考虑到国会内的重重阻力，当时担任内阁总理大臣的山县有朋，未敢贸然全部同意，乃将其计划减半，改为计划造舰 12 万吨，除去现有的和正在建造的军舰 5 万吨外，要求拨给 7 万吨的造舰预算。后来，还是怕国会难以通过，将此项预算又压缩了 2/3。刚刚过了半年多的时间，随着北洋舰队的应邀访日，情况却为之一变。北洋舰队抵达横滨的第 4 天，即 1891 年 7 月 8 日，桦山资纪提出重新计划在 9 年内建造 11 000 吨级的铁甲舰 4 艘和巡洋舰 6 艘，要求拨款 5 860 万日元的方案，在内阁会议上顺利地获得通过。[①] 天皇睦仁对扩充军备，特别是扩大海军尤为关注。他曾发布诏敕，指出：“国防之事，苟缓一日，或将遗百年之悔。”并声明说：“朕兹省内廷之费，六年期间每年拨下 30 万日元，并命文武官员，除特殊情况者外，在同一时间纳其薪俸十分之一，以资补足造舰之费。”[②] 于是，日本的扩充军备在各个方面皆得以展开。

日本竭尽全力大抓扩充军备，是为了早日将大陆扩张政策付诸实施，对中国开战。为了做好开战前的准备工作，日本参谋本部重新部署了对华谍报工作，派遣新的驻华武官和军事间谍，特别加强了对中国海军及沿海、内河水路的侦察。参谋次长陆军中将川上操六亲自抓

① 信夫清三郎：《日本外交史》，上册，第 239、243 页。
② 信夫清三郎：《日本政治史》，卷 3，第 258 页。

对华谍报工作，视间谍为“手足和耳目”，要依靠情报战来“运筹帷幄之中，决胜千里之外”。[①] 在此时期内，最重要的军事间谍是泷川具和、井上敏夫和出羽重远。

泷川具和，东京人，幼名规矩次郎，是日本海军内的“中国通”之一。14岁时即投身海军，进入海军学校学习。1882年，朝鲜发生壬午兵变，曾乘清辉舰泊仁川以观变，归国后任海军少尉。1884年，又趁中法战争之机，衔命乘清辉舰巡航中国近海，寻求适合大部队登陆地点的口岸，详细调查其水深、有无沙滩、海底状况、民船多少、物资集积之难易等。经过反复勘测，断定北戴河以南的洋河口为最适宜的上陆地点。其报告书呈上后，受到上司的重视。因此，1892年11月，泷川具和被调至海军参谋部，以海军大尉的身份被派往中国承担秘密使命。他来到天津，化名堤虎吉，以“虎公”自称，在法租界栖身，或装扮商人活跃于闹市，或一身破旧衣衫混迹于苦力群中。1893年春夏间，又乘小型帆船从塘沽启航，沿渤海岸北行，再次踏勘直隶海岸，历时凡一个月。1894年4月，泷川具和随同海军军令部第二局局长岛崎好忠大佐从天津出发，由陆路前往山海关，沿路考察山川地势，研究对华开战的进军路线和攻击目标。并重点侦察旅顺、威海要塞，以及南北洋舰队和海军衙门的机密，随时向日本军方呈报。还草拟了直隶大决战的计划，以迫使清政府订立城下之盟为最终目的。[②] 到1894年7月9日，泷川具和见由于英国调停而在北京举行的中日谈判陷于僵局，便趁机鼓动对中国开战。该报告称：

> 清廷正在举办万寿庆典，原本不好动用干戈。北京政府中不仅有反对和非难李（鸿章）之行为者，而且愈近开战之际，堪为

---

① 德富猪一郎：《陆军大将川上操六》，日本第一公论社，1942年，第112页。

②《对支回顾录》，下卷，677~679页；黑龙会编：《东亚先觉志士记传》，下卷，原书房，1933年，第309页。

名将之声望愈乏。当然，兵力方面未能稳操胜算，幸寄希望于俄国公使之调停，暗中依赖此种调停下之和平谈判。对此，据以往之经历，我确信无疑。惟我国不变最初之决心，断然行动，终将开战。①

泷川具和的报告，对日本最后下定侵华战争的决心产生了重大的影响。

井上敏夫，金泽人，幼名幸次郎。15 岁时进入海军学校学习。历任海军学校教官、金刚舰航海长、分队长等职。1886 年累升至海军大尉。1892 年 7 月调海军参谋部，被派为驻华公使馆武官，常驻天津。同年 12 月，升任海军少佐。井上敏夫曾经三次潜入旅顺口、大连湾、威海卫等海防要塞地带，调查兵备情况。“特别是明治二十六年五月，购得一只长 23 尺的中国小船，花了约两个月的时间，对直隶、辽东沿海及朝鲜西海岸进行了周密详细的调查。”② 这是《对支回顾录》“井上敏夫”条所记井上的重要事迹，惜乎过于简略。兹查“石川伍一”条，对此倒有比较具体的记述。录之如下：

明治二十六年（1893）五月十六日，与井上武官和仆从，由两名船夫伴同，购到长 23 尺阔 6 尺 8 寸帆船一只，在伊集院彦吉领事、河西信书记生等的送别声中从芝罘出发，驶向烟波浩渺的大海，开始了远征。帆船通过直隶海峡诸岛屿之间隙，直航旅顺。然后，沿辽东半岛东海岸北上，于五月二十八日到大孤山，再进入鸭绿江。六月二日，抵朝鲜义州，该州府使出面接见。回航尽苦心惨淡之极，始渐达大同江口，溯江而上，于六月八日进入平壤。至是放弃帆船，经仁川乘日本邮船回到芝罘。此行所见所闻，

① 藤村道生：《日清战争》，上海译文出版社，1981 年，第 73 页。

②《对支回顾录》，下卷，第 677 页。

确实不少。[①]

井上敏夫此番出行，随带的“仆从”名叫高顺，系宛平县人，年33岁，以每月工钱洋银10元雇给日本人当听差，实际上是帮日本人探听消息。高顺于甲午战争期间被步兵统领衙门拿获，也供出了这次活动的经过：

> 光绪十九年四月初一日，我与景尚（井上）敏夫由烟台坐小火轮船游历长山岛、妙（庙）岛、托矶岛、城皇（隍）岛、硝（小）平岛。景尚（井上）敏夫叫我观看旅顺炮台。又往盛京游历皮（貔）子窝、大沽（孤）山等地方，见有旗兵驻防，景尚（井上）敏夫下船，我不知他作何事。又往安同（东）县衙门，我下船挂号。又往高丽国游历大同江、平壤、仁川口，路过威海等处。所走洋面均用千斤柁（砣）试水深浅，每处相距约一百多里不等。五月十四日仍回烟台公馆。[②]

两相对照，可知井上敏夫此次侦察活动历时43天，其侦察重点是北洋的军事要地和预想的日本主要进攻目标。

出羽重远，福岛人。海军学校毕业。1880年任海军少尉。1893年，以海军少佐任赤城舰舰长，奉命在中国沿海各要地巡航，窥探中国兵备及军情，重点是研究中国军事力量的现状与水平。因为自中法战争以来，在许多日本官员的眼里，中国建造巨舰，修筑海防要塞，采用新式武器，军容颇整，在朝鲜问题上对日本采取强硬态度，特别是中国人又以地大物博而自诩，那么，其实力究竟如何？虽世人有视此为疑问者，然终须弄清其中底蕴。这是关乎制定何种对华战略计划的重大问题。出羽重远受命后，手持日本外务省照会径访北洋大臣衙

①《对支回顾录》，下卷，第561~562页。

②《中日战争》（中国近代史资料丛刊续编），第5册，中华书局，1993年，第396页。

门，经李鸿章发给护照，以公开身份到天津、北京、保定、旅顺等地进行视察。出羽重远抵旅顺后，守军主将宋庆待以宾礼。[①] 宋庆官至四川提督，守旅顺逾10年，筑炮台9座，勤练士卒，当时被称为“诸军之冠”[②]。应出羽重远的要求，宋庆在教场沟的练兵场集合全军，举行阅兵式，所有新式精锐武器展示无遗。[③] 通过多方实地观察，出羽重远认为，中国陆海军徒具严整的外形，实际上外强中干，仅一华丽的外壳而已。因此，他在报告中作出了中国军备不足为惧的断言。[④]

1893年是日本对华谍报战最为关键的一年。由于日本发动大规模侵华战争的图谋由来已久，但何时发动这场战争才有较大的把握，尚难以作出决断。泷川具和、井上敏夫、出羽重远等人的报告，使日本当局感到发动战争的时机已经临近了。最后对此问题作出判断的任务，便落到了川上操六的肩上。

川上操六，鹿儿岛人。旧萨摩藩士出身。明治初年，参加推翻幕府和镇压士族叛乱的国内战争。历任步兵第八联队队长、仙台参谋长、近卫步兵第一联队长等职。累进至陆军大佐。1884年随陆军卿大山岩赴欧洲考察军制，一年后归国，晋陆军少将，任参谋本部次长。1886年冬，再次奉派到欧洲，专门考察德国陆军，以为日本之借鉴。留德凡一年有半，于1888年夏归国。1889年3月，再次出任参谋本部次长。1890年6月，升至陆军中将。以日本参谋本部次长的身份亲自到朝鲜和中国进行侦察活动，以川上操六为第一人。[⑤] 他不满足于派出之军事间谍所搜集到情报及其报告，因为肩负重任，“期望扩张日本国力于东亚大陆，预期必对中国一战，惟借清、韩巡游之名实地研究，

①《对支回顾录》，下卷，第679页。
②《清史稿》，列传248，《宋庆传》。
③《对支回顾录》，下卷，第679页。
④《东亚先觉志士记传》，下卷，第585页。
⑤《对支回顾录》，下卷，第653页。

始能扬韬略，何时东亚风云一变，决胜千里之外，成算在胸而归”①。1893年②4月9日，川上操六从东京出发，先到朝鲜的釜山，继往仁川、汉城等地考察，为时达一个月之久。5月11日，乘船抵达山东半岛的烟台。然后转赴天津，与李鸿章会见。在天津期间，参观了武备学堂和天津机器局，到北塘观看了炮台守军的山炮射击训练。并在驻华武官神尾光臣的引导下，暗地察看了天津周围的地势。6月中旬，又南下上海、南京等地活动，参观了江南制造总局、金陵机器局和吴淞炮台。还亲临日清贸易研究所，出席毕业典礼，以示鼓励。直到7月初，始返回日本。通过此行，川上操六“不仅看破了中国的极端腐败，而且对其陆军之强弱，乃至地形、风俗人情之微，均得一一细微观察。确信中国不足惧，增强了必胜之信念”③。

由此看来，日本发动大规模侵华战争的决心，应该说在1893年就下定了。

第五节　甲午开战前的最后准备

进入1894年春季以后，中国社会表面上风平浪静，实际上早已波涛汹涌了。同年3月28日，在上海公共租界日人开设的东和洋行内，朝鲜开化党人金玉均被同行的洪钟宇所刺杀，日本国内的对外扩张论者乘机掀起一股反华浪潮。一批众议员联名向政府提出质询，要求对中国采取措施。玄洋社更主张向中国兴问罪之师，建议日本政府断然

①《东亚先觉志士记传》，下卷，第211页。

②《对支回顾录》，下卷，“川上操六”条谓“二十五年（1892年）五月清韩两国巡游”，“根津一”条则谓“二十六年（1893年）川上参谋次长来航”，时间相差一年。据查，应以后者为是。

③ 德富猪一郎：《陆军大将川上操六》，第124页。

对中国开战。又去面见参谋本部次长川上操六。川上操六的回答是：“闻贵社为济济远征党之渊薮，岂无一放火之人乎？若能举火，则以后之事为余之任务，余当乐就之。”① 暗示要伺机制造出兵和开战的借口。

这样的机会终于来到了。刚过了不到两个月，朝鲜便爆发了东学党起义。玄洋社决定组织所谓“天佑侠”，设法打入起义军内部，以便乘机挑起中日战端。这些人皆“夙怀大陆经营之志，数年来屡次进出朝鲜，窥伺风云变幻之机遇”。他们最常吟诵的一首日本古诗如下：

曾谒镰仓右府墓，欲征大明汝诺否。

丈夫耀武万里外，何为郁郁老此洲？②

其基本意思是，发扬镰仓时代的尚武精神，远征中国大陆，宁愿耀武扬威于万里之外，胜似郁郁一生老于故园。这样，以武田范之为首的一队 17 人的“天佑侠”便组成了。

武田范之，字洪畴，号保宁山人。旧筑前久留米藩士泽四郎兵卫之三子，11 岁时为福冈县三潴郡草野町武田贞斋之养子，故袭武田之姓。幼从吉富复轩、江崎巽庵等习汉学，擅长诗赋。后游学京都及东京，好读佛书，遂进入长冈曹洞宗专门学校研究佛教。又从天台宗硕学三好野千春修行，据称对佛教之神髓颇有心得。③ 武田范之虽沉迷佛教，却满怀“大陆经营”之志。早在 1892 年，他即西渡朝鲜釜山，并经海道抵全罗道的金鳌岛，与前开化党人李周会晤面，深相结纳。此后，即以釜山为中心，连年奔波于庆尚、全罗两道之间，会晤东学

---

① 玄洋社史编纂会：《玄洋社史》，1927 年，第 435~437 页。

②《东亚先觉志士记传》，上卷，第 151、148 页。按：“右府”，指源赖朝，镰仓幕府第一代将军，创建了日本历史上第一个武士政权。

③《东亚先觉志士记传》，下卷，第 298 页。

道徒，探询其法。相传东学道主崔时亨潜居庆尚道尚州时，武田范之一度前往拜访，欲进一步掌握其教义之奥秘，被崔时亨拒绝。1893年，为便于长期活动，又在釜山租赁房屋，作为玄洋社成员活动的据点，称之为山紫水明阁[①]。及至1894年东学党起义后，武田范之等一致认为，这是贯彻川上操六提出的“放火”任务，即挑起中日战端的绝好机会。6月下旬，武田范之一行自釜山出发，水陆并进，经马山浦、晋州、山清等地，抵达南原府。并在此稍事停留，以研究打入东学党起义军的策略。此时，起义军的大本营已移驻淳昌郡。“天佑侠”一伙最后决定，由武田范之前往，先与起义军首领全琫准取得联系。7月初，“天佑侠”全队来到起义军营中，出示先已炮制的《天佑侠檄文》。该檄文称：“日韩固同祖同文之国……残虐百姓者，守令；纵容守令者，闵族。而闵族暴政之根源，实为袁世凯及清国。”因此，“欲讨伐闵族，须先扫除牙山清兵”。最后提出：“愿奉公等为首领，吾等欣然驰驱在前，冒箭石，排刀剑，北上开辟入京之路，舍身赴死而已。”[②] 但他们没有想到的是，全琫准对这伙突然冒出来的日本“侠徒”存有戒心，反而说：“日本陆续派兵前来，必是要吞并我国。”[③]拒绝了“天佑侠”的“帮助”。

其实，在此之前，日本政府已决定派遣一个混成旅团进入朝鲜，占据汉城附近之要冲，以伺机挑起战端。并命驻朝公使大鸟圭介迅速回任，给予特别指示：“倘局势紧急不及请示本国训令时，该公使得采取认为适当的便宜措施。”[④] 这实际上是把挑起战争的任务完全交给

① 戚其章：《甲午战争国际关系史》，人民出版社，1994年，第10页。
② 《东亚先觉志士记传》，上卷，第211~215页。
③ 《全琫准供词》，《报知新闻》1895年3月6日。
④ 陆奥宗光：《蹇蹇录》，商务印书馆，1963年，第16页。

了大鸟圭介。在这种情况下，日本政府已不需要“天佑侠”去“放火”了。故有日人在谈到金玉均被刺事件的影响时，即曾坦言：“对清开战，虽为多年来之宿因，此事确为一大转机。后东学党乱起，我政府闻中国出兵朝鲜之报，急命回国之大鸟公使率兵入韩京。此事距金之死仅二月余。大鸟成行后，日清战端不久即起矣。”① 道出了从金案发生到甲午开战的前后因果关系。

日本政府既然决定对中国开战，便开始了发动战争的最后准备。在华日谍的活动也达到了极为猖獗的程度。李鸿章致总理衙门密电称：“驻津倭领事及武随员二人，自五月初至今，日派奸细二三十，分赴各营各处侦探，并有改装剃发者，狡猾可恶。”② 德商信义洋行经理满德更以其亲身经历向李鸿章报告：“奉宪委乘爱仁轮船运兵赴牙山事，当满德未抵唐（塘）沽时，居然有一倭人久住唐（塘）沽，此倭人才具甚大，华、英、德、法言语俱能精通，看其与他人言论间……随时用铅笔注载，此小行洋人俾尔福所见。及满德坐火车时，又有一倭人同载，满德并未敢与之交谈，则爱仁、飞鲸、高升船载若干兵、若干饷，何人护送，赴何口岸，该倭人无不了彻于胸也。既能了彻，安见不电知上海，由上海电知伊国也。”③ 可见，北洋作为中国军事指挥机关的所在地，已完全处于日本间谍的监控之下了。

除京津地带外，上海是日本间谍的另一个活动中心。时任轮船招商局帮办的郑观应，屡闻“倭人学华语，改华装，入我内地及各埠作奸细者甚多”，便给盛宣怀上一条陈：

一、日本奸细颇多，近日经地方官拿到者有二处：其一系倭

① 石河偰明：《福泽谕吉传》，卷 3，岩波书店，1932 年，第 398 页。
②《清光绪朝中日交涉史料》，卷 15，第 35 页。
③《盛宣怀档案资料之三 · 甲午中日战争》，下册，上海人民出版社，1982 年，第 103 页。

人改装入内地者，当道送交该国领事，罚洋一元五角，释放了事；华人通同者，亦释放销案。如此办法，奸细越多，胆越大矣。宜禀北洋，严行通饬各处，认真稽查，如有拿获日本细作，不必送交领事馆，由中国衙门密行监禁，俟战事毕日，酌断放还。

二、电报局须传谕，严戒不得与日本人往来，为日人打报及泄露电报与日人。总办应派委员密查，如司事、学生及局内丁役人等，但有此等情弊者，即照军法从事，不可稍为徇纵。

三、机器局、军火局、军械所、粮台及一切有关军务之处，均须严查进出。不但日人不得混入，即情迹可疑或为日人代为细作，窥探军情者，亦须查拿，不得徇纵。①

由于各方面关于日谍活动猖獗的报告纷至沓来，清政府也采取了一定的预防措施。如当时担任总办电报事宜津海关道盛宣怀，便主张对收发电报进行管制，向李鸿章建议：

窃查倭人狡猾，各口有人改装侦探，用洋文密码通电，大碍军情。若专禁倭电，仍可托名他国人传递。自应照公例禁止一概密报。……除中国一等，三、四等有印官报，及驻洋各钦差一等报，督办、总办有印公报密码照发留底备查外，凡商报无论华洋文密码均不准收。明码各电，应听电局派员细看，如有关涉军务者立即退还。至各国公使及总务司、津税司有益中国之密电，京总署、津督署特允收发者，请由两署加印饬局代发。各国来报亦须奉两署特饬准收，仍送两署转交。此外密电概不准收。如有违误，定惟局员、领班是问。②

---

①《盛宣怀档案资料之三·甲午中日战争》，下册，第178、115页。
②《清季中日韩关系史料》，卷6，1972年，第3367页。

此建议经李鸿章允准施行后，虽对日本间谍的情报输送造成一定的不便，但不久之后日本间谍便改为用暗语发送有关军事情报的明码电报，以躲避官方的检查。

在此时期，当时哄传最活跃的日谍当属上海日清贸易研究所的成员。上海地方当局曾经探知：“倭人在沪向设有日清（贸易）研究所，约七八十人，五月以前陆续散去，闻多改作华装及僧服者，分赴北京、津、烟、江、浙、蜀、鄂、闽、台各处，芜湖尤多。”① 这份情报的真实性究竟如何？日清贸易研究所毕业生向野坚一回忆称：

> 明治二十六年（1893年），我毕业于上海同文书院的前身日清贸易研究所。同学中有离开上海回内地求职者，但多数人继续留在校内，用一年的时间从事对中国的实地研究。至翌年二十七年（1894年），日清风云告急之际，根津一先生召集我等，动员云：“日清两国之间的战争，业已迫在眉睫。对日本来说，此战是以富强自诩的清帝国为对手，不容乐观。所幸的是，诸君通晓华语，又多少通晓中国之事，故希望能暗察敌之军情及其他内情，为皇国效力。”我等皆无异议，立即从命，迅即开始行动。当时，研究所蓄发辫的学生有十几人，我是其中之一，化装为华人从事军事侦察是极为方便的。于是，我等或往长江方面，或上天津，或去烟台，各自分头侦察敌情。②

与上述相互印证，可知上海地方当局所获得的情报基本上是属实的。试看甲午战争期间的一些日本间谍，大多数是日清贸易研究所毕业的学生，如向野坚一、钟崎三郎、藤崎秀、猪田正吉、大熊鹏、楠

---

①《中日战争》（中国近代史资料丛刊），第5册，第7页。

② 向野坚一：《回忆日清战役》，油印本，大连市图书馆藏。

内友次郎、福原林平、景山长治郎等皆是。此外，还有些是日清贸易研究所的干部或乐善堂成员，如宗方小太郎、山崎羔三郎、藤岛武彦、前田彪、成田炼之助、松田满雄等。当然，在当时活跃的日谍当中，还有不少其他的大陆浪人乃至专职的军事间谍。

所有这些日本间谍，大都长期居住中国，混迹于各界，十分了解中国情况，一旦剃发改装，冒充华人，又能操中国官话，甚至方言，往往不容易引起官方注意，即使在受到盘查时也能蒙混过关。再就是日本间谍常以租界为依托，平时出来到处活动，一旦听到官府要严查的风声，便躲进租界，该处的外国驻华领事竟为其提供庇护，使中国地方当局无可奈何。这便增加了清政府预防和打击日本谍报活动的难度。有一份湖广总督张之洞打给总理衙门的电报：

> 倭人剃发改易华装，潜入内地，探我虚实，专作奸细；事未败露，难辨其为安分与否，最为隐患。近日迭接南洋来电、钧署来咨，当经严密饬查。二十四日未刻，有倭人剃发改易华装，在汉口租界外行走。营勇向前盘诘，正欲查拿，该倭人即持刀抗拒，避入租界。英、美领事不肯交出，谓系日本安分人，即时护送其登轮往沪。既系安分，何必改装？情弊显然。拟请钧署知照美使，日本人现在中国无论是否安分，不准剃发改用华装。如查有华服倭人，即照奸细拿办。切嘱美领事不得袒庇，庶免混迹内地，泄我事机。①

从该电报中不难窥知，尽管清政府屡饬严查日谍，而日谍为什么仍然猖獗如故呢？因为一方面禁止在华日人剃发华装是难以具体落实的；另一方面日谍一旦被看破行藏，西方国家驻华领事还会出面袒庇。

①《中日战争》（中国近代史资料丛刊），第5册，第6页。

从日方的大量记载看，当时活动在中国大陆的日本间谍，其主要的侦察目标是东北地区。这里很早以前就是日本的垂涎之地。从 1872 年开始，就曾不断派间谍潜入活动。到 1888 年，俄国计划筹建西伯利亚大铁路的消息传来，在日本朝野引起极度恐慌。如何应付这种新出现的局面呢？这是“兴亚志士”们焦虑不已的问题。当时麇集在上海的大陆浪人时常聚谈，出现两种不同的观点：一种是“西北论”，以荒尾精为代表，认为俄国入侵中国西北影响巨大，主张派得力人员前往新疆活动，力争与刘锦棠取得联络，共同抗俄；一种是“东北论”，以川岛浪速为代表，认为东北问题更需要重视，应尽早打算。川岛浪速指出：“最足虑者为满洲。将来俄国必向满洲扩张。一旦满洲落入俄国之手，中国、朝鲜同被扼住咽喉，则亡无日矣，惟时间早晚而已。此后日本如何自立，思之实在令人不寒而栗。故曰东洋存亡之枢机在于满洲。”[①] 在这场激烈的争论中，荒尾精的“西北论”引起了上海日本浪人大多数的共鸣，而川岛浪速的“东北论”则和者寥寥。川岛浪速非常气恼，决定一意孤行，亲赴东北地区，寻机打入马贼之中，壮大势力，以建立满洲和蒙古东部为地盘的独立国家。这是日人提出的分裂中国的第一个“满蒙建国计划”，得到了福冈玄洋社组织的大力支持。1889 年 2 月，川岛浪速由玄洋社员诹访锹次郎、重野绍一郎二人陪同，离开上海浦东寓所北上。不料行至苏北病倒，加上盘缠无多，只得半途而返。他的“满蒙建国计划”也因此告吹。其后，继其志者有岛川毅三郎。

岛川毅三郎，本州三重县人。毕业于县立师范学校，任教员。后应征入伍，在名古屋师团服役。在此期间，为中队长神尾光臣所赏识。

①《东亚先觉志士记传》，中卷，第 240~241 页。

1892 年，神尾光臣奉命任日本驻华公使馆武官，携岛川毅三郎一同来到中国，并安排岛川毅三郎以《东京日日新闻》驻北京通讯员的名义为掩护，专门从事中国情况的研究。1893 年 11 月，小村寿太郎署理日本驻华公使，岛川毅三郎益受知遇。1894 年，岛川毅三郎奉小村寿太郎之命，密赴东北地区及蒙古调查。[①] 他在东北搜集到多方面的情报后，又潜入库伦（今乌兰巴托）活动。正在这时，突闻甲午战争爆发的消息，急忙离开该城，辗转逃至海参崴，然后搭船回到日本。

真正在中国东北地区活动颇有成效者，要首推山本条太郎了。山本条太郎，本州福井县人。6 岁时随父母移居东京。16 岁时进入三井物产株式会社，开始了学徒生涯。最初被分到横滨支店当店员。不久，山本条太郎便受到该店的赏识，被调列三井物产株式会社上海支店，开始负责经营进口东北大豆的业务。在此期间，他有机会结识了广东商人潘玉田。潘玉田在营口东二道街开设东永茂油坊，整天跟大豆买卖打交道，也乐意与山本条太郎交往。1890 年，三井计划大量购进东北大豆，因山本条太郎与潘玉田关系亲密，便派他前往营口。于是，山本条太郎蓄起发辫，着中国服，冒充中国行商，乘船北上营口，在潘玉田的帮助下完成了任务。1894 年春，山本条太郎升为三井物产株式会社上海支店代理经理。到甲午战争爆发前夕，中日关系益趋紧张，三井物产株式会社命山本条太郎离沪回国，但此时山本条太郎已同日本参谋本部和海军军令部拉上关系，决心继续留在中国，为日本购买军需品，或根据日本陆海军情报机关的指令从事“机密行动”[②]。这样，山本条太郎再次来到营口，借东永茂油坊在营口建立起第一个固

---

①《东亚先觉志士记传》，下卷，第 703 页。

②《东亚先觉志士记传》，下卷，第 793 页。

定的情报据点。

越是接近开战，日本参谋本部越急需有关辽东半岛清军防御的详细情报。1894 年 7 月，根津一根据参谋本部的密令，乘英国客轮潜回上海，指挥这场“敌情内探运动”①。根津一决定派两组人员前往：一组是前田彪、成田炼之助、景山长治郎三人，其任务是调查辽东清军驻防情况，掌握其具体营哨数字，随时电告上海；一组是松田满雄、山口五郎太二人，其任务是潜入旅顺口，实地调查要塞情况，将见闻写成报告上报。于是，两组日谍一行五人，先由上海乘船抵达牛庄，然后再分头活动。

前田彪等三人皆辫发华装，自称经营大豆生意的商人，前田彪为掌柜，成田炼之助、景山长治郎则为伙计。他们以营口为据点，深入辽东各地，窥探清军动静及兵数多寡，然后用营口大豆市场价格高低显示，例如驻兵几营几哨即称“大豆价几两几分”，打电报给上海“谍报部”的角田隆郎。角田隆郎再将此内容编成新闻通讯样式，电传给大阪《每日新闻》的上野理一，以转报日本参谋本部。前田彪等频繁地向上海打电报，引起当地官员的怀疑。有一天，其官员进行突击检查，发现电稿上的数字与当日的大豆市场完全相符，不差分毫，便误认为是一场误会。前田彪等以此得以放手去干，更加“有力地探查情报，建立了特殊功勋”②。

松田满雄和山口五郎太与前田彪等分道而行，穿过清军的警戒线南下，经盖平、金州进入旅顺口，并屡次潜入要塞区侦察。期间，山口五郎太数次被驻防清军盘查和扣留，因其言语、打扮、动作活脱脱

①《对支回顾录》，下卷，第 556 页。

②《东亚先觉志士记传》，下卷，第 335 页；《对支回顾录》，下卷，第 509 页；王振坤等：《日特祸华史——日本帝国主义侵华谋略谍报活动史实》，第 63 页。

就是一个中国人，每次都能应付过关。1894 年 10 月中旬，始回到日本。他们向日本大本营提出的清军防地实地见闻报告，对于日本制订进攻辽东的作战计划具有重要的参考价值。①

日本间谍注意的另一个重要目标，是长江中下游一带，首先是上海。鸦片战争后，上海是中国开辟的五个通商口岸之一，并设置了由西洋人直接管理的租界。上海凭借其优越的地理位置和自然条件，东南面向大海，北临长江口，通过长江水运与苏、皖、赣、鄂、湘、蜀等省相联系，逐步发展成为中国最大的贸易港口城市，被人们称为“江海之通津，东南之都会”②。这样，上海便成为清政府的主要财政来源之一。不仅如此，上海也是清军军火的重要供应地。因此，这里历来是日本间谍麇集之地。由于日商甚多，鱼龙混杂，良莠不齐，极便于日谍隐蔽，查究困难。连当地官府也为之束手。据甲午战争初期的日侨寓沪注册报表，当时在上海的日本店铺 27 家，医师和行商 3 户，男女侨民 136 人（其眷属尚未统计在内）。另外，受雇于西人公司的日本雇员和私人女佣，则达到 67 人。③ 本来，清政府谕令在华日侨到当地县署注册的主要目的，是要求该日侨亲往报名领取护照，以预防“复有干预军事，漏泄军情，以及改易华装等弊”④。可谓用心良苦。实际上，这种措施也很难防止潜伏日谍的继续活动。

从总理衙门档案里保存的《在沪日本商人名册》中可以看到，法租界洋泾浜路 4 号日本海带公司有一名雇员叫小池信美。这个小池信美就是潜伏的日本谍报人员。小池信美，字霞庵，旧福岛县棚仓藩士

①《对支回顾录》，下卷，第 749 页；《东亚先觉志士记传》，下卷，第 466、505 页。

② 嘉庆《上海县志》序。参看张洪祥：《近代中国通商口岸与租界》，天津人民出版社，1993 年，第 15~17 页。

③《清季中日韩关系史料》，卷 6，第 3804~3823 页。

④《清季中日韩关系史料》，卷 6，第 3801 页。

须藤信甲之次子。7 岁时过继给同藩亲戚小池信德，因改姓小池。17 岁时，只身来到上海，在日本领事林权助的帮助下得以寄身，开始学习华语。进入日清贸易研究所，专门学习华语。[①] 上海县署怎么会想到，这名日本公司雇员竟然是受过训练的日本间谍呢？

其实，甲午战争爆发前夕潜伏在中国的日本间谍，只要是剃发改装者，都不会去登记注册的，在上海也无例外。荒井甲子之助就是明显一例。荒井甲子之助，字图南，千叶县人。少时随父母移居东京。稍长，学习汉籍数年。后进入陆军教导团，升至步兵曹长。在此期间，荒井甲子之助就萌发了“大陆雄飞”之志。退营后来到中国，一面练习华语，一面到各地旅行，以调查风俗人情及地理形势。1893 年，他开始长期居住上海，辫发华服，从事隐蔽活动。[②] 对此，上海地方当局却毫无察觉。

在这种情况下，上海地方有关战备的举动尽在日人的掌握之中。日谍所搜集到的军事情报，或由海军大尉黑井悌次郎直报海军军令部部长桦山资纪海军中将，或由总领事大越成德向外务次长林董报告。试看以下两份报告：

> 黑井：“据近日所密探，屡有将军需品运出之事。又闻：向南方航行之外国船只虽明知其所载为战时违禁品，但秘密配合输送者亦有之。”
>
> 大越：“经上海道台之手，于城内张贴布告，募集兵勇，进行战前兵员之准备。仅吴淞炮台便募集新兵约 2 000 人。……属于清国北洋大臣管辖之江南制造局及火药制造所位于租界地上游

① 《东亚先觉志士记传》，下卷，547 页；《对支回忆录》，下卷，第 550 页。
② 《东亚先觉志士记传》，下卷，第 606 页。

约 2.5 哩处。然而，其武器弹药之输送，则于租界地装添，并经黄浦江出吴淞。而且该局……还增工人加速制造。历来机器仅于白昼运转，但自 7 月中旬以来……则不分昼夜。并于其周围增加哨兵，禁止一般外人游览。”

可见，尽管东京与上海相隔遥远，但日本当局对当地所发生的事情完全了如指掌。此前数天，英国政府见日本决意对中国开战，要求日本视上海为中立区，不对其进行攻击。日本也做出妥协，以赢得英国对自己的支持。及接到来自上海的情报，日本外务大臣陆奥宗光便致电驻英公使青木周藏说：“从可靠来源报道说，中国正利用我们这个道义上的保证，把上海及附近地区变成战争准备基地，在此地制造武器、弹药和其他禁运品，并把它们运走。在这种情况下，日本为保护它作为参战国的合法权利，恐怕不能遵守上述的保证。”① 只是由于英国政府态度强硬，这桩公案才不了了之。

长江下游的镇江和长江中游的汉口，也是日本间谍机关注意的重点地区。镇江地处长江与南北大运河的交汇点，既是四通八达的交通枢纽，又是南北漕运中心，可谓地扼要冲。可以预见到，一旦日本在中国北方燃起战火，此地必将成为运送军粮、军械及军用物资的要津。根津一决定派金子新太郎来此坐镇。金子新太郎，新潟县人。19 岁时进入陆军教导团，与同营之荒井甲子之助意气相投，同抱“兴亚”之志。1893 年转入后备役，经福岛安正大佐介绍，与荒井甲子之助同渡上海，到日清贸易研究所访根津一。根津一命金子新太郎前往芜湖田中洋行，并劝他多与中国人接触，以此为熟习华语的捷径。后来，他便来到镇江，以此为据点，又渡江至扬州，沿大运河北行，经宝应、淮安、清江浦等地进入山东地界，从而完全掌握了这条重要的南北运

①《中日战争》（中国近代史资料丛刊续编），第 9 册，第 389、391~392 页。

输通道的有关情况。[1]

地处长江中游的汉口，是华中的交通枢纽，素有“九省通衢”之称。作为乐善堂主要骨干的宗方小太郎，虽然兼作北京支店的负责人，经常往来于中国大陆各地之间，却不断回到汉口，故在汉口居住的时间还是较多的。1893 年 1 月，宗方小太郎因筹款事回东京，逗留半年有余，“左支右绌，终不得志，空手而归”。愤懑之余，他离开东京回乡省亲，于 10 月初仍回上海，此后即往来于汉口、上海两地之间。当时，他对“日本政府及议会忙于内政方面的争论，无暇顾及对国外的远大经营”的现状，是十分不满的。1894 年春，宗方小太郎突接好友山口外三的讣告，不禁追怀失踪数年的浦敬一和广冈安太，作诗云：

眼前耽姑息，事事多迟疑。
相率拜商贾，征逐漫嬉嬉。
何以明斯道？何以开鸿基？
……
北平剩大亮，堂堂存雄姿。
死者若有识，欣然开愁眉。

其待意谓尽管世事不尽如人意，但宗方小太郎仍决心为“兴亚”而竭尽全力，先死诸君当可舒展愁眉了。可见其侵华决心之坚决。不久，金玉均在上海被刺。消息传来，宗方小太郎大为振奋，认为以此为开端，“终将揭开中日战争之序幕”[2]。

为了做好对华开战的最后准备，宗方小太郎瞄准了作为当时中国重要的工业基地武汉三镇，以《武汉见闻随录》的形式，撰写了多篇

---

①《对支回顾录》，下卷，第 658 页；《东亚先觉志士记传》，下卷，第 236 页。
②《对支回顾录》，下卷，第 366~367 页。

调查报告。[①] 如下表所示：

编号	题目	内容
之一	武汉三镇情形	地理形势、人口、航运、轮渡、租界区域、总督衙门所在、驻军及常泊军舰、各国领事馆、侨居洋人、商业等。
之二	学校及教会	武昌化学堂、武昌两湖学院、武昌自强学院、武昌武备学堂、各国天主堂、耶稣堂、圣公会、传道会等。
之三	汉阳制铁厂	铁政局之位置、职员及工人、铁矿及煤等原料之产地、铁政局内之部门、铁政局经费、机器设备等。
之四	武昌织布局	织布局地位、各种机器台数及纱锭数、洋布品种及每匹时价、棉纱每大捆价格、各号棉花时价等。
之五	水师及陆军概况	汉阳水师编制、提督以下官员名额及坐船数、官员俸禄、薪水、养廉等发放册、长江水师经费总数、绿营及练军等。
之六	江南水师建制	长江分标界限、分营缺、分哨领、分汛队、兵目、文案、船只、器械、号衣、伙食、月饷、饷项出处、请饷项、提督及官弁数额、船数等。
未标号	铁政局和枪炮局	铁政局和枪炮局之现状、职工人数、厂房区划及工程现状、锅炉马力与轻便火车、开炉期间、炼铁之数量及种类、炼铁之原料、煤炭、枪炮局之职工及生产等。

① 吴绳海、冯正宝编译：《宗方小太郎与中日甲午战争》，未刊稿，报告类。

由上表可知，宗方小太郎的调查活动，除军事要害部门外，已经深入到当地社会的各个角落。宗方小太郎的日记表明，他的这些报告都是应日本军方的指示而提供的。如3月14日日记：“致函东京岛崎好忠（第8号，关于制造军舰）。”3月16日日记：“完成赤城号舰长出羽君委托撰写之对长江水师进行调查之报告书。”5月1日日记：“托楠内带去致上海藤崎、大隈及岛崎好忠（关于湖北兵备……等事，第9号）之函。”[①] 可见，仅从搜集情报方面来说，日本为准备开战做得是何等充分！

位于山东半岛东北端的威海卫是北洋海军的根据地，自然更成为日本间谍注意的重要目标。早在1888年北洋海军成军不久，日本情报机关即派间谍关文炳海军大尉在威海、荣成一带进行了详细的调查。此后，日本间谍或辫发华装，冒充中国商人、小贩、游学先生等，或收买当地人做奸细，在这一带频繁活动。而且，其触角已经伸展到了威海卫及其后路的各个角落。许多当事人和目击者都提供了有关这方面的情况。例如：

在荣成。张益三说：“我父亲外号叫张三麻子，在南门外开饭馆。甲午战前，南方船常到俚岛来，有时船客也就顺便到县城里来。有一年，一位船客在饭馆里住了很久，我父亲还认他做干爹。那位船客走了再没来过。哪知道日本军队占领荣成后，这个人又来了。我家住在城西南隅，他到家里来找我父亲，是日本军官打扮，四条大金线，这才知道他是个日本人。”[②] 李锡亭说：“甲午战之先，有一位游学先生在荣成地区遍闯学馆，有时向塾师索纸书对联，署名‘大山’，一般塾师莫之注意也。及日寇登陆之后，有人重见其人于日本军队中，始

①《中日战争》（中国近代史资料丛刊续编），第6册，第97、102页。
②《张益三口述》（1958年记录）。按：张益三，荣成城里人，当年10岁。

如梦初醒，知为日人留辫伪装华人而侦察情况者也。”① 当时的荣成县城即现在的成山镇，从此东行10余公里有落凤岗村，其东之海套俗称筏子窝，就是当年日本侵略军的登陆之处。

在威海温泉汤村。邹立居说：“光绪二十年九月里，是割豆子的时候。村里来了两个卖药的，住在周宿的店里。周宿开店卖大烟（鸦片），贪图小便宜。这俩人就送给他大米，在店里住了十几天。这俩人说话不像北方话，也不像南方话，村里老百姓疑惑是日本奸细，就到金线顶营盘报告。清兵来把村子围了，朝空放了一排枪。周宿和日本奸细都从后窗跑了。……村里老百姓找到周宿，把他交官，送到文登县蹲了大狱。日本兵来后，文登县又把周宿放回家了。”② 刘东阳说：“光绪二十年八九月割豆子的时候，温泉汤来了两个日本人，都是中国人打扮，像是做生意的。他们带的大米不少，送给周宿一些。周宿贪图便宜，就让他俩住在自己开的广仁德店里。有人向金线顶清兵报信，清兵来捉奸细。周宿放走了奸细，自己从后窗跑了。”③ 这两份口述相互对照，可知其事确凿无疑。中日两国虽然同在1894年8月1日宣战，但山东半岛之役却是从1895年1月下旬开始的，故日本间谍在宣战后仍到这一带活动。温泉汤村位于威海南帮炮台的后路，是从荣成到威海的必经之路。后来日军在荣成筏子窝登陆后，就是经过这里对南帮炮台实行包围的。

在威海海埠村。邵学经说：“光绪十八年，有一条船在海埠村下地，共6个人。他们下地后，就在海埠村一带画地图，那时候清兵也

①《李锡亭笔述》（1959年）。按：李锡亭，荣成马山村人，生年不详。曾为谢葆璋（著名作家谢冰心之父）幕宾多年。

②《邹立居口述》（1958年记录）。按：邹立居，威海温泉汤村人，当年16岁。

③《刘东阳口述》（1958年记录）。按：刘东阳，威海刘家台村人，当年15岁。

没有人管。在这里住了三个半月又走了。”① 这份记录没说这画地图的6个人到底是哪国人。百尺崖所的谢言允说：“听我父亲说，日本人来的时候手里拿着地图，哪里有疃，哪里有炮台，哪里有山，哪里有井，上面画得很详细。不过有些名字和咱们的不一样，皂埠嘴在日本地图上写作‘赵北嘴’。”② 两相对照，可知先前画地图的就是日本间谍。海埠、百尺崖所两村相距不远，都在威海南帮炮台的防区之内。由此看来，日军进攻威海时选择南帮炮台为首先的攻击目标，应该是早有预谋的。

在威海刘公岛。陈学海说：“战前刘公岛上就有奸细。有个叫傅春华的，湖北人，是个不务正业的家伙。他先在刘公岛上杀猪，然后又抽签子，出入营房，引诱官兵赌博，趁机刺探军情。”③ 这个“傅春华”，到底真是湖北籍的中国人还是冒充中国人的日本间谍，口述的老人不可能说得清楚。刘公岛是北洋海军提督衙门的所在地。不管怎样，这足以说明日本间谍已经深入到北洋海军的要害之地了。

山东半岛濒海要地一直是日本情报部门的主要侦察目标之一。到底前后派遣多少批间谍来这里活动，殊难查考。但据日方记载，直到甲午战争爆发前不久，日谍钟崎三郎还到这里来活动过。钟崎三郎，福冈县人。曾进入日本陆军幼年学校，因兄丧而退学。后去长崎跟随御幡雅文学习汉语。1891年3月，随荒尾精渡上海，进入日清贸易研究所学习。半年后，化名李钟三，潜伏在芜湖日本商店顺安号。1893年又回上海。到1894年3月，日舰赤城号带来日本海军军令部的指示，命钟崎三郎北上山东半岛进行侦察④。

①《邵学经口述》（1964年记录）。按：邵学经，威海海埠村人。

②《谢言允口述》（1959年记录）。按：谢言允，威海百尺崖所人。

③《陈学海口述》（1957年记录）。按：陈学海，威海城里人。是北洋海军来远舰水手。当年20岁。

④《对支回顾录》，下卷，第576~577页。

于是，钟崎三郎先随赤城舰抵达汉口，与宗方小太郎会面。宗方小太郎1894年3月12日日记有云："本日帝国军舰赤城号来汉，停泊于武昌鲇鱼套。钟崎来访，系乘军舰来汉者也。晚餐后伴同钟崎归乐善堂。"[①] 即指此也。回程中，钟崎三郎在镇江离舰下地。此为3月21日事。然后渡江至扬州，取陆路北行，经淮安进入山东沂州府境，过兰山（沂州府治，今临沂市）、莒州（今莒县）、青州府诸城县等地进入胶州。钟崎三郎先绕胶州湾一周以考察港湾形势，再到青岛近观新建军港筑造样式，然后经即墨、莱阳两县，于4月26日抵达烟台。他此番奉命北上，从扬州到烟台，历时35天，行程计1 250公里。

钟崎三郎来到烟台日本领事馆的当天，领事伊集院彦吉就告诉他，他此次北来正赶上另一项重要的任务。原来，此前数日，日本轮船日本丸在成山角以南触礁，船员不通华语，请求日领馆予以帮助。于是，伊集院彦吉命钟崎三郎以救护船民的名义前往，趁机详细察看威海卫军港及其后路形势。翌日，钟崎三郎便离烟东去，两天半行程150公里，来到荣成县城以南10多公里的东海岸倭岛村。处理完遇难日本船民的问题后，他在回程中绕行了成山角地带，并对威海卫军港的形势及设施进行了观察。此行连来带去12天，顺利地完成了任务。[②]

到5月下旬，钟崎三郎奉命到天津报到，住紫竹林租界松昌洋行内，做日本驻天津海军武官泷川具和大尉的助手。6月，泷川具和在钟崎三郎的陪同下乘帆船出大沽口，对洋河口以南的蒲河口和滦河口进行勘测，同前番的调查进行比较，发现还是洋河口为直隶海岸的最佳登陆地点。与此同时，泷川具和对旅顺、威海要塞及北洋舰队也进

---

①《中日战争》（中国近代史资料丛刊续编），第6册，第96页。

②《日清战争实记》，第18编，东京博文馆，1894—1896年，第44页。

行了多方侦察，并买通渠道对海军衙门的机密达到了了如指掌的程度。[①] 基于对清廷的深入了解，泷川具和主张抓紧时机对中国开战，最终进行直隶决战，迫使清廷订立城下之盟。他向国内报告说：“（清国）人心动摇不定，军队中也往往听到有发泄不满情绪者。”并强调：“可乘之机就在今日，拖延时日使彼稳固基础，非为得策。故谓速战有利。”泷川具和的报告对日本最终下定对中国开战的决心造成了很大的影响。[②]

至此，万事俱备，只欠东风。日本在军事上已做好了各方面的准备，而且做到了知彼知己，只需要其最高当局下达进攻命令了。

---

①《对支回顾录》，下卷，第 677~678 页；《东亚先觉志士记传》，下卷，第 309 页；《日清战争实记》，第 18 编，第 44 页。

② 藤村道生：《日清战争》，第 73 页。

第五章　日本谋略谍报的重中之重

第一节　宗方小太郎两探威海

1894 年 6 月间，宗方小太郎正在上海，听到日本出兵朝鲜的消息后，非常兴奋，认为发动对华战争有望了。他在 10 日的日记中写道："熊本绪方二三、东京米原繁藏、上海田锅安之助来函。田锅详细报告朝鲜东学党之乱，本日传闻日本派兵 3 000 名至朝鲜。此为近来一大快事，足以惊破太平之迷梦。"① 此后，宗方小太郎一面关注朝鲜时局的发展，一面与日本海军军令部分管海外谍报工作的第二局保持经常的联系。

1894 年 6 月 26 日，宗方小太郎突然接到日本海军军令部第二局局长岛崎好忠大佐来电，命其迅即从汉口赴烟台，与日本驻华武官井上敏夫海军少佐会面。盖此时日本以大岛义昌陆军少将为旅团长的混成旅团的主要兵力已进入朝鲜，与业已入朝的清军相比，占有绝对的优势。与此同时，日本海军当局对舰队也进行了调整和改编，以适应

①《中日战争》（中国近代史资料丛刊续编），第 6 册，中华书局，1993 年，第 106~107 页。

发动侵略战争的需要。当时，对于日本来说，北洋舰队的存在无疑是一个巨大的威慑力量。因此，战争能否取胜，关键在于能否掌握制海权。为此，日本大本营所制定的对华作战方案便包括了三策：第一，海军获胜，取得黄海制海权，陆军则长驱入直隶，进攻北京；第二，海军胜负未决，陆军则固守平壤，以舰队维护朝鲜海峡的制海权，运送部队；第三，舰队败北，陆军则全部撤离朝鲜，以海军守卫本土沿海。① 日本是想全力争取实现第一策的。这样，如何掌握黄海的制海权便成为摆在日本海军面前的一个首要问题。日本海军军令部几经斟酌，决定调宗方小太郎到烟台，严密监视北洋舰队的行踪，以作为日本舰队争取海上航行主动权的第一步。

宗方小太郎接到命令后，不敢怠慢，于次日即乘招商局轮船“江宽”号离汉。6 月 30 日，宗方小太郎抵达上海。翌日，一面购买衣物，收拾行装；一面向岛崎好忠报告行程。7 月 2 日上午，再乘招商局丰顺轮北上。宗方小太郎此番奉命北上执行秘密任务，心情是相当复杂的，可以说是既兴奋又有一丝凄凉之感。他的兴奋是很自然的，因为在他看来这是“兴亚”的一次难得的机遇。早在几年前，他就反复地阐述他的主张：要“兴亚”，首先要“推倒”中国，“毋宁假借事端之名，出兵与之作战，以取而代之”，从而“兴日本以外之地，以修邦家之藩篱，希求邦家之太平”。② 如今一展平生之志的机会来了，怎么能不跃跃欲试呢？但是，此行却又是身入险地，前途莫测，想起离乡多年，老母已逝，不觉忧思涌上心头，潸然泪下。他此时的一首《忆母》诗可以反映出他当时的另一种心境：

① 戚其章：《晚清海军兴衰史》，人民出版社，1998 年，第 397 页。

② 宗方小太郎：《狂夫之言》，见吴绳海、冯正宝编译：《宗方小太郎与中日甲午战争》，未刊稿。

此夕何堪泪润衣，况还落拓未成归。

追思二十余年事，清夜临风独歔欷。①

7月5日，丰顺轮抵达烟台港，宗方小太郎上岸后即赴日本驻烟台领事馆报到，并会见领事伊集院彦吉、书记生横田三郎及驻华武官井上敏夫少佐。此时，他才完全明白此次调他来烟台的真正使命。因任务紧急，他不敢耽搁，决定迅即潜往威海卫一觇。试看其6日和7日两天的日记：

7月6日日中两国之危机愈益迫近，决裂即在旦夕。将情况大要通知上海之田锅安之助、津川谦光、中岛真雄等，并向东京佐佐友房报告日中关系之概况。下午东京海军省角田秀松报告岛崎好忠调职之事，立即复函付邮。

7月7日上午青木乔、钟崎三郎来访。11时，在青木寓居之广东街高桥藤兵卫处，与钟崎等三人会见。下午2时，青木将赴天津。5时，玄海丸进港。日本新闻社通讯员北村文德、大阪每日社高木利太、外务省天野恭太郎到达。钟崎亦于明日乘玄海丸返天津。余亦将于明日秘密赴威海卫军港侦探敌情，欲带一中国人随行。均以此行危险，无人应者。余即决定独自前往。于是脱去整洁长衫，改为村夫打扮，俨如一野人也。②

从宗方小太郎到达烟台后的头两天日记中，可以清楚地看到，这时的烟台领事馆已成为日本在华谍报机构的重要据点和交通站。不仅南来北往的日本情报人员皆在烟台领事馆中转，而且烟台领事馆与中央情报机关保持着直接或间接的联系。日方调宗方小太郎来驻烟台的目的，固然是让他以监视北洋舰队为主要任务；但同时也是为了当战

① 东亚同文会编：《对支回顾录》，下卷，原书房，1981年，第368页。

②《对支回顾录》，下卷，第367~368页。

争爆发之际，日本使领人员不得不下旗回国时，好让宗方小太郎来接替井上敏夫少佐的职责。

宗方小太郎身负侦察北洋舰队的重任，虽然一时找不到合适的向导或随从，也只好亲往威海卫军港一闯。从宗方小太郎的日记看，他曾先后两探威海：

初探威海。这次是从7月8日从烟台起程，到13日回到领事馆，连去带来共5天：

7月8日　清晨整装后自领事馆出发，往威海卫军港，拟冒万险以窥探敌军之动静。行30里开始降雨，衣履尽湿。下午3时，过宁海州。城周围1 400米，有四门，人口六七百户。又行5里，宿老元山村，人家十余户。

7月9日　行25里，经上庄，过酒馆，宿麓道口村。雷雨大至，全身尽湿。

7月10日　行42里，抵达威海卫，投宿于西门内一小店。卫城围2 000米，人口三四百户，街道仅有通至四门之大街。港内军舰10艘、水雷艇3艘，还有轮船1艘。夜登城楼，眺望港内形势及灯火情况。

7月11日　清晨登东门，视察港内情况。海湾南北有十余里，刘公岛前碇泊军舰13艘。午时视察完毕，即自威海出发，夜宿酒馆村。

7月12日　自酒馆出发，在上庄打尖。下午过宁海州，大雨。待晴后上路，又行10里，雷雨大至。向前涉河而过，水深及颈，河流颇急。夜宿唐家坡，离宁海州才15里光景。

7月13日　下午到芝罘，即回领事馆。①

①《对支回顾录》，下卷，368页；《中日战争》（中国近代史资料丛刊续编），第6册，第109~111页。

宗方小太郎此次潜入威海，亲自察看威海卫军港形势。威海卫军港给他留下了深刻的印象。明朝洪武年间，为防御倭寇袭扰和劫掠，在山东沿海设卫所多处，威海卫即其中之一。起初则有防无城，至永乐初年始建卫城，成为海防重镇。清光绪时北洋海军成军，以威海为根据地。威海更成为举世瞩目的要港。宗方小太郎所登之“城楼”，即环翠楼，坐落于卫城之西城墙北部，该处适在奈古山东麓，乃依山势而建，故明弘治间巡海副使赵鹤龄《登环翠楼》诗有“百尺崚增台奈古，数层缥缈阁凌烟”之句。登临此楼，可俯瞰威海全城及港湾，南北两岸群山奔涌，刘公岛屏障港前，舰船鱼艇停泊湾内，皆历历在目。明兵巡道周之训到威海巡阅海防时，登环翠楼有《巡威海留题》诗：“九折羊肠下施旌，朔风猎猎暮云横。遥听鼍鼓刘公岛，遍历狼烽威海城。”宗方小太郎初到威海，即登上环翠楼俯瞰全港，目睹港内北洋舰队的碇泊数目及其分布，深感不虚此行。

再探威海。宗方小太郎回到烟台之后不久，由于日本决意挑起战争，清政府被迫继续派兵入朝。7 月 16 日上午，李鸿章致总理衙门电报有云：

> 现派总兵卫汝贵统盛军马步六千余人进平壤，宋庆所部提督马玉崑统毅军二千进义州，均雇商局轮船，分起由海道至大东沟登岸，节节前进，相机妥办。所需军火器械、粮饷转运各事，均克日办齐，俾无缺误。并电商盛京将军，派左宝贵统马步八营，进平壤会合各军，图援汉城。至叶志超一军，昨已电商该提督移扎平壤，厚集其势，俟其复准，即派丁汝昌酌带海军能战之船往朝鲜海面巡护游弋，以资策应。①

① 顾廷龙、叶亚廉主编：《李鸿章全集》，电稿二，上海人民出版社，1986 年，第 779 页。

此前数天，李鸿章致北洋海军提督丁汝昌电，还有“内意拟将大举水师，应速筹布置”[①] 等语。不料这些电报皆为日谍所掌握。试看宗方小太郎7月17日日记：“有电报称李鸿章新募淮勇十营，又有报告谓宋庆率旅顺之毅字军四营赴朝鲜。”[②] 便可知道，日本间谍早在北洋大臣衙门里安插了内线。后来的事实也证明了这一点。此时，宗方小太郎急切地需要了解北洋舰队的动向，前几日已向威海派出侦察员，只能等其回来再做定夺。到7月19日，派去威海的侦察员回来，报告称：

> 碇泊于该港之镇远、经远、靖远、济远、广中（应为“威远”之误）、广甲、广乙、广丙、来远、镇东、镇西、镇南、镇北、（镇）中、（镇）边、超勇、扬威等舰已作战备，将于今日或明日相率赴朝鲜云。有鱼雷艇二艘随往。此外，定远舰因修理携带鱼雷艇前往旅顺，预定昨日返回威海。[③]

这份报告显然不够准确，且有不少模糊之处。宗方小太郎觉得有必要再次潜入威海亲自察看。这次赴威海，本拟于7月21日动身，因天气不好，推迟了一天。从7月22日从烟台起程，到26日返回烟台，连去带来也是5天：

> 7月22日　清晨自领事馆出发赴威海，宿于85里孟良口老爷庙之永顺客店。此处位于威海与芝罘中间之上庄以东5里，为威海本道之第一要地。人家二户，位于山麓。夜登山纳凉，月上夜静，四山寂寥，旅魂飞至天涯。成《途上之作》诗：
>
> 欲向边城探敌情，笑上宁州百里程。
> 短剑晨洗千山雨，草鞋久渡水一泓。

---

① 顾廷龙等主编：《李鸿章全集》，电稿二，第774页。

②《中日战争》（中国近代史资料丛刊续编），第6册，第110页。

③《中日战争》（中国近代史资料丛刊续编），第6册，第110页。

此行非为烟霞故，拟为军国输寸诚。

斯躯可烹骨可碎，一片之心不可烹。

天公亦解烈士志，风雨送我乱军声。

7月23日　投宿于距威海15里之一小店，仅有人家一户。

7月24日　清晨抵达威海，查点港内之军舰，有12艘。又侦察西炮台，并勘查百尺崖地方。随后即返程，行42里至麓道口投宿。

7月25日　宿于老元山村之小店。

7月26日　道路泥泞，衣帽尽湿。行67里返回芝罘。上海山内嵓、田锅安之助、朝鲜山崎羔三郎来函。本日当地道台因即将开战，通告保护侨民。①

日记中的“西炮台”，即威海北帮炮台；“百尺崖”，乃威海南帮炮台所在地。可见宗方小太郎不但查点了威海港内的军舰数，而且还乘机侦察了威海港南北两岸的海防炮台。在他此次赴威海之前，已经预感到中日两国开战在即。

确如宗方小太郎所预感的那样，在他从威海返程途中夜宿孤店的7月23日当天，日本军队便攻占朝鲜王宫，劫持朝鲜国王李熙，另组傀儡政权，演出了一场围宫劫政的武剧。在宗方小太郎夜宿老元山村的7月25日，日本联合舰队又不宣而战，在朝鲜丰岛附近海面对北洋舰队实行了海盗式的袭击。这就彻底地惊破了“太平之迷梦”，宗方小太郎之流“兴亚志士”们期盼已久的大规模侵华战争终于爆发了。

①《对支回顾录》，下卷，第368页；《中日战争》（中国近代史资料丛刊续编），第6册，第111页。

第二节　日谍天津密会与宗方小太郎重返烟台

日本既已挑起了战争，对于在华的使领馆人员来说，下旗回国自是意料中事。这样，如何部署撤使后的在华谍报工作，便提到了紧急的议事日程。于是有7月28日的日谍天津密会。

参加这次密会的主要人员有：日本驻华武官陆军少佐神尾光臣，海军大尉泷川具和，陆军中尉山田要、林正夫，以及石川伍一和钟崎三郎。除这些在天津的情报官员及日谍分子外，并先已通知在烟台的宗方小太郎前来与会。据宗方小太郎日记可知，他奉到命令后，即于7月27日搭乘“武昌”号北上，翌晨抵大沽口，进入白河，到达塘沽，再乘舢板至火车站。“乘2时30分火车头等车赴天津。2小时后过军粮城车站，至松昌洋行，会晤石川伍一、堤（泷川具和）、山田、林等。夜与堤、石川二君共同往访神尾陆军少佐，有所商议。夜间与石川、钟崎畅谈，一时半就寝。”①

此次日谍密会，经过反复讨论，大致商定了以下四项内容：

一、北京及各地使领馆人员撤退后，日本驻上海总领事馆仍需要保留，除总领事大越成德继续在职外，原驻上海的情报官员酌留若干名，故此后以上海为在华谍报工作的指挥中心。

二、根据泷川具和、山田要个人的要求，两人继续留在天津。

三、北京公使馆撤退后，由原先所雇用之中国人看守，另调在满洲的前陆军少尉川畑丈之助（或作川畑丈之进）至北京，隐蔽下来以为耳目。

①《中日战争》（中国近代史资料丛刊续编），第6册，第112页。

四、宗方小太郎迅即回到烟台，主要负责继续监视北洋舰队的行踪。①

这个计划的第二项，在实施的过程中遇到了困难。因为日本驻华临时代理公使小村寿太郎在离开北京之前，曾向英国驻华公使欧格讷（Nicholas R. O’Conor）透露过此事，欧格讷虽未明确加以反对，但表示有些担忧。8月2日，小村寿太郎一行从通州乘船东行，于翌日到天津，上岸住紫竹林旅馆。随后，美国驻天津领事李德（Sheridan P. Read）来访，小村寿太郎又将欲留山田要、泷川具和继续住在天津事相告，并征求意见。小村寿太郎向外务大臣陆奥宗光报告称：

小村寿太郎

据该氏（李德）所言，尽知该地清人对我国臣民颇抱敌忾之心。停留该地之我陆军省员山田要及海军省员堤虎吉提出仍欲继续留住天津之意，但果如英国公使之所告，则有因此而妨害租界地安宁之虑。因该建议不无道理，故亦召集上述两氏（同行）。仅石川伍一、钟崎某，即辫发清服之二人，因陆海军务之关系，经山田、堤两氏提议，批准其继续滞留。但因美国领事建议，两人不能立即进入租界地。②

在这种情况下，小村寿太郎只好命山田要、泷川具和同路回国，

① 戚其章：《甲午战争国际关系史》，人民出版社，1994年，第198页。
②《中日战争》（中国近代史资料丛刊续编），第9册，中华书局，1994年，第402页。

仅留石川伍一、钟崎三郎二人在天津。对此，李德虽不再反对，却告知两人暂时不能住在租界。

天津密会以后，宗方小太郎领银500元，即乘火车至塘沽，因候船暂住春泰客栈。他与自天津随来的所雇的中国人穆十同住。当天为7月29日。30日晨，宗方小太郎离开客栈，登上"北直隶"号客轮。下午2时开船，于次日上午抵烟台。回烟台的当天，他即派穆十前往威海侦探。

8月1日，即宗方小太郎回到烟台的第二天，中日同时宣战，两国正式进入交战状态。在华日侨归中立国美国保护。日本驻烟台领事馆人员不得不随着撤离。宗方小太郎8月4日日记记载：

> 上午与天津领事及侨民一同自该地撤离回国，乘重庆号轮来此之神尾光臣少佐、林正夫中尉、木下贤良、吴永寿等登岸至领事馆。……与井上敏夫少佐交代完毕，予即继续其事务。井上亦与领事于今日一同回国。本日领取侦察费567元。下午5时，美国代理领事到来，将我领事馆加封关闭，盖置于其保护下者也。于是，伊集院彦吉领事、横田三郎书记生、高垣德治三人及居留于本地之侨民一同自烟台撤退，搭乘重庆号轮回国。致函上海田锅安之助，报告予滞留烟台之事。帝国国民而居留于此地者，仅予一人而已。戏赋一诗：
>
> 昨夜战声从远传，此时岂后祖生鞭？
>
> 海城一日人散尽，先握仙乡风月权。①

诗中的"祖生"系指东晋名将祖逖。祖逖，字士稚，范阳（今河北省定兴县）人，早年与刘琨为友。刘琨，字越石，中山魏昌（今河北省无极县东）人。两人尝同宿，皆有匡扶社稷、收复失地之志，中

①《对支回顾录》，下卷，第369页；《中日战争》（中国近代史资料丛刊续编），第6册，第113页。

夜闻鸡鸣而起舞。后刘琨闻祖逖被起用，与亲故书曰：“吾枕戈待旦，志枭逆虏，常恐祖生先吾著鞭。”① 此“祖生鞭”典故之由来也。宗方小太郎在这里恬然与祖逖相比，岂不知祖逖是立志收复祖国失地的爱国英雄，而自己则是受日本军国主义者驱使的鹰犬，怎可相提并论？这正所谓可笑不自量也。

到此时为止，日本驻华使领人员除上海总领事大越成德外，皆已先后下旗回国，但在中国仍然有一大批间谍分子留下来，分别潜伏于各地。其中主要有：

上海　根津一（陆军大尉）、津川谦光（海军大尉）、黑井悌次郎（化名东文三，海军大尉）、田锅安之助、伊东文五郎、福原林平、楠内友次郎、藤岛武彦、白岩龙平

北京　川畑丈之助

天津　石川伍一、钟崎三郎

营口　前田彪、成田炼之助、景山长治郎

旅顺　松田满雄、山口五郎太

烟台　宗方小太郎

普陀　高见武夫

这些日谍分子，人数虽不算很多，却在甲午战争期间掀起不少谍海风波。

井上敏夫离开烟台前，曾将此后的任务向宗方小太郎做了交代，并命宗方小太郎代行其事务。对此，宗方小太郎在日记里有明确记述。但有一点在日记里却是不能写的，那就是他所使用的电报暗语。当时，井上敏夫交给宗方小太郎重中之重的任务，是侦察北洋舰队的动向，并用暗号电文报告上海转电东京。其实，宗方小太郎所使用的暗号电

①《晋书》，列传第32，《刘琨传》《祖逖传》。

文只有六句话[1]：

暗语电文	实际含义
买货不如意。	北洋舰队未出威海。
草帽辫行市如何？	北洋舰队出威海进行攻击。
近日回沪。	北洋舰队之防御由威海移至旅顺。
要回国，速送500元。	北洋舰队半数在威海。
送银待回音。	威海无舰队。
草帽辫今好买，速回电。	北洋舰队由旅顺返威海。

仅仅根据这六句话，日本海军当局便可掌握北洋舰队的主要动向了。

宗方小太郎在烟台活动的时间虽只有3周多，却搜集到了大量重要的军事情报。兹摘录其接替井上敏夫工作后的日记如下[2]：

> 8月5日　终日在馆。下午7时军舰镇边号入港，盖为购买粮食自威海来者也。直接派去威海的探事人探闻：自威海至成山角之电线已架设完成，山东布政使带兵6营驻防于该地。本港附近地方招募兵勇200余人赴旅顺，归提督宋庆节制。
>
> 8月6日　上午7时，“通州”号轮船自天津驶到，我国小村公使一行搭乘该船回国。予以一函致书记官中岛雄。又草拟交上海东文三（黑井悌次郎）报告书二通（第11号），报告北洋之动静，托中岛面交。……晚上，招商局及道台衙门官员来，似有所探查。
>
> 8月7日　本日派高儿至威海，使之窥伺北洋舰队动静。

① 戚其章：《甲午战争国际关系史》，第197页。

②《对支回顾录》，下卷，第369~370页；《中日战争》（中国近代史资料丛刊续编），第6册，第113~117页。

8月8日　本日派穆十去旅顺，探听情况。下午2时，前于7月19日派往旅顺之迟某，因无便船以致在彼处延误，经过21天始得归来。

8月10日　“武昌”号轮进港，下午3时开往上海。致函东文三，报告威海、旅顺之形势。此函寄至四马路三山公所，由白岩龙平转交（第12号）。下午3时高某从威海归来，谓据昨9日下午3时所见，目下碇泊于该港之军舰有镇远、定远、经远、靖远、来远、致远、平远、超勇、威远、广丙、广甲、康济、湄云、镇东、镇中、镇北、镇边十七艘，另鱼雷艇四艘。暮时，烟台市内宣称我舰以窥伺威海，开炮数发而去，人心颇为汹汹。

8月11日　上午有便船，送出致上海东文三关于威海之报告，由田锅安之助转交（第13号）。帝国军舰昨日炮击威海之说已证实。本日碇泊于威海之军舰悉数出口，仅留镇东、镇北、镇边、镇中四艘。此说系自威海归来之送信者所报告。

8月13日　传说孙金彪派兵2营驻扎于烟台威海间之要地。

8月14日　10日，镇远、定远、经远、来远、致远、靖远、平远、广甲、广丙、济远（10日下午经修理后返回威海）、扬威十一舰，带鱼雷艇两艘，自威海出口，赴朝鲜近海，因未遇敌舰而于13日返抵威海。又本日镇远、定远、经远、来远、致远、靖远、广甲、广丙八艘出威海，巡航旅顺、大沽等处。

8月17日　从中国信局发出由田锅安之助转交上海东文三之报告（第14号）。目前自烟台率兵2营赴威海之孙金彪，昨日返烟，带回400人，其余600人到威海后分扎于沿途要地。驻防旅顺之豫军8营于14日由陆路向朝鲜出发。

8月19日　广乙号遇难之兵于本月14日自威海出发，据来此地者称：目下威海仅有超勇及鱼雷艇3艘，其余军舰大都在大沽、山海关一带，装载陆军送往沙河子。丁汝昌现亦在天津。此外，据18日上午所见，镇北、镇中、镇边、镇东四小舰亦在威海。上海东文三复函到，谓予之第12号报告未曾送到。

8月21日　潜伏于天津之石川伍一终于被官府捕获。下午派高某去天津，命其窥探石川之现状，兼探听津沽之动静。

8月26日　下午上海东文三所派特使来到，称东京本部来电，命予速往上海。盖以予之第12号密函及第14号密函均落于中国官府之手故也。予立即收拾，因派往天津之急使尚未返回，稍事等待。拟乘“通州”号轮赴上海。

从宗方小太郎这20多天的日记中，可以知道，他始终在烟台坐镇指挥，命手下被收买的中国人，如穆十、迟某、高儿（又作高二，即高顺）等，频繁往来于旅顺、威海等地，将北洋舰队的行踪随时报向日本国内，为日本联合舰队力争掌握海上的主动权起了重要的作用。

关于宗方小太郎在烟台的这段经历，他本人曾有一篇自述：

（7月）31日公布宣战之电报到达。8月4日及6日，在北京、天津、芝罘等地之日本人随公使、领事等归国。此时日本之留于华北者，仅天津我友石川一人而已。此后予即潜伏于芝罘，变服装，改姓名，称宗玉山、宗鹏举或郑如霖，向威海、天津、旅顺、胶州等地进行侦察，屡次出入于生死之间。报告此间敌国军情，每次均经上海友人之手转致本国。8月26日，上海东文三之使者来到，带来密函报告，予之军事报告二封中途为中国官府所夺，索予甚急，何不速归。且此时军令部来电，召予速返上海。于是决计南归，惟以派往旅顺、胶州、天津之侦察员尚未归来，因稽留数日，策划善后，托之于中国人某。①

由于宗方小太郎的第12号和第14号两封密函在上海为探员沈敦和所截获，查实系侦察军情。南洋大臣刘坤一来札，令登莱青道刘含芳查拿，加以上海及东京皆促宗方小太郎速至上海。宗方小太郎只能一走了之了。

关于上海官厅所截获的日谍密函究竟是哪两封的问题，宗方小太郎本人的记述前后不一。8月26日的日记说是第12号和第14号，而8月31日的日记又说是第12号和第13号，那么，应以何者为是呢？揆以情理，8月26日所记可能是正确的。因为第12、第14两封密函皆是从信局付邮，自然容易被查出，而第13号密函是托熟悉的人带往上海，出问题的可能性不大。不管怎样，即便是只有第12号密函被查获，也足以构成官府查拿的证据了。现宗方小太郎的第12号密函已被发现②，其内称：

20天前派往辽江探事人渺无踪迹，本月8日午后忽然回来。据云因无便船以致迟缓，其探得之事实半多传闻。……派在威海卫之探事人后日谅可回来。8日又派一人赴胶州湾。6天前在威海之兵船系定、镇、来、平、经、靖、广甲、广丙以下共15艘。一切俟探事人回来再详告。……

前托由天津回去之某人带呈一书，未识曾否收到？此后除非紧要之事，不肃函奉闻。故先约定，阁下留意焉。至于阁下处，亦除非紧要之事，望勿通信。其来往信中应忌避之字，概用本国字母代写。……本地官府颇严，万一紧要之信在中途为彼得见，自必祸及鄙人。日前领事署员撤退之后，因有一电报前来，以致

①《中日战争》（中国近代史资料丛刊续编），第6册，第120页。
②《中日战争》（中国近代史资料丛刊续编），第6册，第132~134页。

招商局并道台衙门派员前来清查踪迹可疑之日本人，多方搜索。又日前有某人之私信在大沽被清兵夺去，自此以来，该处地方官日派小火轮严查。鄙人只有小心避之之一法。……目下仆使用清人作探子，颇为困难，尚乞原谅。

这就很清楚，不用说官府的探员，即使是一般识字者，也完全能够看出这是一份日谍的机密报告。所以，上海官厅一面派员在码头等地严查可疑者，一面报请南洋大臣行札登莱青道，告以："获到倭人宗方自烟来信，查核来折，实系侦探军情，饬即查拿。"[1] 无奈各处衙门办事拖拉成风，加以繁文缛节，等公文送到烟台时已到了9月下半月，而宗方小太郎早在半个多月以前已经逃离烟台了。

宗方小太郎逃离烟台的时间是在8月29日。这一天，恰好英国怡和洋行的"连升"号客轮从天津开来，在烟台码头上下客后再开往上海。他先将领事馆善后问题委托中国人张某办理，然后除数种重要文件随身携带外，均留置于馆内，与上海派来的"特使"同时登船。不想一登上"连升"号，便发现有六个认识他的中国人，所以在将近两昼夜的海上航行中一直提心吊胆。他在日记中详细地记下了当时的情景：

8月29日　出领事馆时已被中国人所知，予虽知事已败露，进退两难，但毋宁进而失败，遂决心断然登上连升轮。船上见旧时相识之湖南人某某二人及其仆从二人，予故作不知之态，避至下层之下等船舱。既坐定，忽见南京长江水师提标亲军中营把总即在前面之船舱，亦熟人也。此时置身敌中，一无办法可想。一度想弃船登岸，又恐为当地人所识破。转念抵达上海之两昼夜间，同船前后有相识者六人，万无认不出之理。于是决心一死，委命

① 《中日战争》（中国近代史资料丛刊续编），第6册，第132页。

于天。……惟蔡某之房间即在面前，欲避不能，若不先发制之，终难自全，遂毅然前往叩其室，会见蔡氏。蔡见予，大惊无言。予徐徐曰："两国已开战矣。"彼冷然曰："果有此事乎？未之闻也。"暗示与予断绝之意。余曰："余幸为儒生，在国内无官职，依旧得放浪于山水之间。今将暂归沪上，以避纷扰。"彼曰："嗟！危哉！足下之死生实在此船中。岂未闻官府悬赏数百金以购公等乎？"予不动，从容曰："不向船中人告知予为日本人，可乎？"彼曰："当然。若一旦知君为东人，恐我无见君之期矣。"余闻此言即知其意，遂曰："然则遵命，不敢以告他人。亦愿足下秘而不宣也。"蔡诺之。少焉，上海官厅特派驻船之官员来，询予之籍贯、姓名、职业及前往何处。予答曰："湖北蔡店人，姓郑，烟台和记洋行职员，现将返乡。"彼不再诘问，当即离去。适卧于予之身后吸食鸦片之船客，亦为湖北蔡店附近之人，若此人与予交谈，或将露出破绽亦未可知也。3 时开船。

8 月 30 日　一夜多云有雨。天明后颇恐为另五人所识破，时加警惕，天幸终未为彼等所发现。

宗方混过了船上这一关，虽将要下船时又遇到麻烦，却也终于化险为夷。

8 月 31 日　上午 10 时半，轮船进入吴淞口，因得碇泊该处之中国军舰发出之信号，轮船停止前进。余窃疑其故。少顷，船内喧声顿起，谓有营官来捕捉日本人。即上甲板窥探，见洋员两名及中国员弁三人自小艇登船。既已下定决心，知终不可免，若退避逡巡，反更为彼所疑，遂进至清弁之前，从旁听其所问。清弁问船长："日本人宗方在船上否？"船长答："船上无日本人。"清弁又谓："或已改装，难以辨别，亦未可知。彼肤色白而眼

> 大。”洋员亦有所询问，因予不懂洋语，只听其三次讲到munakata，此为宗方之日语发音也。船上乘客皆面面相觑。予则故意呆立一旁，一面挥扇，一面听其问答。船长既肯定船上无日本人，彼等遂遍视船内后离船。连升轮随即开航。万一彼等就乘客逐一询问，乃至检查行李，则予万无逃生之道矣。①

由于作为武员的蔡廷标丧失民族观念和清朝官吏的层层失职，宗方小太郎才得以逃脱。

宗方小太郎逃到上海后，又进行了一些活动。后来风声越来越紧，便与黑井悌次郎同乘英国轮船“安塞斯”号于9月8日离沪，于11日逃回日本。

第三节 力争海上主动权

当宗方小太郎被上海官厅通缉后，日本国内的报纸曾登载过他在中国被处决的消息，人们皆信之。后来宗方小太郎脱险回国，日本媒体竞相报道，并加以渲染。可是，越到后来，宗方小太郎的事迹越被夸大。如1934年平山岩彦等人回忆②：

> 英船高升号运载李鸿章毅军□千人将出发至仁川，被宗方探知，立即通报我方，在近处的浪速舰舰长东乡果断一举击沉“高升”号，使内阁为之震惊。然此举使牙山、成欢等地的陆上敌人败退，解除了后顾之忧，不仅渡过汉江，启京城、平壤战捷之端，而且顺利跨过鸭绿江，进入满洲。

---

①《对支回顾录》，下卷，第370~371页；《中日战争》（中国近代史资料丛刊续编），第6册，第118~119页。

② 平山岩彦等：《我们的回忆录》，《九州日日新闻》1934年9月连载。

1972年，波多博回忆[①]：

> 当时，他为海军潜入芝罘、威海卫要塞地带。芝罘是通商口岸，他便以芝罘为根据地，随时潜入威海卫，刺探北洋舰队之所在。对于日本海军来说，此事非常重要，因为要取得制海权必须准确地掌握北洋舰队的情况。正由于此，日本海军才得以封锁威海卫，并击败了北洋舰队，从而获得了制海权。

这两篇回忆文字的共同特点，是充满了溢美之词。前一篇将甲午战争期间日本军队的所有战绩都归于宗方小太郎一人，未免过于出格，此不言而喻。后一篇说日本海军封锁威海卫也是宗方小太郎的功劳，其实日本海军封锁威海卫是在1895年1月，而宗方小太郎早在1894年8月底便逃离了烟台，也是十分牵强附会的。不过，这里提出的争取制海权倒是个至关重要的问题，它与宗方小太郎究竟有什么关系，则是需要弄明白的。

应该说，从理论上讲，中日双方在黄海海战以前谁都谈不上对制海权的掌握。在战争爆发之初，中日海军力量在总的方面大体上旗鼓相当，但在某些方面日本海军则占有一定的优势。尽管如此，日本舰队并不具有战略的主动地位，其海上的主动权的发挥自然便受到了限制。在这种情况下，如何力争海上的主动权便成了日本海军的首要任务。

起初，日本军舰用掩盖国籍或假冒其他国家国籍的办法来浑水摸鱼，但很快地便被中国将领识破。如烟台守将孙金彪即接到德国商人来告，该德商自朝鲜来，“途遇倭船，假用英旗，船身有经涂黑者”[②]。还有丁汝昌给李鸿章的报告：“查倭人狡计百出；其兵商各船往往假

---

① 波多博：《谈宗方先生》，《宗方小太郎文书》，第701~706页。

② 故宫博物院编：《清光绪朝中日交涉史料》，卷15，1932年，第35页。

用他国旗帜，往来朝鲜海面，幸图影射。且借用他国旗号，时刻无定，见德船则升英旗，见英船或升法旗。似此混乱，诚于各国商务大有妨碍。”[①] 也有记载谓曾见日舰悬挂美国旗[②]，甚至干脆不挂任何旗帜[③]。这些记载的真实性究竟如何？在甲午战争以来的100年间，由于始终未曾发现日本方面的资料以相印证，研究者为慎重起见，一般都不予引用。后来，日本学者从日本防卫研究所图书馆里发现了当年日本海军军令部编纂的一部相当庞大的海战史，即未曾公开刊行的《二十七八年海战秘史》。它与东京阳春堂正式出版的《二十七八年海战史》不同，写进了大量的机密事项。如其中提到日本海军军令部曾为“高千穗”号等舰事先确定的侦察方法，即有“为不使敌人察觉我们的侦察行动，特悬挂外国军舰旗帜”的内容，甚至具体到何时挂美军舰旗、何时挂英军舰旗等等[④]。可见，此事是确凿无疑的了。为此，总理衙门曾致英国公使欧格讷（Nicholas R. O’Conor）照会，内有“探闻日本船只假用英旗，尤为险诈。既如此阴谋，难保不用假他国旗号，以图混迹”等语。但英国与日本早有默契，虽在复照中也承认“冒用他国旗号，所犯匪轻，该船应科以重罪”[⑤]，但在事实上并未直接出面制止。故后来日本海军更是肆无忌惮，不但在军舰上仍悬英国旗，而且还公然冒充英国人[⑥]。

日本海军用假冒他国军舰的办法固然便于在海上隐蔽行动和进行侦察，但还谈不上取得海上的主动权。当时，日本海军的作战方针是，

---

①《清季中日韩关系史料》，卷6，1972年，第3447页。

②《中日战争》（中国近代史资料丛刊续编），第1册，上海人民出版社、上海书店出版社，2000年，第66页。

③ 顾廷龙等主编：《李鸿章全集》，电稿二，第846页。

④ 中塚明：《关于日本海军的〈二十七八年海战秘史〉》，见戚俊杰、刘玉明主编《北洋海军研究》，天津古籍出版社，1999年，第106页。

⑤《清季中日韩关系史料》，卷6，第3373、3466页。

⑥ 戚其章：《甲午战争史》，人民出版社，1990年，第369~370页。

在中日两国海军尚未进行决战，即日本尚未获得制海权之前，应先力争取得海上的主动权。日本海军军令部将宗方小太郎从汉口急调烟台，其目的就是要贯彻其既定的作战方针。应该说，宗方小太郎不辱使命，按时送出了一份关于北洋舰队动静的重要报告。这是他在 8 月 6 日托公使馆书记官中岛雄带给上海黑井悌次郎转报东京的第 11 号密函。此报告称：

北洋舰队之势力自上月 24[①] 日在仁川近海小败以后，似颇受挫折。以今日之情况估计，已可断定中国舰队已舍去进取之策，改为退守之计。依鄙人所见言之，北洋舰队决不能越出北纬 16[②] 度之外。昨日下午镇边号开入海港，兹就舰上之人探听，目下碇泊于威海之舰数仅镇远、定远、来远、经远、致远、镇西、镇中、镇北、镇东九艘。此外，如平远、靖远、超勇、扬威、康济、威远等舰，则已出口进攻云。据本月 4 日威海侦察员归来（3 日晨发自威海）称，威海舰队预定以 3 日正午为期开往朝鲜。今日视之，此言与镇边舰上所带来之报道颇相符合，或为实情亦未可知。然假定上述平远等舰果已向朝鲜出发，则旅顺、大连湾要地已无一舰碇泊。以目下形势而言，中国断无使自身之要地空虚而向朝鲜进攻之勇气。由是观之，虽有所谓以威海舰队之半数开向朝鲜之说，其实可能派遣至旅顺地方。……

今日之急务，为以我之舰队突入渤海海口，以试北洋舰队之勇怯。彼若有勇气，则出威海、旅顺作战。彼若不出，则可知其怯。我若进而攻击威海、旅顺，则甚为不利，应将其诱出洋面，一决雌雄。否则，持重于朝鲜近海，以待彼之到来，其中虽必有

①《清光绪朝中日交涉史料》，卷 16，第 36 页。

② 顾廷龙等主编：《李鸿章全集》，电稿二，第 866~867 页。

所深谋远虑，然为鄙人所不能理解者也。根据鄙见，我日本人多数对中国过于重视，徒然在兵器、军舰、财力、兵数等之统计比较上断定胜败，而不知在精神上早已制其全胜矣。噫！今日之事，惟有突击之一法。“突击”二字，虽颇似无谋之言，然不可不知无谋即有望也。①

在此报告中，宗方小太郎根据所获得北洋舰队行踪的情报，断定中国海军“已舍去进取之策，改为退守之计”，并建议以舰队“突入渤海海口”，将北洋舰队“诱出洋面”，然后伺机“一决雌雄”。日本海军当局对此建议十分重视，立即采纳，决定进而采取以舰队游弋于渤海要港之外并伺机扰袭的行动计划。

从此，旅顺、大连、秦皇岛、成山、威海卫等要地海上不时可见到日本军舰的踪迹，使清政府难测日军的意图所在。8 月 10 日，日本舰队突然对威海发动了袭击，当地告急电报纷至沓来，清政府大为震动。兹将其要者录之如下：

本月初九日夜，有倭船四只从成山洋面灭灯潜行。初十日早，威海炮台开炮轰击，仍往西北行驶。②

丁提督初九早统定、镇、致、靖、经、来、平、甲、丙、扬共 10 船，赴大同江巡击，仅留超勇及三蚊船防威海。顷威海文武急电，倭兵船 21 只，突于初十卯刻驶近威海南北口外纷扑，戴宗骞、张文宣、刘超佩等各督炮台弁兵齐放大炮轰击，中伤不少，现尚相持。

成山头电：9 点 30 分，只见倭船 7 艘由威逃回，过成山，相距三十余里；6 艘向东北速驶；一向东云。查成山向东北、向东，皆指韩

①《中日战争》（中国近代史资料丛刊续编），第 6 册，第 114~115 页。

②《清光绪朝中日交涉史料》，卷 16，第 36 页。

境。倭来威大小21艘，除逃回7艘外，计尚有14船在北洋游奕。

威海申初电：倭船扰南北两口俱不得逞，分两起东走。前自山顶瞭望，已不见倭船。①

由以上电报可知，日本海军根据宗方小太郎所送北洋舰队将开往朝鲜的电报，认为这正是袭击威海的好机会。自从获悉北洋已于8月9日早晨向朝鲜开去，便于是日夜令各舰灭灯潜行，隐蔽于成山洋面。10日黎明后，日舰分批向威海南北两口纷纷猛扑，威海南北帮及刘公岛炮台开炮轰击，相持约3个小时，日舰始陆续东驶远逸。

日本海军扰袭威海卫之日，正是丁汝昌率北洋舰队主力到达朝鲜大同江口之时。丁汝昌一面派广甲舰带鱼雷艇两艘进入江口，一直进探至铁岛，一面率各舰巡视近海各岛，均未发现日舰踪影。此为8月11日之事。正在此时，日舰20余艘则“乘虚往来威海、旅顺肆扰，各处告警”，并散布拟“赴山海关、秦皇岛截夺铁路”之谣。12日，清廷降旨：“丁汝昌所带兵舰现在何处？著李鸿章严饬令速赴山海关一带，遇贼截击，若能毁其数船，亦足以赎前愆。”此旨由李鸿章委托金龙船主代为传谕，在海洋岛与北洋舰队相遇。丁汝昌当即下令起碇西航，于13日晨回到威海后，见到李鸿章电令：“此正海军将士拼命出头之日，务即跟踪，尽力剿洗，肃清洋面为要，不可偷懒畏葸干咎。”但是，丁汝昌率舰迅赴“直、奉洋面巡缉”的结果，“日船并未直扑山海关，大沽口更无日船游弋”，证实所传不过是谣言而已。②

日本海军跟北洋舰队玩这种类似捉迷藏的游戏，将北洋舰队牵着鼻子走，使其东寻西找而一无所获，处于十分被动的境地。为此，李鸿章甚是难堪，也非常恼火。他致电丁汝昌和戴宗骞，大为不满地说：

① 顾廷龙等主编：《李鸿章全集》，电稿二，第866~867页。

② 顾廷龙等主编：《李鸿章全集》，电稿二，第876、878~879、883页。

倭船究系何往？戴电，今早大帮南行，见我船，即退向北。丁又云，明日向西剿洗。岂回威一日，并未探确敌踪，即谓向西剿洗，又空走一遭，徒令各处疑惧耶？

朝廷亦同时降旨切责：

丁汝昌巡洋数日，何以未遇一船？刻下究在何处，尚无消息，李鸿章已专船往调。著再设法催令速回北洋海面，跟踪击剿。该提督此次统带兵船出洋，未见寸功，若再迟回观望，致令敌船肆扰畿疆，定必重治其罪。①

此后，日本海军继续如法炮制，北洋舰队始终一筹莫展。虽然在9月17日黄海海战以前20多天里，从理论上说中日双方都未掌握制海权，但由于日本海军根据宗方小太郎的建议而制定了游弋加袭扰的机动灵活战术，在事实上已基本取得了海上主动权。对日本海军来说，宗方小太郎的“功绩”就在于此。所以，他逃回日本后，明治天皇睦仁命他穿着在中国侦探时所改装用的华服来见，在广岛大本营亲自接见，并加以慰问。他不禁为之感激涕零，在日记里写道：

区区微功竟达叡闻，以一介草莽之躯，值此军事倥偬之际，得荷拜谒万乘之尊之光荣，实不胜感泣之至！微臣满腔之感激，实有笔舌不能尽者也。②

还对友人说：“小太郎毕生之愿足矣！”③

对于宗方小太郎之流的“兴亚志士”来说，对天皇愚忠，死心塌地为明治对外侵略扩张的“武国”方针卖命，已成为他们的行动指南。但是，他们何曾想到，在他们充当“时代弄潮儿”的同时，却正在酿成日后日本的民族悲剧！

---

① 顾廷龙等主编：《李鸿章全集》，电稿二，第881~882页。
②《中日战争》（中国近代史资料丛刊），第6册，第124页。
③《对支回顾录》，下卷，第539页。

第四节 从《中国大势之倾向》到《对华迩言》

日本的许多“兴亚志士”大都是一身而兼二任：既充当来华搜集情报的间谍，又充当为日本对华侵略献计献策的谋士。宗方小太郎就是其中的代表之一。他拜谒明治天皇后，又先后受到海军大臣西乡从道大将和海军军令部部长桦山资纪中将的接见，谈话间都问及中国形势及对华方略。为此，他撰写了两篇建言，即《中国大势之倾向》和《对华迩言》。

《中国大势之倾向》初写于1893年，1894年10月又重新改写。宗方小太郎在建言中承认“中国为四千年来之古国，文物制度粲然俱备”，而且物产丰富，“不论何国恐无能与之比肩者”。特别是近年中国实行改革，“若至他年该国气运大开，扩大修筑铁路、电线、道路，以便交通运输，开采各种矿产，丰富财源，保护诱掖殖产兴业贸易，刷新腐朽之官制、学制，大力振兴陆海军之日，成为世界最大强国，雄视东西洋，风靡四邻，当非至难之业。而中国之现势似正向此一方向前进。如海陆军及制造业逐年兴盛，物质上之进步较之前数年决不能同一视之。于是，世人之论中国者，均以为可畏或汲汲于得其欢心”。对此，他颇不以为然，认为皆是皮相之见。盖“此仅系形式上之观察，见其形而下未见其形而上者也”。在他看来，中国之痼疾有三：

其一，外强中干，徒具其形。“盖善观人之国者，必先洞察其心腹，然后及其形体。观内而不察外，或知外而不量内，则不能谓得其真相。表里洞照，内外兼察，始可说其国势所趋，可知其每日每月正向危殆之域行进。今中国外形之进步，犹如老屋废厦加以粉饰，壮其观瞻。外形虽美，但一旦遇大风、地震之灾，则柱折栋挫，指顾之间即将颠覆。”

其二，吏治不修，民心叛离。“盖国家者，人民之集合体也。换言之，即人民则为组织一国之必要分子也。若分子腐败，欲国家独强，岂可得乎？故中国之腐败，即此必须之分子之腐败也。……上至庙堂大臣，下至地方小吏，皆以利己营私为事，朝野滔滔，相习成风，其势不知所底。……彼愚蠢之黎民为地方污吏所鱼肉，亦无所诉其冤屈。清国之大害在于上情不能下达，下情不解上达，中间壅塞不通，并非朝廷有时不施仁政，盖为地方官吏所壅塞也。其美意不能贯彻至民间，实为可悲。……顾今日之中国，有治法而无治人。治国之法虽备，但无治理之人。国势陵夷至此，绝非偶然之数也。以今日之势占卜中国之前途，早则十年，迟则三十年，必将支离破碎呈现一大变化。此四五年来，民心叛离最甚，似已厌恶朝政，草泽之豪杰皆举足而望天下之变。”

其三，名臣凋零，乱象显露。“今日之政府已完全立于绝望之地。而处于内外多难之今日，纵令勉强维持其命脉，盖亦无所依靠者也。……老臣宿将，今尚在世当要路者，其威名声望亦渐不敢镇祸端。回顾此六七年间，中国之柱石过半逝世。……仅存者不过数人，此数人之年岁亦已在六旬以上。今后不出十余年元勋诸氏必将谢世。至此时机，则为国内纷扰之时，愤懑不平之气一时爆发，风云卷地而起，挥戈逐鹿中原者所在蜂起。惟此一时机最有可观，亦最为有利。有志于亚细亚大局者岂能于此间无所作为乎哉？……此时若有非凡之士，起于草泽之间……以大义名分明示天下，诚心诚意代天行道，普救苍生，乘机而起，（爱新）觉罗氏之天下不知所归也。”

根据以上分析，宗方小太郎最后提出："为神州两方欲理藩篱者，对此不可不有所深思也。"[①] 点出了此篇建言的主题所在。

为什么宗方小太郎要在此时将《中国大势之倾向》改写呢？不是别的，是因为宗方小太郎发现日本的战争机器已经出现了严重问题。虽然经过平壤之役和黄海之战，战争的优势已在日本方面，但它继续支撑这场大规模的侵华战争却越来越力有未逮了。首先是它的财力难以支持。英国驻日本公使楚恩迟（P. de Poer Trench）给外交大臣金伯利（John W. Kimberley）的报告说："尽管日本人强作乐观，但该国的财政形势正日益变得严峻，所有情况都证实今后几个月内这方面的压力将更加严重。问题不在于管理，而在于是否还能满足如此庞大的驻海外部队的巨额开支。……如果中国不迅速接受条件，则完全可以预言，日本将在本年底前陷入严重的财政困难。"[②] 正是针对这种情况，宗方才上此建言，以提醒当局：进攻中国犹若摧枯拉朽，切勿就此罢手，丧失此次以中国为日本"藩篱"之良机。

日本最高当局很重视宗方小太郎的这篇建言，决定将战火烧到中国本土。为解决燃眉之急的财政困难，日本一方面在国内多方设法筹集军事经费，先后以军事公债、有息流通券、土地税、第二次战争贷款等名目敛款 11 400 万日元；另一方面，又在战争中加强了劫掠，所得金银货币折 3 000 万日元。两相合计为 14 400 万日元，折合库平银 9 600万两[③]。这才使日本有可能将这场战争勉强地进行下去。

1895 年 1 月，宗方小太郎住在日本大本营所在地的广岛。此时，清政府所派议和大臣张荫桓、邵友濂正在前往日本的途中。此事引起日本朝野的极大关注。1 月 21 日，宗方小太郎写了另一篇建言《对华

① 《中日战争》（中国近代史资料丛刊续编），第 6 册，第 126~131 页。

② 《中日战争》（中国近代史资料丛刊续编），第 11 册，中华书局，1996 年，第 547 页。

③ 戚其章：《国际法视角下的甲午战争》，人民出版社，2001 年，第 376、390 页。

迩言》上报。这篇建言的写作意图，用他自己的话来说，就是要“大战而大胜之”，“以势力压制、威服中国”之后，做到“对彼永久不失胜算”，始可与中国言和；否则，不但“中日和平终不能持久”，而且“煦煦之仁，孑孑之义，非所以驭中国人之道也”。①显而易见，他是试图说服日本当局，通过这次侵华战争，使中国永远成为日本的附庸，沦入万劫不复的境地。其用心可谓毒矣！

为达到上述目的，宗方小太郎向日本政府建议，在与中国议和时务必提出如下九项条款，其中主要有六项②：

1. 使中国政府订立誓文不再置喙朝鲜独立。

2. 使中国政府永远割让盛京省之沿海部分，山东、江苏之一部及台湾全岛与我国。

3. 使中国政府出赔偿金□亿元。在赔偿金全部交纳前，以天津、牛庄二港为质，并将我军队留在天津、大沽等要地，其费用应由中国政府负担。

4. 根据最惠国条款，将通商条约改订为最高级者。

5. 使中国政府新开湖南岳州府为商埠，立租界，并在该省内部航行小轮船。

6. 在四川之重庆，湖北之宜昌、汉口，江西之九江，（安徽之）芜湖设立租界。

对于宗方小太郎的建议，日本当局颇感兴趣，并将其基本内容尽量写进所拟的《马关条约》预定条款中。故有论者称：“试将上述诸条款与……《马关条约》相比较，不难发现有惊人的相似之处。”③这

①《中日战争》（中国近代史资料丛刊续编），第6册，第140页。

②《中日战争》（中国近代史资料丛刊续编），第6册，第142页。

③吴绳海、冯正宝：《宗方小太郎与中日甲午战争》，见夏良才主编《近代中国对外关系》，四川人民出版社，1985年，第134页。

是符合实际情况的。

兹将《对华迩言》建议之有关条款与《马关条约》做一对比，列表如下：

《对华迩言》	《马关条约》
1. 朝鲜独立。	第 1 款：中国承认朝鲜完全“独立自主”。
2. 割让盛京省之沿海部分，山东、江苏之一部及台湾全岛。	第 2 款：中国永远让与奉天省南边地方，台湾全岛。及所有附属各岛屿，澎湖列岛。
3. 赔偿金□亿元，日军留驻天津、大沽等要地为质，由中国政府负担驻军费。	第 4 款：中国赔款库平银两亿两。 第 7 款：日本驻军威海卫以为赔款交付保证。《另约》：中国支付威海卫日本驻军费每年库平银 50 万两。
4. 订立最高级的通商条约。	第 6 款：本约批准互换后，中日两国速派全权大臣会同订立通商行船条约。1896 年 7 月 21 日《中日通商行船条约》订立，日本获得了与欧美列强同样的治外法权和片面最惠国待遇等在华特权。
5. 开湖南岳州府为商埠，立租界，在该省内河有航行权。	第 6 款：开湖北沙市、四川重庆、江苏苏州、浙江杭州为通商口岸；日本轮船得由湖北宜昌驶至四川重庆，由上海进入吴淞江及运至苏州和杭州。
6. 在重庆、宜昌、汉口、九江、芜湖设立日租界。	从 1896 年开始，日本以《马关条约》为据，强迫清政府先后同意在苏州、杭州、汉口、天津、重庆等地设日租界。

从上表可以看出，尽管《马关条约》根据中日双方谈判时的实际可能对《对华迩言》的建议内容有所调整，但二者的基本精神却是完全一致的。

不仅如此，宗方小太郎还为日本政府的战后对华策略提出了意见。他写道：

> 战争结束后，我国应对中国施行之事业，兵略上、政略上均不遑枚举。迄今为止，所逡巡踌躇不敢实行之事项，亦可乘战胜之威力，不误机会陆续断然实行。而其尤者为整理占领地之兵备，扩张道路、电线、铁路，并在各要港设立汽船会社，兴盛中国南北沿岸之航海业，特别以台湾为经略南方之策源地。在中部则在上海、汉口培养基础，在长江上下游通行轮船；一方面扩张占领地之民政事务，选俊杰为长官。在于宽猛兼济，恩威并施，大行仁政，怀庶民，来百工，隐然形成一国也。①

就是说，日本不能仅仅满足于从《马关条约》条款中所获取的巨大利益，更要进一步从各方面控制中国，使中国完全成为日本的殖民地。

宗方小太郎从 1884 年来到中国，直到 1923 年因为肾病死于上海，终其一生都是为日本军国主义侵华而效命。宗方小太郎的墓碑之文写道："一生献于日本对华事业，为日本兴隆时期在中国从事活动之极其重要之人物，其实践活动无论在文武两方面其功绩均极巨大。"② 碑文不长，语义却力求模糊。例如：何谓"兴隆时期"？实际上是指日

①《中日战争》（中国近代史资料丛刊续编），第 6 册，第 143 页。
② 岛田四郎：《宗方小太郎》，《宗方小太郎文书》，第 695 页。

本借发动对外侵略起家的甲午战争。何谓“实践活动”？实际上就是搜集情报活动。何谓“文武两方面”？实际上是以此淡化宗方小太郎作为军事间谍的一面。如此看来，所谓“一生献于日本对华事业”一句中的“对”字，若改为“侵”字，对宗方小太郎一生的概括就比较准确了。

第六章　甲午日谍第一案

第一节　一起意外的涉外事件

1894 年 8 月 1 日午夜，英国船籍的“重庆”号客轮正停靠在塘沽码头，突然有一大群身份不明的人拥上重庆轮，对登船的日本乘客进行搜查，并将船上的十几名日本男女加以扣留。因为“重庆”号是英国船籍，船上乘客中日本人不少，而日本使领人员下旗回国后其侨民之合法权益又归美国保护，特别是船上还有重要的西方国家乘客，即法国驻华武官斐里博（Fleurac）陆军上尉及其夫人，故此事竟成为一起为世人瞩目的涉外事件。

事情来得十分突然，消息却不胫而走，迅速传开，而且越传越离谱。8 月 2 日，英国驻天津领事宝士德（Henry Barnes Bristow）致函北洋询问，要求澄清：“风闻昨夜中国兵勇在塘沽登重庆轮船，将所有日本人尽数擒拿至岸上杀死，复将尸首弃置船上等语。是否属实？惟祈示知。”[①] 并亲自往见李鸿章提出抗议，声称“此事的严重性在于侮

①《盛宣怀档案资料选辑之三·甲午中日战争》，下册，上海人民出版社，1982 年，第 111~112 页。

辱了英国国旗”，要求向英国作“书面道歉”。李鸿章乍闻之下，一时不辨真相，便一面道歉，一面保证“所有人犯都将按律惩处”①。随后，即命津海关道盛宣怀详查。盛宣怀为稳妥起见，派他所信任的德国商人信义洋行经理满德前去查实。满德回来报告说：

> 我军骚扰倭人事，所幸领事女人与小孩尚未十分骚扰，约获倭女10人上岸，在栈房内管押。由半夜1点钟至第二日早5点钟光景，计上重庆船之兵勇约70人，随带刀枪，其势汹汹，所有在船女人及小孩等因惧而啼号，兵勇上船时各房舱俱查看，即法国武官及斐理博之女人房舱均行查看，幸无伤害等事。②

满德的报告讲了“重庆”号事件的经过，却并未查明肇事者究系何人。

其后查明，原来带头上船的直隶雄县青年贾长瑞，其兄贾长和在北塘练军步队左营充当正兵，前奉派乘“高升”号赴援朝鲜，不久传来被日本军舰击沉的消息。祖母和母亲日夜哭泣，命贾长瑞前往左营驻地打探消息。贾长瑞来到北塘营里查问，听说消息属实，便顺便收拾其兄遗下之破旧鞋帽及腰刀带回。不料8月1日夜行至塘沽时，听到街上人声嚷乱，说有日本船装了许多东洋奸细，正想为兄复仇的贾长瑞，一时愤恨难忍，便戴上其兄的破旧顶帽，带上腰刀，冒称六品顶戴，和一伙人乱拥上船，共同捆缚十几名日本男女拥下船去。正在此时，清兵闻讯赶来，贾长瑞等也就一哄而散。这就是“重庆”号事件发生的原委。经北洋所派候补知县阮国桢会同天津知县李振鹏审讯，判称：

---

① British Documents on Foreign Affair-Reports and Papers from The Foreign Office Confidential Print，PartI，Vol. 4 Sino-Japanese War，1894，pp. 282~284。

②《盛宣怀档案资料选辑之三·甲午中日战争》，下册，第121~122页。

> 查此案因日本人搭坐轮船，停泊塘沽，大众误传日本船载来日本奸细，前往查看。并因高升轮船被日本击沉，伤毙中国多命，以致众怒勃发，乱拥上船，本系不谋而合。该犯贾长瑞因其兄充当通永练军，亦在英国高升轮船被日本人击毙，愤恨难忍，冒充官弁，同众上船，意在捉拿日本奸细报仇请赏，并未攫取财物。其时黑夜下雨，实不知英国船只。惟其假冒顶戴，首先误上英船滋事，实属大有不合，深堪惋惜。自应按照中国律例治罪，以敦中英睦谊。拟请将该犯贾长瑞用重枷枷号一个月，押赴塘沽码头滋事处所示众。因其误上英船，情节较重，从重俟枷满后永远监禁，以示惩儆。①

上案虽然侦破结案，却倒引出了另一桩大案，就是号称甲午日谍第一案的石川伍一间谍案。那么，“重庆”号事件怎么会跟石川伍一间谍案扯到了一起呢？原来，当8月1日午夜重庆号上遭到搜查之际，一封重要的日谍密函意外地落到了官府之手。

先是日本海军在朝鲜丰岛海面袭击北洋舰队后，中日两国宣战在即，日本驻华的使领人员都在准备撤退。日本驻天津领事荒川巳次于8月1日乘海关小火轮到塘沽，搭上“重庆”号客轮，计划先撤至上海，然后回国。当时，日本海军武官泷川具和大尉尚在天津，因“重庆”号航途中要在烟台停靠码头，便托荒川巳次带了一封密函给在烟台的日本驻华武官井上敏夫海军少佐。荒川巳次一行是日本使领人员撤退的第一批，因事前未对其采取保护措施，以致在塘沽发生了这起意想不到的事件。与荒川巳次同时搭乘重庆轮的还有日本驻华武官神尾光臣陆军少佐等人。“重庆”号于8月4日上午抵达烟台。宗方小太郎在当天的日记中写道：

---

①《中日战争》（中国近代史资料丛刊续编），第5册，中华书局，1993年，第537页。

上午，与天津领事（荒川已次）及侨民一同自该地撤退回国，乘重庆号轮来此之神尾（光臣）少佐、林（正夫）中尉、木下（贤良）、吴（永寿）等，登岸至领事馆。轮船泊于大沽时，中国兵枪上刺刀，闯入轮船，拘引日本的妇女数名及领事之子……堤大尉致井上少佐之密函亦被抢去。①

该日记里的“堤”乃“堤虎吉”的简称，即泷川具和。泷川具和的密函为官府所获，便为天津破获石川伍一间谍案提供了重要的引线。

第二节　石川伍一其人及其落网经过

石川伍一，秋田人。远祖本姓源，因封于奥州石川乡，改姓石川。1879 年，赴东京就学，攻读汉籍，并学习汉语。此时受兴亚主义思潮影响，萌发“大陆雄飞”之志。1884 年，西航上海，后至烟台，专心研究中国问题，并熟练汉语，凡三年之久。1887 年，听闻荒尾精创办汉口乐善堂，便毅然前往加入，从此开始了他在中国的间谍生涯。

石川伍一

根据荒尾精制订的“四百余州探险”计划，石川伍一第一次接受的侦察任务是深入中国西南调查，事后提交的报告书，附有相当精密的地图。1891 年，石川伍一被派到天津，做驻在武官关文炳海军大尉的助手，遍历

①《中日战争》（中国近代史资料丛刊续编），第 6 册，中华书局，第 113 页。

山东、直隶及奉天省各地，从事各方面的调查。1892 年，关文炳死于海难后，日本海军参谋部特派井上敏夫接替其职，仍由石川伍一担任助手。1893 年 5 月，石川伍一与井上敏夫乘帆船由烟台出发，游历长山岛、庙岛、砣矶岛、城隍岛、小平岛等，并观看旅顺炮台。回程又往貔子窝、大沽山，以及朝鲜大同江、平壤和仁川口等处，经威海卫返抵烟台。其所经海面及海口，均测其深浅。同年 8 月，再乘日舰“筑紫”号，随同海军少佐井上敏夫、陆军少佐神尾光臣等，进入旅顺、大连湾、大和尚岛、威海卫等处，窥探各要塞形势，从而掌握了大量的重要情报。

其后，石川伍一回到天津，住在紫竹林松昌洋行，以该行职员的身份为掩护，专门搜集军事情报。1894 年春，石川伍一通过天津护卫营弁目汪开甲结识了军械局书办刘棻。刘棻，字树棻，号桂甫，天津人，时年 49 岁，在军械局充书办 20 余年。石川伍一见刘棻在军械局登记清册，便有意同他交往，以掌握军械局生产军火情况，先后送他贿银 80 元。刘棻贪图好处，丧失民族立场，答应为其办事，于是荐自己的亲戚王大到石川伍一处服役，以便随时传递情报。他多次向石川伍一提供有关情报，甚至将天津各军营枪炮、火药、子弹数目清册及军械所东局海光寺各局所生产子药每天多少、现存多少的底册，也均照抄一份，秘密交给石川伍一。在此期间，石川伍一除通过王大同刘棻保持联系外，还以洋银 50 元贿买天津水师营差役于邦起，专门托他打听军情电报。①

7 月 25 日，日本海军不宣而战，在丰岛海面袭击北洋舰队，挑起了甲午战争。由于形势的急转直下，日本驻华公使小村寿太郎一面做下旗归国的准备，一面思考在使领人员撤退后谍报工作如何安排。起

①《中日战争》（中国近代史资料丛刊续编），第 5 册，中华书局，第 92~94 页。

初，鉴于天津驻在武官海军大尉泷川具和（化名堤虎吉）和陆军中尉山田要主动要求留下，他表示了同意。当小村寿太郎于8月3日来到天津后，才发现原先的打算是行不通的。小村给日本外务省的报告称：

> 3日午前11时，抵天津三岔口。……于紫竹林旅馆投宿途中，驻天津美国领事李德来迎。据该氏所言，尽知该地清人对我国臣民颇抱敌忾心之情况。停留该地之我陆军省员山田要及海军省员堤虎吉提出仍欲继续留住天津之意，但果如英国公使之所告，则有因此而妨害租界地安宁之虑。因该建议不无道理，故亦召集上述两氏。仅石川伍一、钟崎某（三郎），即辫发清服之二人……批准其继续滞留。①

由小村寿太郎的报告可知，日本使领撤退后在天津留驻武官的计划，显然是事先跟英国公使欧格讷（N. R. O'Conor）打过招呼的。因为当时日本在天津还没有租界，只有英、法、美三国有租界，都位于海河西岸紫竹林一带，其中法租界自中法战争后对华贸易一蹶不振，美租界长期无人管理，唯英租界一枝独秀：不仅设有英商汇丰银行，连被称为英国“皇家四大行”的怡和、太古、仁记、新泰兴洋行也设在这里。② 所以，欧格讷不同意日本在宣战后仍保留驻天津武官，担心影响紫竹林租界的对华贸易，就很自然了。小村寿太郎无奈，只好接受山田要、泷川具和的意见，批准将石川伍一、钟崎三郎二人留下来。

本来，在8月1日，即中日两国宣战的当天，天津城守营即奉命对在津日人之行踪加以注意。当日午夜发生“重庆”号事件，泷川具和致井上敏夫密函为官府所得，城守营更加大了对日人的监视力度。

---

①《中日战争》（中国近代史资料丛刊续编），第9册，中华书局，1994年，第402页。

② 费成康：《中国租界史》，上海社会科学院出版社，1991年，第278~279页。

正在此日，城守营千总任裕升探明了石川伍一、钟崎三郎二人的行踪。当时，前驻法国公使馆参赞陈季同正在北洋，致函盛宣怀称：

> 顷据任裕升面称，东倭改装奸细，今午已见二人，其行止亦已详探明确，闻现该奸细等将移居英租界三井洋行等情。
>
> 弟饬其稍缓动手，须先向尊处请示。鄙意若能诱出租界，即可以捉拿无碍。未知相意如何？仍候谕知，祇遵办理。……
>
> 再，顷闻日本公使、领事本晚起程返国，而神尾尚住恒丰泰客寓指挥侦探一切事宜。顺以奉闻。①

这说明石川伍一、钟崎三郎二人的一举一动皆在官府的掌握之中，只是因为日本公使小村寿太郎、领事荒川已次尚未离开天津，而且两名日谍身在英租界，官府投鼠忌器，要避免西方列强出面交涉，所以陈季同主张慎重从事，提出建议："若能诱出租界，即可以捉拿无碍。"因事关重要，盛宣怀当天即转报北洋大臣衙门。

到8月3日，因美国领事李德已经面告小村寿太郎，不同意石川伍一、钟崎三郎二人继续留在紫竹林租界，石川伍一便于夜间先将行李搬到刘棻家中，钟崎三郎则一时难以找到存身之处，便逃出租界，潜往山海关一带活动。这样，李德才致函李鸿章："美国领事有幸通知阁下：在美国领事之急切要求下，日本公使将带走天津之所有日本臣民。并声明，如果他走，北京与天津不会遗留一个日本臣民。"② 其实，李德在这里打了一个马虎眼，把日本间谍离开天津租界说成是"北京与天津不会遗留一个日本臣民"，为其打掩护。

至此，李鸿章已无任何外交上的顾忌，便命幕下的罗丰禄函示盛宣怀：

---

①《盛宣怀档案资料选辑之三·甲午中日战争》，下册，第111页。

②《中日战争》（中国近代史资料丛刊续编），第9册，中华书局，第407页。

据陈敬如（季同）云，日本代理公使小村寿太郎尚在恒丰泰，本日下午5点钟起程。其领事荒川已次、武从员神尾光臣等，已于昨夜11点钟，由海关小火轮送到重庆船上，本日开往矣。在津如有奸细，已可势（着）手查拿监禁。①

石川伍一虽然准备离开紫竹林租界，搬到天津城里刘棻家中，总觉得难保安全，又想转移到王大家里隐蔽起来。8月4日早晨，当他刚走进刘棻的家不久，就被城守营派人拿获了。5日，盛宣怀向李鸿章报称：

昨晚拿获日本奸细一名，能说英语，亦能说汉语，剃头改装，于昨日小村走后，搬入东门内刘姓屋内居住。刘系军械局书办。拿获后，请陈季同来看，据云此人名石川，即是出入倭武官处之奸细，已饬天津县讯供及暂行管押，令研讯供单呈核。昨日美领事来，云倭人均已跟随小村回去，此间并无人留，而石川不去，且由紫竹林搬住城内，其为奸细无疑。②

天津知县李振鹏领命后，当即进行审讯，但未审出什么重要情况。他只好先行向盛宣怀回禀：

顷奉手谕，已将房主刘棻、代为赁屋之王大拿获到案，卑职隔别逐加研讯……诘以尚有几人在津，（石川）坚供无人。未加刑讯，尚难凭信。据供，领事回国之前一日尚见领事。诘以领事交代什么，供称令其早日回国。王姓刑讯，供称每月6元随伊服役，令其觅房，尚未觅妥，先在刘棻家居住，初四日搬去，当日即被拿获。刘棻供，在军械所充书办二十余年，与倭人石川素不认识，伊委弟王大引伊来暂歇栈房。任弁裕升尚未来，先将三犯

①《盛宣怀档案资料选辑之三·甲午中日战争》，下册，第114页。

②《盛宣怀档案资料选辑之三·甲午中日战争》，下册，第123页。

管押，候再研审。①

由于石川伍一狡猾抵赖，刘棻不肯认账，初审没有结果，只好等候再审。

天津拿获石川伍一后，虽然李鸿章并未立即奏报朝廷，但消息是很难封锁住的。在8月6日，即天津县初审石川案的第二天，总理衙门致美国驻华代理公使田夏礼（Charles Denby Jr.）一件照会，内称："现在日本开衅，其国商民之在中国者，由贵国代为保护。……查《公法》第627至641条，论处治奸细之例甚严。现既失和交战，其安分商民自应照约保护，而此等奸细不在保护之列，亦必从严惩治，以符公法。"8日，田夏礼复照总理衙门，提出处理日本间谍案的原则意见：

> 如在内地果有此等奸细，尚望于拿获后将取讯口供详细查明，实系证据昭然，方得斟酌定案。倘其情节尚在疑似之间，切勿遽刻惩办。缘此等事最易办理过情，中国若行错办，未免或留后日之悔。据想，即系实有日本人来作奸细之据，如遽行严惩，亦非切当办法。是以请贵王大臣查照，如遇有日本人改装在内地作奸细者，即将其解交就近海口逐其回国，使之不得与内地华民交接，于中国防泄军机似亦为无碍。且此办法，已足为惩其作奸细之罪矣。甚望贵王大臣本仁慈之心，不因两国失和于日本人民恨恶而深绝之可也。②

田夏礼复照言辞恳切，实是为救石川伍一却不露丝毫痕迹，似其用心纯系本诸人道而已。如果清政府同意了田夏礼的意见的话，那么，对石川伍一的处理顶多只能驱逐出境了。

①《盛宣怀档案资料选辑之三·甲午中日战争》，下册，第123~124页。

②《中日战争》（中国近代史资料丛刊续编），第5册，第44、47~48页。

其实，田夏礼的意见不但不合中国法律，也是不符国际公法的。如德国法学教授步伦（J. G. Bluntschli）所著《国际法》（International Law），由同文馆于1880年以《公法会通》为书名翻译出版，其第628章即规定："细作前来探听消息者，一经拿获，其事虽败，仍以死罪处之。"[①] 据此，总理衙门自然不同意田夏礼所提出的处理日本间谍案的办法，于8月12日照会田夏礼，严肃指出：

> 本衙门查中日两国现已开仗，战守机宜，关系极重。日本奸细改装剃发，混迹各处，刺听军情，实与战事大有关碍。且虑潜匿煽惑，不得不从严惩治，以杜狡谋而图自卫。来文谓如有奸细即解交就近海口逐其回国，实不足以惩其作奸之罪，亦与公法不符。[②]

石川伍一被捕之后，日本多方面请求美国设法营救，美国也确实大卖力气。由于总理衙门拒绝了田夏礼的建议，美国便转而直接要求李鸿章设法通融，将石川伍一释放回国。8月29日，田夏礼通过李德转交其致李鸿章之电报，内称："据日本国家声称，石川伍一并非奸细。本大臣应请中堂开放，送交驻津李领事转饬回国。"石川案虽尚未审出结果，但在京城里早已众口哄传，且朝廷正在询问此事，李鸿章不敢大意，何况石川伍一疑点甚多，谓其"并非奸细"殊难凭信，便命盛宣怀代复李德予以驳辩：

> 查函内所称中国前获之日本人石川伍一，据日本国家声称并非奸细，贵国田大臣来电拟请开释等语。本道查《中日修好条规》载明，两国商民，均不准改换衣冠。是两国和好，尚然有此禁例。现在两国失和，忽然改装易服，潜匿民家，四出窥探，其

---

①《公法会通》，卷7，同文馆，光绪六年刊本，第39页。

②《中日战争》（中国近代史资料丛刊续编），第5册，第54页。

意何居？况日本领事出口之后，日本人之在中国口岸者，已由贵国兼理。该犯石川尽可安寓租界洋行，何以假冒华人，私至城内居住？日本小村公使出口之后，本道曾与贵领事面谈，日本人现留天津者尚有若干人，须告知本道以便查察。当时丁副领事在座，转译贵领事语意。答称："天津人心浮动，诚恐事出意外，所有日本人之在天津者，均已随同小村回国"云云。何以该犯石川独不同行，且不令贵领事知其住处？尤属令人不解。至该犯被获之时，形迹可疑之处，不一而足。其为奸细无疑！贵国外部告知我驻美杨大臣云："保护"二字，公使与领事勿得误会。倭人图谋中国，干犯律例，不得恃美官为护符等语。想田大臣等必当遵照。石川一犯自应由中国官密访确情，彻底根究，未便遽行开释。①

此驳复函，理直气壮，无懈可击，使美国公使对石川案再无置喙之余地。

第三节　京官奏参与石川案的审结

石川伍一间谍案是甲午战争初期在天津破获的一件要案。按照常理，坐镇天津全面负责指挥对日作战的北洋大臣李鸿章，应该迅即将拿获石川伍一的经过奏报朝廷。但奇怪的是，李鸿章却迟迟不肯奏闻，这确实是异乎寻常的。

最先将石川案公开揭发出来的是史科掌印给事中余联沅，他于8月13日（即拿获石川伍一的第10天）奏称："天津拿有倭人奸细，供出拟用炸药轰火药局，并供京城内奸细亦不少。"8月15日，总理

①《中日战争》（中国近代史资料丛刊续编），第5册，第81~82页。

衙门致电李鸿章，询问有无其事。当天，李鸿章复电称："津郡拿获倭人奸细名石川，剃发改华装已久，专探军情，研讯狡不承认。俟有确供，即严办。"这才正式承认此事。但是，李鸿章在办理此案中的迟缓和迁延做法，不能不遭到主战派官员的强烈抨击。礼部右侍郎志锐指出："天津军装局总办候补道张士珩，为李鸿章外甥，昨闻于其所用书办家擒获日本奸细……现闻尚游移未办。以公法论，日人当斩；以国法论，书办应诛。至漫无觉察之张士珩，罪以失察，未免轻纵。应请饬下李鸿章，据实具奏，应斩应议，即乞皇上立与施行。若任其瞻徇，何以彰明国法？"[①] 余联沅揭露李鸿章"贻误大局"者有六，其一即"获敌奸细，不加穷究，且欲纵之"，目之为通敌之秦桧，甚至建议朝廷另"简知兵之大臣，以统其师"。[②]

这样一来，就引起了清廷对石川伍一间谍案的重视，降旨令李鸿章确查。8月30日，李鸿章致电总理衙门称：

> 遵查五六月间，闻有倭人在大沽、山海关一带往来窥探，通饬营局严密查防。七月初四，拿获改装倭人义仓吉，又名石川伍一，即系军械局员访闻，会同海关道密商，天津镇派弁缉获，发县讯究。据供向在松昌洋行贸易，改装多年。领事行后，租界不能住，因托向从服役之王大，代觅其戚书吏刘姓之屋暂住。立将该书吏刘棻斥革，押交王大归案。饬县再三研讯，均供无传播军情等事。美领事复求保送回国，然其形迹可疑，未便准释，仍饬押候讯办。[③]

若将这封电报与前此之代复李德函做一对比，便不难发现有若干自相矛盾之处：电报称石川伍一"向在松昌洋行贸易"，肯定其为正

① 《清光绪朝中日交涉史料》，1932年，卷16，第28、33、35页。
② 《清光绪朝中日交涉史料》，卷18，第7页。
③ 《清光绪朝中日交涉史料》，卷19，第5页。

当商人，而对复函所称其“四出窥探”的话则避而不谈。此其一。电报说石川伍一“改装多年”，仍重复他本人在8月15日电报中“剃发改华装已久”的说法，与复函中所说“现在两国失和，忽然改装易服”的话相抵牾。此其二。电报轻描淡写地谓石川伍一是因“领事行后租界不能住”，才向刘棻赁屋“暂住”的，而复函却质问李德：在天津的日本人均已随同领事回国，石川伍一为何“独不同行”，且不令美国领事“知其住处”？对于这一关键性的问题，电报则讳莫如深，又是为什么？此其三。电报说石川伍一“供无传播军情等事”，不但改变了8月15日电报“专探军情，研讯狡不承认”的语气，而且与复函斩钉截铁地断言“其为奸细无疑”的话大相径庭。此其四。之所以会出现诸如此类的众多前后不符之处，不是别的，而正是李鸿章在石川案的处理上举棋不定的复杂心态的具体反映。

当时，李鸿章的心态确实是十分复杂的。他明知石川伍一确为间谍，所以驳回了美国领事李德将其“保送回国”的要求，他这样做是对的。但是，他始终对和局存在幻想，担心穷究此案会影响和局的挽回。自从日本挑起甲午战争后，他一方面调兵遣将，布置防务，做出抵御的姿态；另一方面，却瞻顾徘徊，日夜筹思挽回和局之法。他对日本对中国的侵略野心和列强在远东的基本政策始终缺乏清醒的认识和估计。当日本军舰击沉“高升”号后，他认为该船“上挂英旗，倭敢无故击轰，英国必不答应”①。后接驻英公使龚照瑗的电报，称他向英国维多利亚女王呈递国书时，闻进见之前，女王怒云：“倭太无理!”继又听到传言，日本政府准备“向英谢罪，议赔船货”。他更加相信英国对日本无端挑起衅端不会袖手旁观了。不仅如此，当石川案正在审理之际，他跟俄国公使喀西尼（A. P. Cassini）也一直保持接

①《清光绪朝中日交涉史料》，卷15，第27页。

触，并亲自和喀西尼的代表巴福禄（A. T. Pavlov）在天津举行秘密会谈。这使他相信“俄似有动兵逐倭之意”[①]。因此他断定日本不可能一意孤行，战争也不会扩大，和局绝对有望。当时，天津即传有“万寿（十月初十日慈禧六十寿辰）前必议和之说”[②]，多谓出自李鸿章亲信之口，当非捕风捉影之言。天津还“遍传李鸿章以300万赔偿兵费”[③]之说，并“以杀了要赔钱为辞”[④]，反对深究石川案，恐亦非无稽之谈。与李鸿章关系极深的吴汝纶曾致书友人云：“东事既起，廷议决欲一战，李相一意主和；中外如水火之不相入。当时敌人索600万，李相允200万，后增至300万，内意不许。”并特别说明：“以上所见，皆某所亲见。”[⑤] 可见，李鸿章正处心积虑地筹思挽回和局之法，是不希望为了一桩间谍案而使自己保全和局的愿望化为泡影的。

李鸿章一直幻想保全和局，这是其昼思夜想求之未得的，自然不会轻易放弃。但还有令他非常揪心的事情是，石川案牵涉到北洋的一批人，特别是他的外甥张士珩也身列其中。当时，张士珩以道员领军械局，管理极其混乱，贪污盗窃，偷工减料，以假充真，从不过问。据参加甲午海战的美籍洋员马吉芬（Philo Norton McGif fin）揭露，军械局所供炮弹“或实以泥沙”，“且药线铁管仅实煤灰，故弹中敌船而不能裂”。[⑥] 定远舰枪炮大副沈寿堃也指出：“中国所制之弹，有大小不合炮膛者；有铁质不佳，弹面皆孔，难保其未出口不先炸者；即引信拉火，亦多有不过引者。”[⑦] 这且不说，更为重大的问题是，张士珩和他手下的不少人都与石川案逃脱不了干系。对此，李鸿章是心知肚

①《东行三录》，上海书店，1982年，第152~153、194页。
②《清光绪朝中日交涉史料》，卷19，第25页。
③《清光绪朝中日交涉史料》，卷17，第3页。
④《清光绪朝中日交涉史料》，卷20，第17页。
⑤吴汝纶：《答陈右铭书》，《吴汝纶尺牍》，黄山书社，1990年，第71页。
⑥《中日战争》（中国近代史资料丛刊），第1册，第173页。
⑦《盛宣怀档案资料选辑之三·甲午中日战争》，下册，第404页。

明的。张士珩也感到惴惴不安，曾以父死为由请求“奔丧终制”，李鸿章不许，勉以“移孝作忠”。[①] 并在 8 月 30 日致总理衙门的电报中特别提到日谍石川伍一“即系军械局员访闻”，试图为张士珩掩饰。李鸿章之所以对石川案的处理一拖再拖，是深怕拔出萝卜带出泥，这也是一个重要原因。

清廷却感到事态重大，对石川案始终抓住不放。9 月 1 日，即有密寄上谕：“领事既行，该犯何不随同回国，仍复溷迹寄居？情殊可疑。著李鸿章督饬严行审讯，如究出探听军情等确据，即行正法。王大、刘姓如有通同情弊，并著按律惩办，不得稍涉宽纵。”8 日，又有严旨指责李鸿章：“屡经言官以该督隐匿不奏参奏，天津距京甚近，若其事毫无影响，何至众口喧传？倭人既形迹可疑，岂宜含糊轻纵？著李鸿章饬将该犯石川伍一严行审讯，务得确情，明正其罪。”同一天，江南道监察御史张仲炘上折，奏请密查北洋情事，内专论张士珩云：

> 张士珩者，李鸿章之甥，而军械局之总办也。向来置买军械，即与验收者通同一气，器多窳败，又复偷盗抵换不堪应用者。……即书办刘姓一案，亦因关碍张士珩，虑其和盘托出，故不审究。若将刘姓提交刑部，必可倾吐无余。[②]

此奏可谓正中李鸿章的要害。李鸿章看朝廷抓住不放，又怕真的将此案移交刑部审理，也不敢再搪塞拖延了。

9 月 11 日，李鸿章致函总理衙门称：“查石川一名系属奸细，现正集证审问。”[③] 先堵住言官们的口再说，所以明确地承认了石川伍一“系属奸细”。其实，最迟到 9 月 4 日，此案已经审结了。但到 9 月 17

①《中日战争》（中国近代史资料丛刊续编），第 6 册，第 493~494 页。

②《清光绪朝中日交涉史料》，卷 19，第 7、25~26 页。

③《中日战争》（中国近代史资料丛刊续编），第 5 册，第 86 页。

日，总理衙门始收到结案的电报，内称：

八月初四、五日，饬津海关道盛宣怀严密根究，传到崔姓等，曾在倭武员处服役，人证确凿。即提石川伍一与已革书吏质讯，无可狡辩，始均供认：前驻津之倭海军武员井上敏夫等，曾嘱石川伍一转托刘棻私抄中国海军炮兵数清单，给过谢礼。宣战后，倭员回国，留探军情，改装华服，以七月初四日潜至刘棻家藏匿，当日即被军械局员会同官弁获住等语。[1]

3天后，又收到两份奸细的供词[2]：

其一，是《石川伍一供词》：

我是日本人，年28岁。来到中国有几年了，到过北京、烟台等。因学过华语，上年九月间跟随我国海军武官井上敏夫来到天津，住在紫竹林我国人开的松昌洋行。后来刘棻给我开过炮械数目清单。我知道刘棻是军械局书办，有意和他交好。他荐王大在我处服役。五月节前，我又托刘棻查开营兵数目。叫王大顺便带来一信，拆看是兵数清单。我先后谢过刘棻洋银80元。从朝鲜衅起以后，我又托刘棻打听中国派兵情形。刘棻叫王大给我带来几次书信，却非确实消息。王大亦不知信内情由。至我和刘棻认识，是前在护卫营的汪开甲引荐的。刘棻初次给开炮械清单，也是汪开甲转托。这都是中日失和以前的事。我又因于邦起前在水师营当差，托他打听军情电报。于邦起先后到我那里去过四次，我问他信息，总说没法打听。我给过洋银50元，随后他又送还。我仍给他送去，听说他把洋银存在钱店，叫我去取，我也没有取回。这也是失和以前的事。后来他就不去了。自宣战后，我国驻津员

①《清光绪朝中日交涉史料》，卷20，第3页。

②《中日战争》（中国近代史资料丛刊续编），第5册，第92~94页。

弁回国，留我在津打听军情，发电知会。我就改装华人。因紫竹林熟人太多，恐怕识破，和刘棻商明，七月初三日夜里，先把行李搬到他家。初四日早，我对王大说领事回国，在紫竹林居住没人照料，所以想要搬到城里潜到他家藏匿的话。不想当日就被军械局访闻，把我拿获。今蒙会审，我实只留津探听军情，别无他谋。安身未定，即被拿获，岂能埋藏地雷炸药？这实是没有的话。是实。

其二，是《刘棻供词》：

小的是天津县人，年 49 岁。前在军械局充当书办。本年正月里，和这日本人石川伍一认识，给他开过海军炮械清单，从此交好。小的就把王大荐在石川伍一处服役。后来他托小的查开营伍情形，小的照册写出，封在信内交王大顺便带回。石川伍一先后给过小的谢银 80 元。自朝鲜衅起以后，石川伍一托小的打听派兵情形，却是打听不出确实消息，只就传闻之词写信叫王大来家带去。王大不知信内情由。七月初三日本驻津员弁回国，留石川伍一在津，改装华人，探听军情。石川伍一向小的告知，并说紫竹林熟人太多，恐怕识破，要想另觅住处。小的就叫他到小的家隐藏，如小的探得军情，就近可以知会打电。初三日夜把石川伍一行李搬到小的家里，初四日早石川伍一先到小的家藏匿，不想当日就被军械局访闻把他拿获。并把小的斥革，押令交出王大，先后发到案下来了。今蒙会审，小的给石川伍一探听军情，并把石川伍一藏匿家内是有的，并没埋藏地雷炸药，石川伍一也没和小的商谋过。这事是实。

石川伍一间谍案的审理过程，虽经过一些波折，但终于结案。

9 月 20 日午时，以天津知县李振鹏为监刑官，将刘棻绑赴市曹处决；以天津城守营千总任裕升为监刑官，将石川伍一押赴教场，照公法用洋枪击毙。①

同案犯被拘禁者有5人，即汪开甲、于邦起、王大，以及续获的戴士元和汪忠贵。经津海关道盛宣怀派委候补知县阮国桢会同天津知县李振鹏审明："戴士元供认勾结石川伍一，转邀汪开甲等潜探军情。汪开甲供认帮同侦探。于邦起、汪忠贵均供未听从探听军情，王大供不知情。"经呈报北洋大臣李鸿章批准，判决如下："戴士元正法；汪开甲永远监禁；于邦起、汪忠贵虽未串谋，然并不据实首告，暂行监禁5年；王大取保释放。"②

第四节　石川案之余波与《石川伍一供词》的真伪问题

石川伍一间谍案虽告审结，然其余波却长期未能平息下来。因此案审理过程中有种种可疑之处，令人难以参透，故奏参李鸿章者大有人在。其中，最为奇特者莫过于礼部侍郎志锐的《奏为办事大臣结党阻战并陈日本奸细实情折》了。

志锐此折上于9月20日，即天津处决石川伍一和刘棻的当天。他提出了一个十分尖锐的问题，说李鸿章所奏报的《石川伍一供词》乃是"伪供"。他敢于这样断言，而且言之凿凿，毫不含糊，似乎不会是捕风捉影。志锐奏称：

（李鸿章）所奏者，非实情也，乃伪供也。津中人士无不切

①《中日战争》（中国近代史资料丛刊续编），第5册，第103页。

②《中日战争》（中国近代史资料丛刊续编），第5册，第421页。按：中日《马关条约》签订后，日本根据该约第9款"此次交仗之间，所有关涉日本军队之中国臣民，概予宽贷，并饬有司不得擅为逮系"的明文，要求释放汪开甲等人。经李鸿章核准，汪开甲、于邦起二人均准其照约保释；惟汪忠贵另犯捏信招摇一案，与日本情事无干，本案应准保释，仍归另案办理，以清界限。

齿！奴才连次接得津信，深悉其情，并得奸细亲供一张。如按其供内所叙情形，则此次朝廷主战，外间不过照令奉行，绝无争前效命之理。且军械所与日本通，炮药局与日本通，我之底蕴皆泄于人，姑勿论前敌诸人皆喻北洋主和之意。即使奋勇，而接济不通，是必败也。亦勿论李鸿章之通倭与否，但其立意不战，则手下通倭之人必多方蛊惑以乱其心，且百计刺探，以泄其谋。汉奸不绝，内奸不除，断无能操胜算之理！……奴才所深虑者，供内所叙各处奸细甚多，未闻有查拿之举。恐录呈御览之供，必已大为改饰。兹特另片抄呈，即乞皇上检查所奏之供，以为核对。若果不符，则供内所叙之委员、跟役以及各处坐探奸细，均请特派能员设法严密捉拿，交部讯究。

并附《日本奸细石川伍一供单》抄件：

我系神大人差来坐探军情的。自光绪九年，即在中国北京、天津等处往来。现在住在军械所刘树棻家中，或来或去。代日本探官事的人，有中堂签押戴姓、刘姓、汪大人，还有中堂亲近的人，我不认识。我认识刘树棻，系张士珩西沽炮药局委员李辅臣令汪小波引荐的，已有二三年了。刘树棻已将各军械营枪炮、刀矛、火药、弹子数目清册，又将军械所东局、海光寺各局制造子药每天多少、现存多少底册，均于正月底照抄一份，交神大人带回我国。张士珩四大人与神大人最好，因此将中国各营枪炮子药并各局每日制造多少底细告知神大人。水师营务处罗丰禄大人的巡捕于子勤，还有北京人高顺，在烟台、威海、旅顺探听军情。神大人同钦差、领事起身之时，约在六月二十八九。七月初二、三日，神大人半夜在裕太饭馆请中堂亲随之人，并汪小波、于子勤、戴景春、戴姓、刘姓、汪大人、刘树棻等商议密事，遇有要紧军情，即行飞电。所说皆系实话，未见面的人不敢乱供姓名。我系日本忠臣，国主钦差遣探军情，不得不办。在中国探军情的不止我一人，还有钟崎，住在紫竹林院元堂药店。又穆姓在张家口，现在均到北京。又有钟姓一人，由京往山海关，皆穿中国衣服。又有日本和尚，现在北京，能念中国经，皆说中国话。打电报叫日本打高升船官兵的信，是中堂衙里送出来的；电是领事府打的。所供是实。①

如果志锐所上奏折及所呈《日本奸细石川伍一供单》到了光绪皇帝手中并发下的话，那么，在当时肯定会成为爆炸性的新闻，朝廷上下也都会乱成一锅粥的。志锐倒似有先见之明，在奏折最后写上了这样两句话："求皇上将奴才此折并所录供单先不发下，以俟查拿究办后之水落石出。盖内外合党密信甚多，稍一漏泄，则外间之弥缝立至，将终无查清之时矣。"② 军机处的亲王大臣们见此折事关重大，非同小可，干脆顺水推舟，也不呈送御览，压了下来。就这样，志锐折连同《日本奸细石川伍一供单》在军机处的档案堆里沉睡了近百年，直到20世纪80年代，准备编辑中国近代史资料丛刊续编的《中日战争》卷时才发现，得以重见天日。

将志锐所呈《日本奸细石川伍一供单》与李鸿章所报《石川伍一供词》稍作比较，便可明显看出，二者的差别是非常大的。首先，《石川伍一供词》只承认托刘棻开过炮械数目清单和营兵数目清单，而《日本奸细石川伍一供单》还供出其他不少的重要情况。其次，也是更为主要的，《石川伍一供词》只供出了刘棻以外与其有联系的一般差弁二人，而《日本奸细石川伍一供单》则供出了包括张士珩、罗

①《中日战争》（中国近代史资料丛刊续编），第1册，中华书局，1989年，第234~236页。
②《中日战争》（中国近代史资料丛刊续编），第1册，第235页。

丰禄在内的北洋大臣李鸿章手下的一大批人。究竟以何者为是？长期以来，人们难窥此案的真相，志锐也十分担心此案“将终无查清之时矣”，那么，今天能否解开这桩历史要案之谜呢？

问题的关键在于：志锐所说他呈奏的《日本奸细石川伍一供单》为“奸细亲供”是否可信？先将这个问题弄清以后，才有可能对李鸿章所报送的《石川伍一供词》真伪做出正确的判断。

《日本奸细石川伍一供单》文字不长，尚不足500字，但供出的人却达十余人之多，这是最值得注意的。《石川伍一供词》却只供出四人，即刘棻、王大、汪开甲和于邦起。这四人在《日本奸细石川伍一供单》中都可以找到：《石川伍一供词》和《日本奸细石川伍一供单》都有刘棻、王大，没有什么问题，只是对汪开甲、于邦起二人的名字在《石川伍一供词》和《日本奸细石川伍一供单》有所不同，但所指并非他人。《石川伍一供词》说“我和刘棻认识，是前在护卫营的汪开甲引荐的”，《日本奸细石川伍一供单》说“我认识刘树棻，系张士珩西沽炮药局委员李辅臣令汪小波引荐的”，汪开甲与汪小波自是一人；《石川伍一供词》说“于邦起前在水师营当差”，《日本奸细石川伍一供单》说于子勤是“水师营务处罗丰禄大人的巡捕”，于邦起与于子勤也自是一人。不过，从《日本奸细石川伍一供单》称刘棻之字看，小波应是汪开甲之字，子勤应是于邦起之字。由此看来，《日本奸细石川伍一供单》极像石川伍一的亲供笔录，而《石川伍一供词》则是经过定谳者重新整理过的。当然，这还只是露出的一点蛛丝马迹，尚不足为凭也。

应该着重地考察一下《日本奸细石川伍一供单》供出而《石川伍一供词》却未提到的人，便可知道《日本奸细石川伍一供单》的真正价值了。这些人大致分以下三类：

其一，是李鸿章手下的要员，如张士珩、罗丰禄、李辅臣等。张士珩与日本驻华公使馆武官神尾光臣“最好，因此将中国各营枪炮子药并各局每日制造多少底细告知”；还让属下“西沽炮药局委员李辅臣令”汪开甲引荐书办刘棻与石川伍一相识，故刘棻有恃无恐，大胆妄为，“将各军营枪炮、刀矛、火药、弹子数目清册，又将军械所东局、海光寺各局制造子药每天多少、现存多少底册”，均照抄一份交神尾光臣带回日本。再像于邦起，乃是“水师营务处罗丰禄的巡捕”，也与日本谍报来往频繁；曾在神尾光臣离开天津前夕参加裕太饭馆聚会，“商议密事”。

其二，是石川案续获的嫌疑犯二人。《日本奸细石川伍一供单》称：“代日本探官事的人，有中堂签押戴姓、刘姓、汪大人。”三人皆有姓无名。但是，石川案告破后，被签押的刘姓只一人，就是刘棻。此“刘姓”所指，不会是别人。现据1895年7月署北洋大臣王文韶致总理衙门咨文，可知石川案内，“先经缉获华人刘棻、汪开甲、于邦起、王大四名”，“嗣续获戴士元、汪忠贵二名”。这样，问题也就十分清楚：“戴姓”就是戴士元；所谓“汪大人”就是汪忠贵。两人也都参加了神尾光臣在裕太饭馆“商议密事”的聚会。经审讯，戴士元“供认勾结石川伍一”，处以斩刑；汪忠贵坚不承认“串谋”，或有某种背景，以“不据实首告”罪，从轻发落，处以监禁5年。[①]

其三，《日本奸细石川伍一供单》另供出奸细3人，即日人钟崎、华人高顺和穆姓。钟崎，即日本间谍钟崎三郎，原先和石川伍一都潜伏在紫竹林租界，石川伍一被捕前则已潜往山海关一带活动了。高顺又称高二或高儿，系宛平县人，在北京顺治门外车子营路北居住，卖

①《中日战争》(中国近代史资料丛刊续编)，第5册，第421页。

身投靠日本谍报机关，在日本武官井上敏夫海军少佐指挥下侦探军情。[1] 由于他干得卖劲，井上敏夫回国后又得到日谍宗方小太郎的重用。宗方小太郎在 1894 年 9 月回国前，在日记中多次写到高顺：

8 月 7 日　本日派高儿至威海，使之窥伺动静。

8 月 10 日　下午 3 时，高某由威海归来，谓目下碇泊于该港之兵船有……17 艘，此外尚有鱼雷艇 4 艘。

8 月 21 日　下午派遣高某至天津，命其窥探石川之现状。

9 月 1 日　上午根津（一）、津川（谦光）两大尉来访，对侦察军情之方法有所商议，决定将予之部下中国人高某招来上海。

9 月 3 日　本日遣使赴烟台，为迎接高某来沪也。

9 月 7 日　高儿自烟台来信。[2]

再联系到高顺于同年 11 月在北京被捕后的供词，内有奉井上敏夫之命“观看旅顺炮台”[3] 等语，可知《日本奸细石川伍一供单》所供“还有北京人高顺，在烟台、威海、旅顺探听军情”的话，都是真实可信的。至于穆姓，《日本奸细石川伍一供单》未提其名，但确有其人。穆姓，即穆十。《高顺供词》有“穆十系跟日本人宗姓的”[4]，可知穆十也是投身宗方小太郎部下者。再查宗方当时的日记，也有几次提到了穆十：

7 月 31 日　本日将自天津随来之穆十派至威海。

8 月 8 日　本日派穆十至旅顺，探听情况。

9 月 7 日　穆已逃归天津。

钟崎三郎、高顺、穆十这三个人，都是《石川伍一供词》中所无

①《中日战争》（中国近代史资料丛刊续编），第 5 册，第 396 页。
②《中日战争》（中国近代史资料丛刊续编），第 6 册，第 115~117、121~122 页。
③《中日战争》（中国近代史资料丛刊续编），第 5 册，第 396 页。
④《中日战争》（中国近代史资料丛刊续编），第 5 册，第 397 页。

者，而《日本奸细石川伍一供单》则予以供出，可见《日本奸细石川伍一供单》不仅具有很高的史料价值，而且其可信度也不是《石川伍一供词》所能比拟的。

另外，《日本奸细石川伍一供单》还供出了一些不知姓名的人。如称："代日本探官事的人……还有中堂亲近的人，我不认识。"又称："神大人半夜在裕太饭馆请中堂亲随之人……商议密事，遇有要紧军情，即行飞电。"这些李鸿章"亲近的人"或"亲随之人"，可惜姓名已不可考。尤为重要的是，《日本奸细石川伍一供单》供出了一件重要的案情："打电报叫日本打高升船官兵的信，是中堂衙门里送出来的。"由此可见《日本奸细石川伍一供单》的分量了。

总之，对《日本奸细石川伍一供单》所供内容的真实性是无可怀疑的。当然，这份《日本奸细石川伍一供单》也不是一次口供的记录，而是多次审讯口供记录的整理稿。由于整理者并不真正熟悉案情的细节，故文中多有重复，甚至不一致之处。如对于日本间谍钟崎三郎，一会儿称"钟崎"，一会儿又称"钟姓"；对于刘棻，一会儿称其字"刘树棻"，一会儿称"刘姓"，或者二者同时出现，似为二人。但是，所有这些，都不能影响《日本奸细石川伍一供单》的重要价值。因为《日本奸细石川伍一供单》供出了许多鲜为人知的日谍内幕情况。如《日本奸细石川伍一供单》称高顺"在烟台、威海，旅顺探听军情"、钟崎三郎"由京往山海关"潜伏活动等，证以日方记载，皆属事实。像这样的日谍内幕，是局外人所无法编造的。

如果说志锐提供的《日本奸细石川伍一供单》真实可信的话，那么，是否可以说李鸿章呈送的《石川伍一供词》就是"伪供"呢？将《石川伍一供词》与《日本奸细石川伍一供单》做一对比，可以看出以下几点：（一）凡与李鸿章衙门有关的人和事都被隐瞒了下来。

（二）对于张士珩这个重点人物，不但隐瞒其犯罪嫌疑，反而为其评功，说石川伍一是“被军械局访闻”拿获的。（三）对于无法隐瞒的刘棻其人，也尽量缩小其犯罪事实，如他同石川伍一相识“已有二三年了”，却将其相识时间改为“本年正月”。如此等等，不一而足。由此可见，志锐所说李鸿章“录呈御览之供，必已大为改饰”的话，倒是比较符合实际的。

第五节　石川案与日本丰岛袭击有关吗

1894 年 7 月 25 日，日本海军在朝鲜丰岛海面袭击北洋舰队，致使中国济远舰受伤，广乙舰触礁自焚，操江运输船被俘，高升运兵船被击沉没。中日甲午战争爆发。此事是否与石川伍一所窃取的军事情报直接有关呢？对此，长期议论不休，迄无定说。

当时，许多论者都认为，日本丰岛袭击与日本间谍在华活动是有关的。上海报纸刊有《论行军以间谍为先》一文，从历史到现状全面地论述了“师期暗泄机要”的原因：

> 倭亦东方小国耳，自步武西法以后，侈然欲为东方至强之国。……十年来孜孜侦探，其遣间谍至我国者，或察政务之设施，或考江山之形胜，无不了如指掌。而我尚以大度容之，绝不为之准备。迨至兵衅既开，彼又密遣间谍阴赴各处侦探。师期暗泄机要，遂致高升被击，船没师熸。论者或归咎于我国防闲之不密，而不知彼国间谍得我情以报彼国者，随时随地无不有汉奸为之朋比，未易擿其伏而发其奸。后经各省大宪下令严拿倭奸……天津则将

> 石川（等）先后明正典刑，而倭奸始稍敛迹。[1]

此文肯定了北洋舰队“师期暗泄机要”的原因，不是别的，而是日本“密遣间谍赴各处侦探”之结果，而在天津处决的日谍石川伍一即其所遣间谍之一。此论视野开阔，着眼于全局，而不局限于一事一地，是值得重视的。

不过，长期以来，相信石川案与日本丰岛袭击直接有关者大有人在。最先指实此事者为礼部右侍郎志锐。他于8月16日奏称：

> 天津军装局总办候补道张士珩为李鸿章外甥，昨闻于其所用书办家擒获日本奸细，供出日本截我高升、操江二船，皆其先期电闻。[2]

其后，户科给事中洪良品也于9月20日奏称：

> 前日拿获日本奸细一名，冒广东人，剃发穿中国衣服，有器械局书吏刘桂甫者收藏在家，在其家内搜出私信一函，所有高升轮船兵若干、带兵官姓名，并所带物件以及青菜若干斤，均详信内。其为与之暗通无疑。[3]

所揭发之事相当具体，不能不使人信之无疑。故后来池仲祐撰《海军实纪》即以此为论，明确指出：“天津军械所有老书手者，为日军间谍，以情输日，高升被击，实彼通信于日，故日军得其准时。”[4]“老书手”，即指刘棻。“以情输日”，具指送军情与日谍石川伍一。此说俨然成为定论。

此说广泛流传，闻者信之，论者也无人有所质疑。唯姚锡光撰《东方兵事纪略》，在《援朝篇》中对日谍获取情报的手段又有新说：

---

①《中倭战守始末记》，卷3，1895年，第24页。

②《清光绪朝中日交涉史料》，卷16，第35页。

③《清光绪朝中日交涉史料》，卷20，第17页。

④ 谢忠岳编：《北洋海军资料汇编》，下册，中华全国图书馆文献缩微复制中心，1994年，第1201页。

> 盖（李）鸿章以议和不成，始租轮载北塘防兵渡援，以兵轮三艘翼之而东。而倭人间谍时在津，贿我电报学生某，得我师期，遂为所截，我兵轮即逃回威海。于是倭人既掳我操江运船，而逼我在高升船之两营兵降，我将士抵死拒，倭遂以炮击高升船，并以水雷沉之，我两营歼焉。[①]

此说颇觉新颖，遂为一些学者所采用。

然姚锡光之说并无佐证，迄今仍找不到一条史料可资支持，故令人难以凭信。事实上，贿买电报生的事情是不可能发生的。因为当时的电报局只收发电码，并不负责将电文译成电码。这在《寄报章程》中有明确的规定："凡来去电报，照万国通例本局不能翻查，以防泄漏。""如系送来密码，局中无从知道。"[②] 天津电报局的规章制度也非常严格，"无论华洋官商各报向皆慎密，其值班者固常在报房，即下班者亦不出外，从无泄漏"[③]。故从电报局内部用贿买的办法获取电报内容，这在事实上是行不通的。姚说必出自讹传，可谓明矣。

姚说既难以成立，是否仍要回到前说，即肯定日本丰岛袭击与刘棻向石川伍一提供情报直接有关吗？有的论者正是这样，绕了一个大弯子又回到了原先的起点，并举出三点理由以证实此说[④]：

其一，"石川伍一确系日本派遣的间谍，日本对此并不讳言"。

石川伍一承认自己是日本间谍，在华探听军情，却始终不承认自己的情报直接与日本丰岛袭击有关，这又如何解释？当石川伍一被捕时，日本间谍分布于中国各地者尚多，不能说只要是日本间谍就与日本丰岛袭击有关。

---

①《中日战争》（中国近代史资料丛刊续编），第1册，第17~18页。

② 东北地区中日关系史研究会编：《中日关系史论集》，第2辑，吉林人民出版社，1984年，第80页。

③《海防档》（中国近代史资料汇编），电线，1957年，第1125~1126页。

④《中日关系史论集》，第2辑，第83~84页。

其二，“由于与‘高升’号同航的‘操江’号载运的是饷银和军械，必须从天津军械局装运，所以从军械局总办的书吏处完全可以搞到这个具体情报”。据论者之意，操江既装饷械必从天津起碇，刘棻作为军械局总办的书吏就“完全可以搞到这个具体情报”；而“高升”号既与“操江”号“同航”，则刘棻也就知道了“高升”号的出航时间。实际上，这两点推断皆有悖于事实。“操江”号既未从天津起碇，也未与“高升”号“同航”。“高升”号是在7月23日早晨从塘沽出口直航牙山，而“操江”号则在塘沽装载饷械后奉命经烟台抵威海，然后携带丁汝昌的文书等件于24日下午2时由威海起航赴朝的。“高升”号和“操江”号如何“同航”呢？前提既不能成立，则所谓“完全可以搞到这个具体情报”的推论也就失去了依据。

其三，“石川伍一搞到情报后，完全有可能用密电拍发出去。中国禁止拍发华洋文密电是在丰岛海战后的第三天。清政府在电报管理上的颟顸无形中帮助了敌人。”这也只是一种推测，并无事实根据。揆诸实际，当时日本间谍的通例，规定拍发电报时是用明码暗语，而不用密码。此例甚多，毋庸枚举。所以，关于石川伍一本人拍发密电的推断，也是难以成立的。

根据以上分析，足以说明，论者所得出的“‘高升’号被击沉和‘操江’号被虏是日特石川伍一从天津军械局搞到的情报”的结论，是远离了历史事实的。

之所以会出现上述误判的情况，主要的原因恐怕是把日本的谍报活动看得过于简单了。无论是战争爆发前还是以后，日本在中国大陆始终或多或少地潜伏着一定数量的间谍，而且收买了一大批汉奸甘心为其效劳，所以他们要搞某一种情报都不是靠一名间谍，而是各有分工的。例如，《石川伍一供词》也好，《日本奸细石川伍一供单》也好，皆说明刘棻只给石川伍一开过海军炮械清单和清军营兵数目清单，根本提供不出有关中国派兵的情报。但是，这并不会妨碍其他的日本间谍将中国派兵的情报搞到手。

大量的资料表明，日本要搞到中国运兵情况的情报，并不是什么困难的事情。日本间谍起码有两个可以利用的渠道：一是李鸿章身边的人，即隐蔽的渠道；一是亲到码头侦探，即公开的渠道。

先看隐蔽的渠道：据《日本奸细石川伍一供单》可知，当时为日谍所收买并为其提供情报的就有“中堂亲近的人”或“中堂亲随之人”，他们与日本驻华武官神尾光臣关系亲密，有时在一起聚会，“商议密事”，以便“遇有要紧军情，即行飞电”。甚至“高升”号运兵的消息，也“是中堂衙里送出来的，电是领事府打的”[①]。

再看公开的渠道：日本要掌握中国的运兵情况，并不一定专在天津一个地方刺探。当时，日本间谍麇集津沽一带，大肆进行活动。甚至像泷川具和这样的海军武官，也化名改装，有时扮作商贾，混迹于天津生意场上；有时装成苦力，出入于塘沽码头区。事实上，要搞到中国向朝鲜派兵情况的情报，在塘沽是相当便利的。因为在战争爆发之前，官府并不重视塘沽码头的警卫工作，“仍令在华倭人自如侦探”[②]。更有甚者，当“高升”号等运兵船停泊塘沽码头期间，竟有“倭夷往来不绝，凡我船开行，彼即细为查探，非但常在码头逡巡，竟有下船在旁手持铅笔、洋簿，将所载物件逐一记数，竟无委员、巡丁驱逐”[③]。日本间谍活动之猖狂，于此不难窥其一斑。由于清朝当局的腐败颟顸，日本间谍可以在塘沽码头区自由活动，是完全能够掌握中国运兵船的起碇时间的。再据德商信义洋行经理满德致函李鸿章称：

---

①《中日战争》（中国近代史资料丛刊续编），第1册，第235~236页。

②《盛宣怀档案资料选辑之三·甲午中日战争》，上册，上海人民出版社，1980年，第31页。

③《郑观应、陈猷致盛宣怀函》，转引《历史研究》1980年4期，第45页。

倭人在中（国）竟能洞悉中国军事。此非满德臆造妄言，即如满德奉宪委乘爱仁轮船运兵赴牙山事，当满德未抵塘沽时，居然有一倭人久住塘沽，此倭人才具甚大，华、英、德、法言语俱能精通，看其与他人言论间……随时用铅笔注载。此小行洋人俾尔福所见。及满德坐火车时，又有一倭人同载，满德并不敢与之交谈，则爱仁、飞鲸、高升船载若干兵、若干饷，何人护送，赴何口岸，该倭人无不了彻于胸也。既能了彻，安见不电知上海，由上海电知伊国也。不然，高升船之罹灾，何以若是之速也？[①]

所有这些，足以表明塘沽码头是日本间谍随时掌握中国运兵情况的一个更为直接的渠道。

如果再对日本丰岛袭击作进一步的细致研究的话，还有一个值得重新考虑的问题，那就是日本丰岛袭击的主要目的何在。论者一般认为，日本海军击沉高升运兵船即其丰岛袭击之目的。此说沿袭已久，迄无异议，实则大谬不然。因为在当时的情况下，日本既要掌握中国运兵的情况，也要掌握北洋舰队的行踪。而且，从军事战略来说，后者是更为重要的。日本情报当局特派老资格的间谍宗方小太郎坐镇烟台，就是为此。

宗方小太郎确实不辱使命，很快探听到了北洋舰队的动向。试看他在 7 月 19 日所写的日记：

上午牧相爱自北京、天津到来。托其搭乘通州号轮船返上海之便，将致津川三郎之函带去。本日派去威海之侦察员归来谈，碇泊于该港之镇远……等舰已作战备，将于今日或明日相率赴朝鲜云。有鱼雷艇二艘随往。此外，定远舰因修理，携带鱼雷艇前

①《盛宣怀档案资料选辑之三·甲午中日战争》，下册，第 103 页。

往旅顺，预定昨日返回威海。[1]

这份关于北洋舰队即将出海的情报是准确的。果不其然，两天后李鸿章即电令丁汝昌："汝须统大队船往牙山一带海面巡护，如倭先开炮，我不得不应。祈相机酌办。"当天，丁汝昌复电称："济远、广乙、威远今早已开。帅令大队赴牙，昌拟率定、镇、致、靖、经、来、超、甲、丙九船，雷艇二艘……同行。惟船少力单，彼先开炮，必致吃亏，昌惟有相机而行。倘倭船来势凶猛，即行痛击而已。"[2] 此宗方小太郎的报告被带到上海后，迅即电传回国内，日本大本营便下令开始着手袭击北洋舰队的准备了。

为此，日本海军军令部部长桦山资纪海军中将，于7月22日下午携参谋总长有栖川炽仁亲王的密令来到佐世保，向日本联合舰队传达了到朝鲜牙山海面伺机袭击北洋舰队的命令。[3] 23日上午11时，日本联合舰队离开佐世保港。24日下午5时许，绕过朝鲜半岛的西南端，抵达黑山岛附近时，日本联合舰队司令长官伊东祐亨海军中将命令第一游击队之吉野舰、秋津洲舰、浪速舰三舰前进侦察，并授命第一游击队司令官坪井航三海军少将曰："此行至牙山湾侦察，若该湾附近清国舰队力量弱小，则无必要与之一战；若其力量强大，则攻击之。"因李鸿章下令后，又改变主意，制止海军大队出海，结果只有济远舰、广乙舰、威远舰三舰驶往牙山。25日上午6时半左右，吉野舰等3艘日舰航抵丰岛西南时，发现了中国军舰。威远舰已先行回国，此时在牙山湾只有济远舰、广乙舰两艘军舰。显而易见，从双方的力量对比看，日本方面占有压倒优势。但是，坪井航三采纳舰队参谋釜谷忠道

① 《中日战争》（中国近代史资料丛刊续编），第6册，第110页。
② 顾廷龙、叶亚廉主编：《李鸿章全集》，电稿二，上海人民出版社，1986年，第800、804页。
③ 戚其章：《甲午战争史》，人民出版社，1990年，第51页。

海军大尉的意见，认为："双方力量孰强孰弱，需要战争作出判断。重要的是要出击，才是执行司令长官命令的主旨所在。"于是，日舰第一游击队三舰不等日舰本队赶到，便于7时45分对中国军舰发动了袭击。

由上述可知，日本联合舰队驶向丰岛海域的既定计划，主要是攻击北洋舰队本身；击沉"高升"号只是因与其不期而遇，而不是原先的预定目的。事实上，清政府同时租用3艘英国商船运兵，考虑三船同到渡兵上岸困难，便决定分批由塘沽起碇："爱仁"号，装载官兵1 150人，7月21日下午开；"飞鲸"号，装载官兵700人，7月22日傍晚开；"高升"号，装载官兵1 116人，7月23日早晨开。[①] 如果日本以击沉中国运兵船为主要目的，为什么不打"爱仁"号和"飞鲸"号，而专打"高升"号呢？这在道理上也是说不通的。

总之，石川伍一贿买刘棻刺探军情是真的，但刘棻所提供的军事情报与"高升"号之沉并无直接关系，这也是确实的。"以公法论，日人当斩；以国法论，书办当诛"，自然不成问题，但罚与罪必须确实相当，才真正符合按律而断的精神。历来人们大都认为石川案与日本丰岛袭击直接有关，将两件事硬联系在一起，其实并不符合历史的本来面目。

第六节　从石川案看京城日谍嫌疑案的处理

石川伍一间谍案的审理虽然历经波折，总算是终于结案了。这与清政府严查奸细的坚决态度是有关的。石川案发生后，由于言官的揭

① 戚其章：《甲午战争史》，第45页。

发，朝廷震惊。8月13日，光绪皇帝颁发谕旨称："前因倭人构衅，京城地面必须加意防范，谕令步军统领衙门、顺天府、五城御史访拿形迹可疑之人。兹据给事中余联沅奏闻，天津拿有倭人奸细等语。倭人诡谋叵测，亟宜加意严防，著懔遵前旨，一体设法密查，免致混迹为患，务宜切实办理，不得稍涉大意。将此各谕令知之。"[①] 在朝廷的严谕下，各有关主管官员不敢怠慢，督率所属也都行动起来。此举果然奏效，竟"一逼一破"地搞出来两起奸细嫌疑案。

第一起，是战争初期形势逼出来的一桩案件，即日人川畑丈之助（一作"川畑丈之助进"）奸细嫌疑案。

川畑丈之助，鹿儿岛人。小学毕业后入县立师范学校，因受其长兄平吉的影响立志从军，中途退学，于1888年进入熊本步兵第二十三联队，成为一名陆军士官候补生。1892年3月，任陆军步兵少尉。他平时颇留心中国问题，认为中日两国之间迟早必有一战，于是萌发了到中国探查的念头。同年9月，他辞去职务西渡中国，到东北地区进行调查，潜伏达2年之久。[②] 1894年7月25日，甲午战争爆发，川畑丈之助遂离开东北，经烟台、天津前往北京活动。8月1日，川畑丈之助来到烟台。此日，宗方小太郎在日记中写道："本日川畑某经满洲至此地。彼鹿儿岛人，前曾辞去陆军少尉之职来中国，滞留于□□府，近日将去北京。"原稿眉批云："川畑丈之进自满洲至芝罘。"[③] 当月上旬，川畑丈之助即住在孝顺胡同的美国教堂里，暂时潜伏下来。

川畑丈之助潜伏北京之日，正值石川伍一在天津被捕之时。石川案发生后，北京到处搜查形迹可疑之人，川畑丈之助只能藏在教堂里

---

①《清光绪朝中日交涉史料》，卷16，第28页。

② 黑龙会编：《东亚先觉志士记传》，下卷，原书房，1933年，第210~211页；东亚同文会编：《对支回顾录》，原书房，1981年，第668~669页。

③《中日战争》（中国近代史资料丛刊续编），第6册，第113页。

不动，不敢外出露面。8 月 13 日，江海关道又在上海法租界查出两名“改装倭人”，引起中美之间的一场外交纠纷。8 月 16 日，总理衙门照会美国代理公使田夏礼，要求田夏礼转饬驻上海总领事佑尼干（Thomas R. Jernigan）“速将该倭人二名即交上海道审办”。美国起初不肯交出，中国坚决要求引渡，两国关系一度趋于紧张。8 月 22 日，因前此总理衙门致函田夏礼，谓“以日本令华人在彼寄寓者报名注册，日本既如此清厘，中国亦应于日本人之寓华者如此照办”，田夏礼也不得不表态称：“查日本人之寓居中国者多半回国，其未回国〈者〉现在无多，如中国欲令现尚寓华之日本人报名注册，本署大臣有何不愿？若将日本人现在寓华数目请本国领事查明转以相告，亦无不可。”[1] 在这种情况下，川畑丈之助在美国教堂藏身就很困难了。尽管京城的步军统领衙门也好，顺天府也好，都不会到美国教堂搜查，但川畑丈之助既不敢让人窥见，又无法开展活动，待在北京已经毫无作用。于是，为确保安全起见，他便商请美国教士刘海澜（Harrison Hiram Lowry），帮助他设法离开北京回国。

8 月 31 日，田夏礼致函总理衙门称：

> 昨据本国住孝顺胡同刘教士禀称：该教堂内向设有学中西文艺学房，学生内有日本人川畑丈之助一名。两月前该学房放热学时，该学生即出外游历。昨于七月三十日（8 月 30 日）旋回学房，仍欲入学。伊尚不知中日业已失和。该教士因际此时，不愿留此日本学生，欲其回国等因。相应函请贵衙门大臣查照。希望缮发路照一纸，送由本馆发给该学生川畑丈之助执持赴津，再由本署大臣转移本国驻津领事馆，俟其抵津即行遣其回国可也。

对于这个突然冒出来的日本“学生”，总理衙门的亲王大臣们乍闻之

①《中日战争》（中国近代史资料丛刊续编），第 5 册，第 60、64 页。

下，即感到疑窦丛生，难保无有奸细嫌疑，因为既是正当学生，为何外出游历时竟不领取护照？按照常规的处理办法，应该面讯这个日本“学生”，只要一面讯就会露出马脚来的。但是，多年来的深刻教训犹历历在目，涉及外国教会的事情要小心慎重为妙，所以总理衙门既不要求所谓日本“学生”呈验护照，又不要求该人前来面讯，竟于9月2日给田夏礼回了一封莫名其妙的复函：

查本衙门前经派员特向贵署大臣询问有无倭人潜留京城，准贵署大臣面称并无倭人踪迹。现在倭人忽称由外旋回，究于何处游历，由何处回京，无由详其踪迹。且出外两月之久，尚不知中日业经开战，仍欲入学，殊难凭信。中日开战以后，本衙门未便再发护照。寓华倭人既归贵署大臣保护，应请贵署大臣问明该倭人何年来京附学，本年避暑往来踪迹，先行见复，再与贵署大臣商办可也。①

该复函虽称来函所云“殊难凭信”，却专门问起一些诸如“何时来京附学”“往来踪迹”等难以查明的枝节问题；虽声明中日开战后“未便再发护照”，却又露出“再与商办”的口气。显然，总理衙门是想找台阶下台了。

田夏礼看到信中口气，即知事情当可顺利办好，便趁热打铁，煞费苦心地编了一纸回信，于9月5日送交总理衙门。信内称：

本署大臣查据刘教士称：该学生系于本年三月初三日来京入学，至五月初二日放热学时，中国学生均各回家，学中教习亦多有往内地避暑者。该日本学生于五月二十四日出京游历，经过怀来县及宣化府，至张家口遇雨守候，雨霁过新河站哈拉城，至察哈尔。又至苏门哈达，由旧路旋京，于七月二十九日（8月29

①《清季中日韩关系史料》，卷6，1972年，第3535、3539页。

> 日）进城。仍欲在学房附学，教士因恐生事，是以不愿收留。该日本人系极好学生，并甚朴实等语。查该教士人品向来方正，以上所言实为可靠。仍请贵衙门大臣查照，缮给该日本人川畑丈之助由京赴津之护照，俾其平安抵津，以便本国驻津领事官遣其回国可也。

这完全是编造的满纸谎言！但是，总理衙门决定“稍与通融”，提出：“倘贵大臣能保该倭人立即出境，必无作奸犯科，有干中国国法军法之处，即由贵馆缮写护照，将此注明再送至本衙门用印给发，以便贵署大臣遣送倭人回国。”① 于是，田夏礼照此办理，由美国公使馆为川畑丈之助缮写护照，总理衙门加印，将其遣送上海，于10月4日乘船回国了。

此事的处理颇成问题，眼睁睁地把一个假日本学生、奸细嫌疑犯放走了。不过，对于总理衙门来说，也有其不得已之处。因为当时并未拿获川畑丈之助的同案犯，也未掌握川畑丈之助从事侦探军情的确凿证据，无法揭穿田夏礼、实际上是刘海澜编造的谎言。此外，最令总理衙门亲王大臣头痛的是，适在此次中美交涉之际，又发生了中法两国关于清兵杀死法国传教士赵得夏的交涉。8月13日，法国公使施阿兰（Auguste Gérard）向总理衙门发出强硬照会，谓直隶提督叶志超部下兵士，于7月29日在朝鲜公州将赵得夏杀毙，“其罪我国家不能置诸不理也”②。总理衙门被教案吓怕了，生怕法国再借题发挥，越发难以收拾局面，答应处决凶犯并抚恤死者，以平息此事。而川畑丈之助回国事，因涉及美国教堂，也只好睁一眼闭一眼，给美国一个“稍与通融”的面子，免得继续纠缠下去。

---

①《清季中日韩关系史料》，卷6，第3557、3580页。

②《清季中日韩关系史料》，卷6，第3625页。

第二起，是步军统领衙门侦破的一桩案件，即日本公使馆华人差役奸细嫌疑案。

案犯三人：高顺即高二，宛平县人，年33岁；赵春霖即赵二，天津县人，年45岁；吴承栋即吴三，宛平县人，年33岁。此三人都是受雇于日本使馆的差役，于10月14日被步兵统领衙门右翼四旗协尉玉等寻踪拿获。因此案发生在京城，11月18日有谕旨交刑部衙门审理，“尽法惩办”。经过刑部遴派司员严加讯鞫，始各供出其私通日人、充当奸细等情节：

高顺：“早年在烟台地方受雇日本武官井上敏夫佣工。井上敏夫各处游历，带同高顺并日本人石川伍一，由烟台乘坐小船至沿海各岛，并皮子窝、大沽山及盛京等处。所走洋面，井上敏夫均用千斤砣试水深浅，并令伊观看旅顺炮台。本年五月间随井上敏夫回至烟台，井上敏夫令伊每日代看海关上悬灯挂旗，报知军船、货船往来数目。及日本与中国在牙山打仗，伊仍旧代探船只。”

赵春霖：“早年来京，在东交民巷受雇日本公使馆佣工。光绪十年、十一年间，日本人东敬名（日方记载作‘东靖民’）至营口并沈阳船厂及宁古塔等处游历，赵二跟随同往。行至中途被地方官拿获，解至上海。将赵二查讯保释，旋自来京，仍给日本馆跑送信件，并代买各物。……本年六月间日本与中国失和……伊因闻知神机营官兵驻扎南苑，当向翻译官告知。”

吴承栋：“先年雇给日本驻京人服役。本年日本与中国失和，其人起身回国，吴三送至天津旋即回京。”

刑部取供后，复会同都察院、大理寺“提犯亲讯，供悉如前，再三审讯，矢口不移，应即拟结”。遂于翌年1月13日判决如下：

查律载境内奸细走透消息，及境外奸细入内探听事情者，斩监候等语。今高顺、赵二均为倭人服役多年，并随同各处游历，倭人之沿海试水深浅，到处采探道路，自属心怀叵测。而该二犯乃甘心为效奔走，迨失和后仍一为看望船只来往，一为告知营兵驻扎处所。虽与刺探机密走漏军情有间，究未便遽从宽典，自应严行惩办，均照奸细本律问拟。高顺即高二，赵二即赵春霖，均合依境内奸细走透消息及境外奸细入内探听事情者斩律，拟斩监候，秋后处决。吴三即吴承栋，甘心为倭人服役，虽未为之探听事件，亦应从严惩办。酌拟在部监禁五年。俟事平后再行酌核办理。①

《马关条约》签订后，应日本方面的要求，李鸿章奏请将高顺、赵春霖、吴承栋三犯释放。6 月 28 日，清政府按该约第 9 款“此次交仗之间，所有关涉日本军队之中国臣民概予宽贷，并饬有司不得擅为逮系”之明文规定，命中城兵马司将高顺等三名在押犯交日本公使馆收领。

将此案与石川案相比较，颇有其相似之处，审得都很不彻底。以高顺为例，他先跟井上敏夫，后跟宗方小太郎，死心塌地为日人效劳，出卖民族利益，但在审讯中却坚称其所为“系外国跟役照常应办事件，并非因打仗后打探军情”②，也就被他蒙混过关了。两案也有不同之处，即虽然同样受到西方国家，特别是美国的干扰，但审理的结果却不相同：石川案的主犯之一的刘棻是被当即押赴市曹斩决；此案的主犯高顺和赵春霖却被判“拟斩监候，秋后处决”。为什么会有如此之变化呢？不是别的，而是清政府转而执行与日议和政策的一种反映。清政府既已决定对日乞和，而且请美国作为中日之间的“居间人”，

①《中日战争》（中国近代史资料丛刊续编），第 5 册，第 394~395 页。
②《中日战争》（中国近代史资料丛刊续编），第 5 册，第 395 页。

对奸细案的处理自然要留有余地，暂“拟斩监候，秋后处决”可拖一下，以待时局的变化。其实，这也正是美国公使田贝（Charles Denby）所期望的。高顺等犯被捕后，田贝曾致函总理衙门称：

> 既系本馆雇用之人，本馆自应知其被拿系因何罪，有何证据。本大臣不知是否实有其罪，是以不能定请释放此人。惟该家眷常来本馆哀求，云其实为无罪。想中日现已欲行议和，此人在押，受苦已经数月，拟请转行酌为开释可也。①

这封求情信正说到了“欲行议和”的点子上，清政府不能不加以考虑了。因此，所谓“拟斩监候”者，“酌为开释”之变相也。果然，还没等到秋后，《马关条约》便已签订，于是高顺等便像日本俘虏那样享受优待交给日本方面了。

---

①《中日战争》（中国近代史资料丛刊续编），第5册，第240页。

第七章　江浙日谍案中案

第一节　关东谍踪

从 19 世纪 70 年代以来，关东地区一直是日本情报机构关注的重点。早在 1872 年，日本即曾派遣陆军中佐池上四郎、陆军大尉武市熊吉、外务权中录彭城中平三人到中国。他们三人化装为中国商人，潜入关东地区调查，历时一年，归国后向日本当局提出了一份《满洲视察复命书》，甚受重视。这是日本明治政府上台后向中国派出的第一批间谍。自此以后，日本向关东派遣间谍的活动日趋频繁，很难做一个完整的统计。但从有关资料可知，日本在甲午战争初期向关东地区所派的情报人员，一般是采取以下三种方式：

第一，是长期隐蔽的方式。为日本海军军令部效劳的山本条太郎，曾长期藏身于营口中国人潘玉田开设的永茂油坊里，即是一例。另外，根据知情人的回忆，有两名日本军事间谍冒充山东籍渔民，潜伏在旅顺口附近的小平岛，进行间谍活动。其中一人原名已佚，化名田老二；另一人名津久居，化名林大辫子。这两名日谍不但搜集军事情报，而且还同关东“众匪首拉拢勾结，为各匪帮供应枪械子弹等，自己也成立一小帮，跟着各匪帮活动”。田老二还骗娶了一名山东籍的王姓女子，以为掩护。战争爆发后，旅顺炮台守军发现夜间时有灯光信号闪烁，引起注意，多方监视侦察，发觉田老二形迹可疑，即将他拘捕审讯。田老二坚不吐实。被他骗婚的女子深明大义，协助守军搜寻，终于查出间谍确证。①

第二，是从海上登陆侦察的方式。甲午战争爆发后，日本海军奉命寻找日军登陆作战的上岸地点，关东也是侦察的重要目标。日本军舰多次游弋于榆关近海及旅顺后路海域，甚至派人乘小艇登岸测量，即为此也。现从总理衙门档案中找到两份署吉林将军恩泽致总署咨文，发现图们江口附近也是日军所考虑的登陆地点之一。当时，日本军舰在海上遇到中国渔民就捉，遇到越南渔民也捉，让他们为自己服役。越南渔民徐东力为日舰所拘，连同两名中国人，被迫随同四名日兵在图们江口附近上岸，潜入吉林珲春探查，因走散乞食而被捕。据徐东力供称：

> 现年20岁。于上年（1894年）八月内合乡邻人共11名，在本国海岸捕鱼，俱被日本人掳去。分置各兵船上，令穿日本衣服，每人每月应许给洋银7元，与彼服（役）。现由南洋驶来兵船三只，船上日本人最多。彼2只暂停海洋，距此处三五百里。小的在此船上，到温贵口探查海冰解否。在西水罗地方，随同一日本小官、3名兵，并两名华人，均改装穿船内所携之中国衣服登岸。分为两路，密探该处一带有无华兵守御。小的同二华民、一日本人行至大河边，被韩人们逐散，彼几人不知去向，小的只身来至

① 宁武：《清末东三省绿林之产生、分化及其结局》，见中国人民政治协商会议全国委员会编：《文史资料选辑》，第6辑，中华书局，1960年，第136~137页。

> 被拿处。因夜晚饥甚，进一民房乞食，致被拿获。次日解至营盘审问，转送到案。今蒙审讯，除此别情一概不知。所许之洋钱，迄今一元亦未领得。所供是实。①

徐东力虽走散被捕，然两路日谍皆完成探查任务而回到了舰上。

第三，是分批潜入侦察的方式。甲午战争爆发后，曾有多批日谍进入关东活动，如钟崎三郎潜往山海关一带，前田彪等潜伏营口，松田满雄等潜入旅顺口，等等。但是，在战争期间采用这种派遣间谍的方式危险性很大：一是日谍的活动范围不能过大；二是日谍探查活动的时间不能过长。这就是日本军事情报机构要连续不断地向关东派遣间谍的根本原因。所以，甲午战争爆发之初，关东滨海一带，一时谍影幢幢，或出没于驻军防区，或深入于海防要塞，较之他处尤甚，就不足为奇了。

当时，被派往关东活动的日谍大都是装扮成中国商人，变名易姓，行动极其方便。应该说，他们几乎每次都是完成任务后安然离开。但是，他们也会有失手的时候。如在上海法租界查出的两名要前往关东的日本“商人”，尚未登轮离沪即被拿获。这便是下一节所要谈到的“日商”间谍嫌疑案。

第二节　上海租界里的日本“商人”

1894 年 8 月 13 日，即天津石川伍一间谍案破获后的十天头上，在上海的法租界里又发生了一起震惊中外的日本间谍冒充商人案。

---

①《中日战争》（中国近代史资料丛刊续编），第 5 册，中华书局，1993 年，第 350 页。

此案的两名主犯，都是上海日清贸易研究所的毕业生：一名楠内友次郎；一名福原林平。

楠内友次郎，佐贺人。原姓青木，因承鹿儿岛藩士楠内家之嗣，改姓楠内。稍长移居鹿儿岛。曾以从军为志，投考陆军士官学校，因视力不足而未通过体检，从此断绝从事军旅之想。1885 年，进入早稻田大学前身的东京专门学校，学习法律。后转入英语科就读。1890 年 9 月，荒尾精在上海创办日清贸易研究所的消息传来，楠内友次郎异常兴奋，遂乘轮航沪，参加该所。1893 年毕业后，入上海日清商品陈列所，从事日本和中国方面的海产品调查。1894 年初，横滨贸易新闻社社长要深入中国内地进行调查，楠内友次郎与之同行，历时数月返回上海。战争爆发后，楠内友次郎仍留在上海，藏身于日清商品陈列所，在炮兵大尉根津一的领导下从事侦察活动。这是楠内友次郎间谍生涯的开始。当时，他曾致书其兄，略谓：

> 今日之事，乃国家安危之关键，皇运隆盛之所系。苟帝国臣民临事而偷安，异日之事不可问矣。弟幸以聊通敌情之故，暂时隐身于该邦，以谋国家进取之道。然轻举妄动有误忠孝大义之虞，为慎重起见，一时音问或缺，务望谅之。①

福原林平，日本冈山县人。少年时代曾进入著名的闲谷黉学习。闲谷黉是日本创办历史最长的藩校之一，明治维新后一度趋于式微。到 1883 年学者西毅一任黉长，该黉名声复振。所设学科，无论英、汉等语还是数学等，皆以灌输忠君爱国为最高要求。在西毅一的教育熏陶下，福原林平也以慷慨国士自许。1890 年，上海日清贸易研究所在日本国内招收新生，福原林平欣然报名应试，但未被录取。他在失望

① 黑龙会编：《东亚先觉志士记传》，下卷，原书房，1933 年，第 442 页。

之余，想起在闲谷黉时曾听过荒尾精所作关于东方问题的演说，当时大受鼓舞，便鼓起勇气往访荒尾精，畅谈“兴亚之志”。荒尾精听后，颇为赞许，当即拍板破格准其入学。1893 年，福原林平从日清贸易研究所毕业，又进入商品陈列所。此后，他曾乘轮溯江而上，对长江流域进行考察。途中所闻所见，使他感触良多，诗兴大发，作有七律六十余首。其一云：

欲试长江万里游，飘然来投月明舟。

把杯堪笑人间事，越水吴山使我愁。

此行使他看到在中国的土地上，西方列强恣意横行，连秀丽的越水吴山也似带愁容，不禁感慨系之。其二云：

身在忙中闲日月，商贾余事养玄玄。

胆心浑是乾坤气，任他蛟龙何所边。

写自己心不在商，胸怀整顿乾坤的大志。其三云：

卿在瀛洲北海天，余游万里蜀吴川。

此江月影此真影，写出往时奇遇缘。①

此诗是作者思念留在日本国内未婚的恋人山本幸子之作。这反映出福原林平的另一面。山本幸子读到此诗后，深受感动。据说，福原林平死后，山本幸子终生未嫁，专门从事女子教育事业。② 1894 年战争爆发后，福原林平同楠内友次郎一样，也留在上海，在根津一领导下从事军事侦探活动。

1893 年 8 月上旬，根据根津一的命令，楠内友次郎和福原林平担当起深入关东腹地侦探清军兵力及布防情况的重任。根据 1895 年 7 月

①《东亚先觉志士记传》，下卷，第 531 页。

②《东亚先觉志士记传》，上卷，第 445 页。

时已晋升陆军炮兵少佐的根津一所写的《见认证书》：

右者于明治二十七八年事变之际，正住在中国上海日清商品陈列所。同年7月，下官坐镇上海，负责对敌人军情的侦察任务，二人皆欲不惜牺牲为国家报效。于是，下官令其深入满洲内地，专门从事侦探敌状的活动。预定计划是：先乘船到营口，经辽阳抵奉天，再去辽阳，返回奉天后将敌情以电报传来；复前往凤凰城，将沿途所见敌情随时报告。其后，即向鸭绿江行进，调查事变之初渡江入朝清军的总数及其沿义州街道行军途中之情况，向在韩之第一军司令长官报告；随后即担任该军之陆军向导。交付二人之任务确实至难。8月10日夜，二人变装离开陈列所宿舍，扮成湖北商人，投宿于中国客栈。[①]

由此可知，此番任务艰难危险，非同寻常。楠内友次郎和福原林平接受任务后，感到心中无底，只能冒险一试。当时，福原林平致其父信中称，此次“进入中国内地，参加大日本征服中国之旅”，有“神佛保佑，必可平安无事”；却又谓“不死之威灵将守护国家千载”。[②] 这是福原林平的真实感情流露，也说明他深知此行前途莫测。

根据根津一的安排，楠内友次郎和福原林平为此行进行了周密的准备。他们携带了关东地图以及驻军番号和将领衔名的清册，而且还特别草拟了一份《暗码注释单》，以备用暗码电报通报军情之用。《暗码注释单》如下表所列[③]：

---

① 东亚同文会编：《对支回顾录》，下卷，原书房，1981年，第584~585页。

②《东亚先觉志士记传》，上卷，第444~445页。

③《中日战争》（中国近代史资料丛刊续编），第5册，第201~204页。

<table>
<tr><th>类别</th><th colspan="2">暗码</th><th>注释</th></tr>
<tr><td rowspan="15">地别</td><td rowspan="3">北部</td><td>上等品</td><td>奉天府之兵</td></tr>
<tr><td>中等品</td><td>辽阳府之兵</td></tr>
<tr><td>下等品</td><td>锦州以西兵之总称</td></tr>
<tr><td rowspan="3">西部</td><td>上等品</td><td>锦州附近之兵</td></tr>
<tr><td>中等品</td><td>宁远附近之兵</td></tr>
<tr><td>下等品</td><td>由山海关内来之兵</td></tr>
<tr><td rowspan="3">东部</td><td>上等品</td><td>岫岩附近之兵</td></tr>
<tr><td>中等品</td><td>凤凰城附近之兵</td></tr>
<tr><td>下等品</td><td>由凤凰城东来之兵</td></tr>
<tr><td rowspan="3">南部</td><td>上等品</td><td>旅顺口附近之兵</td></tr>
<tr><td>中等品</td><td>大连湾附近之兵</td></tr>
<tr><td>下等品</td><td>复州一带兵之总称</td></tr>
<tr><td rowspan="3">中部</td><td>上等品</td><td>营口附近之兵</td></tr>
<tr><td>中等品</td><td>盖平附近之兵</td></tr>
<tr><td>下等品</td><td>辽阳、奉天地面之兵</td></tr>
<tr><td rowspan="6">事别</td><td colspan="2">谷类</td><td>步兵勇练军</td></tr>
<tr><td colspan="2">杂货：漆器、瓷器、洋伞、自来水、镪水</td><td>炮兵</td></tr>
<tr><td colspan="2">酒类</td><td>骑兵</td></tr>
<tr><td colspan="2">皮类</td><td>兵船</td></tr>
<tr><td colspan="2">银</td><td>水雷</td></tr>
<tr><td colspan="2">金</td><td>防御兵</td></tr>
</table>

（续表）

类别	暗码	注释
事别	铜	笼城防御兵
	卖	兵赴朝鲜
	买	兵赴山海关
	九八	恰祥记
	无买卖	兵赴旅顺口地方
	市上静谧	兵赴奉天府
	何物价多	聚粮多
	何物价少	修理兵马来往之路
	甚清静	兵赴营地方
	行情不变	兵不动
	某物某月初中下旬价 何卖买无卖买	某兵某月初中下旬某 营向某地方发
	何月何日何货行情腾贵若干	何月何日何兵何 营增兵若干
	某月归家得病某月某日已愈	某月某日某兵 由鸭绿江过朝鲜
	某月以来病未愈	事变以来兵尚未 由鸭绿江过朝鲜

（续表）

类别	暗码	注释
事别	品切	兵甚少
	货缺	兵无多
	贩路	兵去向
	销场	兵去向
	销路	兵去路
	上下不定	兵数增减未定
	涨落未定	兵数增减未定
	在货	在此之兵
	现货	现在之兵
	残货	留营兵若干
	存货	现在有兵若干
	手放	兵数减少
	脱手	兵数减少
	人气引立	添兵甚多
	生色	增兵
	市上	当时
	市面	目前
	行市	模样
	沈清	兵甚少
	太清淡	兵数非常之少

（续表）

类别	暗码	注释
事别	商卖何卜十日不味	不知兵之情形
	光景无味	不知军情
	卖急速售	招募兵甚急
	破谈	兵减若干复从探听
	不成功	兵未齐
	入荷来货	兵到了
	不振商势	驻扎之兵不多
	市情不兴	驻扎之兵不多
	买控	兵不动
	停办	兵不动
	要买	派兵赴某处
	收买	兵已到
	卖控	兵已派出
	停售	兵已派出
	卖望	兵已派兵
	销路有望	兵非常之多
	相场几何	军情若何
	行市如何	军情若何

楠内友次郎、福原林平此行一开始即极不顺利。根津一所写的《见认证书》说："8 月 10 日夜，二人变装离开陈列所宿舍，扮成湖北商人，投宿于中国客栈。"所述过于简略，难以从中看清事情的原委。事实上，按预定的计划，他们准备先乘 11 日的客轮到营口，然后走陆路北上经辽阳到奉天的。不料船期有变，11 日的班次被取消，延期至

14日起航。他们怕住处附近耳目甚多，决定离开日清商品陈列所，到法租界中国人所开的同福客栈住下，以等待14日的船期。

应该说，楠内友次郎和福原林平还是很谨慎小心的。因系执行特殊任务，他们二人为避免目标过大便分开行动。福原林平先在12日住进同福客栈，到第2天，即13日，楠内友次郎才到同福客栈投宿。同时，景山长治郎也在另一家全安客栈住了下来。景山长治郎前曾与前田彪、成田炼之助一起前往关东，以营口为据点，深入关东腹地，进行了大量的侦察活动，情况十分熟悉。根津一考虑到楠内友次郎、福原林平二人过去从未到过关东，完成任务困难很大，故决定加派前不久由关东回到上海的景山长治郎与他们同行。尽管他们藏头露尾，行动诡秘，还是被官府所布眼线所认出。14日晚上，楠内友次郎、福原林平正在客栈里，被道台衙门差弁遇个正着，而景山长治郎因住在另一家客栈，得以侥幸漏网。

因此事发生在上海法租界，中国地方当局无法将两名日谍嫌疑犯直接带走审讯，便由租界当局将其送交美国驻沪总领馆看管起来。江海关道沈能虎当即致电报告北洋大臣李鸿章，内称：

> 此间昨得倭奸二人，搜有关东舆图及带兵衔名，乃不即时送县，辄交法捕房致送美署，竟不交出。闻已电达总署。倭虽美保，应保安分之人，乃搜有作奸实据，即属不安分之人。亦托名保护，实则窝奸，大有害于友国。总署应力争交出，力置于法。①

与此同时，苏松太道黄祖络电禀南洋大臣刘坤一，并转报了总理衙门。

8月16日，军机处电寄刘坤一谕旨：

> 奉旨：刘坤一电称，上海租界查获华装倭人二名，搜出图据，

① 故宫博物院编：《清光绪朝中日交涉史料》，卷17，1932年，第17页。

现在美领署管押等语。本日已由总理衙门照会美使，饬令领事交出讯办。著刘坤一即饬江海关道告知美领事，迅即交犯严讯，并根究党与，一律搜捕，按照军律惩办。钦此。[①]

总理衙门遵旨于当天照会美国驻华代理公使田夏礼（Charles Denby Jr.）称：

查拿日本奸细一事，本衙门于本月初六日援照公法照会贵署大臣查照在案。兹准南洋大臣电称：十三日，上海道在法租界客寓查有华装倭人两名。饬委会捕，拘至捕房，搜出图据。法领事以倭人现归美国保护，交美署管押。委员向美署索交，领事谓事关重大，须电驻京大臣饬遵等语。查沪关所拿华装倭人二名，既经搜出图据，确系奸细，不在保护之列，按照公法自应由中国讯明办理。相应照会贵署大臣转饬驻沪美领事，速将该倭人二名即交上海道审办。是为至要！[②]

总理衙门的照会依国际公法要求引渡两名日谍嫌疑犯，理直气壮，但美国心存袒护，拖延不肯交出，从而引发了中美之间的一系列交涉。

第三节　盂兰盆会假僧遇真僧

正当清政府为引渡两名假日本商人而与美国努力交涉之际，在浙江又发生了一起假扮僧人的日谍嫌疑案。

1894 年 8 月 15 日，乃夏历七月十五日。按传统，此日为佛教盂兰盆法会之日。西晋竺法护所译《盂兰盆经》称："年年七月十五日，

①《清光绪朝中日交涉史料》，卷 16，第 39 页。

②《中日战争》（中国近代史资料丛刊续编），第 5 册，第 60 页。

常以孝慈忆所生父母，为作盂兰盆，施佛及僧，以报父母长养之恩。”日久成为习俗，民间多谓此日修供，其福百倍。值此佛教盛会之日，到普陀山烧香礼佛的僧人和民众连续多日络绎不绝。许多僧人16日从上海搭船，19日到镇海改乘武宁轮船，来普陀朝圣。其中，有一僧举止怪异，众僧上前问讯。结果该僧答不出，竟勃然大怒，冒出日本话来。此僧因此露出马脚，被看破原来是一个假冒的日本和尚。[①] 适在此刻，元凯兵轮大副把总贝名润上船检查，对其加以盘诘。“据称系广西人。继又称为贵州人，欲赴普陀山。言语支离，并无随带行李。搜查身上，只有墨盒纸笔、普陀山僧名单一纸、时辰表一个、洋银22元，又小洋1元4角5分、洋伞一把。”[②] 因其形迹可疑，显然系假冒僧人欲为不法之事，遂将其拘捕。

这个假冒的日本和尚又是何许人？不是别人，正是来华多年的日本间谍藤岛武彦。藤岛武彦是日本鹿儿岛人，出生于一个藩士家庭。1885年，进入东京陆军士官学校，因学习英语、数学两门课程甚觉吃力，一时陷入困惑之中。经一位姓赤塚的前辈指点：“男儿欲安身立命，宜向中国大陆发展。”[③] 藤岛武彦遂决意渡海赴沪，以研究中国现状。1888年，他到汉口投于荒尾精门下，成为乐善堂最年轻的成员。曾参与荒尾精所组织的“四百余州探险”，先后两次赴中国西北数省活动，历时两年之久。1890年，荒尾精在上海筹办日清贸易研究所，经费难以筹措，藤岛武彦遂毅然回国，在大阪兴办纸革制造所，以所获利润为办所费用之补助。甲午战争爆发后，他乘德国客轮再渡上海，投根津一手下以听调遣。根津一命其剃发变装，经直隶出关东，向鸭绿江方面前进，一面沿途侦探军情，一面等候与北渡鸭绿江的日本第

---

①《东亚先觉志士记传》，上卷，第450页。

②《中日战争》（中国近代史资料丛刊续编），第5册，第124页。

③《对支回顾录》，下卷，第574页。

一军先遣队会合，并担任向导。但是，藤岛武彦回国后剪去发辫，装扮困难，因此根津一想到不如让其先扮成和尚模样，去找正在普陀山法雨寺研究佛学的高见武夫，学习一些佛门规矩和礼仪，再北上执行任务不迟。于是，他便从上海乘船南行，凑巧赶上盂兰盆会，这才演出了武宁客轮上那尴尬的一幕。

藤岛武彦被捕后，承认自己是日本人，装扮和尚，却又编了一套瞎话搪塞："姓藤岛，日本国大阪人，家业铁商。六月二十七日在大阪动身，七月初一至长崎，初三、四日上船至上海，十八日在上海搭乘武宁轮船至宁波。欲到法雨寺访日本僧高见，因彼高见犹未知今回两国失和之事，故特至法雨寺告事情迫切，使他回国。"诘问："既称铁商，何以故扮僧人?"答以："现因中倭开仗，来往不便，故由上海削发来镇。"宁绍台道吴引孙见此情况，认为："藤岛改扮僧装，行踪甚为诡秘，供词亦极闪烁，难保非图混入内地窥探军情。尤恐有华人作奸，亟应彻底根究，以期水落石出。"即派候补通判梅振宗，会同鄞县知县杨文斌审讯，亦无结果。吴引孙亲自主审，逐层指驳，藤岛"于无可分辩之时，始据供称系上海日本大越领事遣其来甬。并称前往普陀，因恐路上有人盘问，故先落发"。对于"有无探看军情""使探何事，同伴何人"诸问题，坚不吐实。其供词如下：

> 名武彦，二十六岁，是日本大阪人。光绪五年到中国读书，并在汉口开店，出卖海带菜等货。……现在中日有交战事，宁波东洋人都已回国了。有一个姓福的东洋人，住在上海跑马场开杂货店，与高见好朋友，他因有病回国了。六月二十七日，小的由大阪动身，趁搭日本船，过了两三天到长崎。七月初四日到上海，会见那前在汉口领事处写字的速水一孔，是小的朋友。十一日，带领小的去见驻上海日本领事大越大人。那大越当与小的盘费英

> 洋二十元，嘱令小的到普陀山邀高见和尚同到上海，可与小的一同回国。并没别言交代，也没应许赏官赏财的事。十二日，大越就同速水一孔回国了。小的又受姓福的朋友所托，代向高见说他有病在家的话。因想日本人到中国来不便，故于十七日剃落头发，不为识破日本人了。况且小的会讲中国话，普陀地方东洋人又不到的，所以小的扮作和尚，趁搭轮船要到普陀去的。小的是有家私兼开店业，汉口、上海认得小的的人俱多。……今蒙研讯，小的实止受领事所托，去到普陀接高见，并没作奸细，探听炮台洋面消息事。求宽恩是了。①

藤岛武彦想蒙混过关，编造连篇谎话，但为了把谎说圆，不得不交代出两个人，即“姓福的东洋人”和他的“好朋友高见”。

藤岛武彦供词中的“姓福的”自然是指福原林平，那么“高见”又是何人？“高见”就是高见武夫，日本冈山县人。少时就读私塾原泉学舍，后又进入闲谷黉，与福原林平为同窗好友。1890 年，负笈东京，一度入东洋大学前身的哲学馆，师从号称“妖怪博士”的宗教哲学家井上圆了。不久，又赴镰仓，向圆觉寺宗演和尚学习禅学。一天，荒尾精也来到圆觉寺，对高见武夫大讲东亚问题，谈得非常投机。荒尾精劝他前往中国。高见武夫一时冲动，便与福原林平商议一起渡华。临行前，冈山国清寺住持海晏和尚付给高见武夫介绍信一纸。1893 年 11 月，二人同时来华，福原林平留在上海，高见武夫则直接往普陀山法雨寺潜伏。法雨寺主持见有海晏和尚的介绍，哪里知道他是日本间谍，并未产生怀疑。

高见武夫在法雨寺住下后，过了半年多平静日子。在此期间，他的情绪似乎相当低沉。他性格内向，淡薄世事，又多愁善感，本不是

---

①《中日战争》（中国近代史资料丛刊续编），第 5 册，第 124~126 页。

那种慷慨悲歌之士。《高见武夫传》的作者对他的性格是这样评论的：“君素来沉默寡言，常手不释卷，是一位笃学者。”但因经受不住荒尾精的蛊惑，竟接受了这项本不适合他来承担的任务，扮演了一名悲剧的角色。他爱好作诗，尤擅长七绝，吟咏之余编为《梦痕录》。兹从中选录数首，以窥其当时的心境。其一题《味莼园》：

秋云欲瘦雨如丝，日落名园宿草悲。
一点疏灯心万里，小楼剪烛夜题诗。

其二题《春日感怀》：

满眼东风吹满林，花开溅泪鸟惊心。
吴山越水三千里，春与春愁一样深。

秋天观日落是悲，春日赏花是愁，高见武夫每天沉浸在孤寂之中，无法排遣的是剪不断的乡思。高见武夫可能有些后悔，但尚未料到他走的是一条不归路，最终成为日本对外侵略扩张政策的牺牲品。果然，藤岛武彦一被捕，便将他供出来了。高见武夫受审时心存侥幸，认为没有露出什么把柄，把一切推得干干净净，连自己的姓也不承认了。其供云：

年二十七岁，日本冈山县人。姓阚山，名高见，僧名开英。家有父母妹子。旧年十一月到普陀山，二月初八日落发的，拜佛念经。这藤岛并不认识，他姓藤岛名武彦。那日本人福源林，在上海英租界开瀛华广懋馆广货店，与僧人是朋友。自从日本冈山县开各书院相见结交，到上海已有四年。现在福源林是否仍在上海，有无回国，僧人并不晓得。僧人前三年所见藤岛不是这个藤岛，这个藤岛并不认识。藤岛所说大越领事，亦不认识，并无往来。他为人好歹也不晓得。是实。①

①《中日战争》（中国近代史资料丛刊续编），第5册，第126~127页。

在此案的审理中，由于不掌握藤岛武彦和高见武夫的确切证据，难以取得真供，一时无法结案。吴引孙决定：将藤岛仍发鄞县监禁，严饬狱官妥慎看守；高见武夫发交城中天宁寺，仍由普陀下院僧人看管，毋许远离。

第四节　江浙日谍案中案的审结

浙江的日本假僧的审理既无进展，只得将案犯暂时看押，俟集有新证再行审理。直到上海的日本假商人案终告勘破，此案的重审才有了突破性的进展。

总理衙门深知，勘破上海法租界的日本假商人案的关键问题，在于引渡楠内友次郎、福原林平两名案犯。为此，曾援照国际公法向美国驻华代理公使田夏礼发出照会。当时，田夏礼也好，美国驻沪总领事佑尼干（Thomas R. Jernigan）也好，都是偏向日本，并不积极配合总理衙门的要求。他们所采取的一个主要策略，就是一个“拖”字。当收到总理衙门的引渡照会后，田夏礼先是复照，谓“现尚未接到该总领事详报，无（由）知悉此案详细情形，是以未便遽照所请饬行办理”。此法暂时应付一下可以，不能久拖，于是又想出了一个须请示本国外交部的借口：

> 据想本国驻上海总领事断不能于日本不安本分之人，有意偏袒。惟因奸细之案，关系匪轻，总须先行细为商酌。现既电转本国外部商办此事，计来往海程，须经多日方能接有回电。①

后来，佑尼干更玩起了“替讯”的把戏。作为“替讯”的结果，

①《中日战争》（中国近代史资料丛刊续编），第5册，第60、63页。

他向中国方面交出这样一份供词："数年前在沪读书。回国后，今年夏至上海，业玉器古董。所带地图，好为中日有事备阅。"靠一场"替讯"的闹剧，以遂其瞒天过海之计，当然是不可能行得通的。于是，一时气氛闹得很紧张：一方面，江海关道派委员到美国总领馆"坐索"；另一方面，佑尼干"坚不肯交"[①]。双方僵持起来。

为了打破引渡日谍嫌疑犯的僵局，总理衙门致电驻美公使杨儒，令其速与美国国务院交涉。8 月 21 日，美国国务卿格莱星姆（W. Q. Gresham）当面向杨儒表态："奸细应交，美使及领事袒宕非是，已电田使饬交。"[②] 24 日，总理衙门即照会田夏礼，请其遵国务卿之意，"转饬驻沪总领事，速将日本奸细二名照交中国地方官审办"。但田夏礼重演故技，仍借故拖延。适在此日，在汉口发生了美国领事柴有德（Jacob T. Child）庇护日本间谍的事件。是日，"有倭人剃发改易华装，在汉口租界外行走。营勇向前盘诘，正欲查拿，该倭人即持刀抗拒，逃入租界。美领事不肯交出，谓系日本安分人，即时护送登轮往沪。"湖广总督张之洞即电总理衙门，提出："既系安分，何必改装？情弊显然。请照会美国驻京大臣切嘱美领事，以后查有华装倭人不得庇护。"于是，总理衙门向美国提出严正交涉，于 8 月 31 日照会美国公使田贝（Charles Denby）称：

> 查中日未经失和以前，条约内载两国商民不准改换衣冠，致兹冒混。是平时倭人改易华装尚干例禁，况现当两国开战之际，倭人改装剃发，匿居中国，其为窥探军情，有心混迹可知。此次汉口之改装倭人，一经营勇盘诘，即持刀抗拒，逃入租界，情弊显露。而美领事讳为日本安分之人，即时送沪，是否有意袒庇倭

①《清光绪朝中日交涉史料》，卷 17，第 21 页。

②《清光绪朝中日交涉史料》，卷 17，第 26 页。

奸，殊难剖白。但论公法，似已未协，且于贵国保护真正安分商民之名有损。盖缘沪关所获倭奸，不肯交出讯办，以致他口倭奸效尤无忌，实于中国军情大有妨碍。应请贵署大臣严饬各口领事，嗣后如遇此等情事，即照公法交出讯办，以敦睦谊可也。①

总理衙门一面电令杨儒向美国国务院申明："现寓韩、倭华民，倭甚虐待。倭人改装剃发，游匿中国尚多，中国应援公法以为备。美愿邦交，总宜平持，务嘱外部速电田使，勿为口惠。"②

事情闹到这种地步，美国政府似乎已意识到会影响其中立国的国际形象，为挽回影响，早在两天前（即 8 月 29 日），便向田贝发出电训，对其严加申饬。略云：

"保护"二字，尔与领事俱误会。倭人图谋中国，干犯律例，不得恃美官署为护符。美领事只可从中调停，仍守局外公例，不应该将该倭人收留。尔谓应由美领事公断一层不妥。③

到 9 月 1 日，田贝才不得不电饬其上海总领事佑尼干，将两名日谍嫌疑犯楠内友次郎和福原林平引渡给中国。3 日，美领馆将二犯移交给上海道署。经江海关道研讯，楠内友次郎供认"系日本人，小村嘱为转报军情，未报被获"；福原林平初"甚狡展，迨示以本人所写暗处字据，始供欲探北路军情，尚未赴津被获"。8 日，有旨谕南洋大臣刘坤一，"饬令江海关道取具供词，即行就地正法"④。

刘坤一接旨后，并未立即执行。他认为，一则"案情关系重大，且该倭奸党类甚夥，尤须一一追究"⑤，不应草草结案；二则"闻上海各领事均为该倭奸存希冀，就地正法恐滋饶舌"。故决定"饬即日连

①《中日战争》（中国近代史资料丛刊续编），第 5 册，第 66、76~77 页。
②《清光绪朝中日交涉史料》，卷 18，第 22 页。
③《中日战争》（中国近代史资料丛刊续编），第 1 册，中华书局，1989 年，第 187 页。
④《清光绪朝中日交涉史料》，卷 19，第 24、27 页。
⑤《中日战争》（中国近代史资料丛刊续编），第 5 册，第 185 页。

案派轮押解来宁惩办"①。刘坤一的想法是对的，因为还有一桩浙江假冒日僧案等待重新审理，他希望从沪案中能够发现新的线索和证据。于是，他下令将两名日谍嫌疑犯押解南京，派两江营务处金陵洋务局道员曾广照、罗嘉杰会同审理。

9月23日，提审福原林平。对于探听军情的讯问，福原林平躲躲闪闪，言语支吾，且破绽百出，难以定论。然其为探听军情，应该事无可疑。此日审讯还有一个最大的收获，就是意外地获得了有关藤岛武彦和高见武夫身份的线索。试看审讯时的记录：

（一）关于藤岛武彦的回答：

问：你认识藤岛武彦吗？

答：从前认识他的，现在不知他何处。

问：他现在做什么？

答：不知道。

问：他本来做什么的？

答：他在日本大阪做买卖。

问：他多少年纪？

答：大约二十七八。

问：他现在留了辫子吗？

答：从前留过，现在不知。

问：藤岛几时剃头的？

答：去年八月回国，在大阪见他时，尚未剃头。

（二）关于高见武夫的问答：

问：高见你知道吗？

①《中日战争》（中国近代史资料丛刊续编），第1册，第205页。

答：知道。他本来是个和尚，听说他现在普陀山。

问：高见和尚你知道么？他名叫什么？

答：知道。他姓高见，名武夫。

问：高见今年多大年纪？几时做和尚呢？

答：他 26 岁。他本是日本镰仓地方的和尚，去年 11 月到中国后始剃头的。①

通过对福原林平的初审，起码弄清了两个问题：第一，藤岛武彦是冒充和尚，可得到进一步的证实。第二，知道了高见武夫的真实姓名，他自称姓阚山名高见并非真话，说明提供的是假供，必有不可告人之事。

9 月 24 日，提审楠内友次郎。一开始，楠内友次郎东扯西拉，多谈别人的事，对自己的事则加以编造，不敢吐实情。由于主审者已掌握一定的证据，再三研讯，楠内友次郎始愿实供。供称：

七月初间，西村著饭田正吉到我处，对我说："西村此次前来上海，本欲去天津、烟台等处探听军情，数日前所以托你我在上海代为转电日本。"他听说北边各地方清国官员防查甚严，西村因此不敢前去。今西村令我在上海专办转电之事，托阁下前去烟台、天津、牛庄探访军情。探得后请电致我处，我即代转电长崎。目前西村先回长崎去等，专托我与阁下在此行事等语。登时我听了饭田此言，再四思想，既受西村之托，只得前去天津、牛庄一行。然心中总觉害怕，过了三四天见着福原，他忽对我说："阁下可曾受过他人密托没有？"我登时答福原云："你亦受他人之托否？"福原点头。彼此心照不宣。福原复云："我们均受他人之托，不能不去北边一次，惟由瀛华广懋馆动身，耳目甚众，不

①《中日战争》(中国近代史资料丛刊续编)，第 5 册，第 185~190 页。

若移往中国客栈启程，则诸事方便。”等语。当时遂与福原约定，同移住同福客栈。到了十二日，福原先搬去了。到十三日午后十一点，我方搬到同福客栈住宿一宵，并未与福原商议事件。及至十四日清晨，我出街去买随身东西，至中午回至客栈吃饭。福原向我说：“今日景山来过此地，约你下午傍晚时候到全安客栈前面桥上说话。”等语。我听了福原此言，即出同福客栈，意欲觅一清静剃头店剃了浅发，然后往全安客栈去会景山。不意沿途剃发店人多，不便进去，只得缓行至全安客栈。到了全安客栈，该处正在唱戏，我遂在那里听了一点多钟的戏，尚不见景山来。我又行至桥边专候景山。候了良久，彼亦未来。及候至十点钟光景，景山犹不来，我只得回同福客栈。回到客栈时，业已十一点钟。不多一会子，遂有许多巡捕进客栈来，将我们拿去了。[1]

尽管楠内友次郎的供词隐瞒了许多重要的情况，但他还是招认了两件事实：一是他与福原林平是同伙；一是他们都是奉派北上探听军情。在这种情况下，福原林平不招也不行了。

9月28日，再次提审福原林平。审问一开始，主审官道员曾广照、罗嘉杰首先开门见山地警示福原林平：“前日你所供之话中多不实之处，楠内昨日已照实供出了。你尚可狡赖么?”福原林平只得承认前系谎供，今日要说真话。供称：

今日我从实供，不敢说谎。有姓根津者，系与我同学之人。去年春天他回国去了，八月内我亦回国。十一月，我由日本到上海仍做生意。至今年七月初十日，忽接根津来信，托我探听军情。信中寄来奉天兵营人名兵数单一张，锦州、辽阳兵营情形单一张，暗码电报一纸。我收了此信件，即与楠内商议：欲往天津探听，

---

①《中日战争》(中国近代史资料丛刊续编)，第5册，第198~199页。

> 因在日本铺子不便相商，搬至中国人客栈，以便商量一切，并方便动身等语。楠内当即允许。我遂于十二日先搬住同福客栈住一宿。楠内是十三日搬去同福客栈的。十四日，我出街去买东西，晚上十点钟回至客栈。不多时，即被巡捕拿去。①

在物证人证俱在的情况下，福原林平被迫交代了自己的部分罪行，但在供词中也夹杂了一些假情况。由于主审的官员认为已经达到了审讯的目的，可以结案了，便不再继续追问下去。

10月8日上午9时，两江总督刘坤一钦遵电旨，饬将楠内友次郎、福原林平二犯押至江宁县苴桥市刑场，处以斩刑。

江苏的日本假商人案既经审结，便给浙江的日本假僧人案的再次审理带来了突破。此次浙江巡抚廖寿丰命杭州府知府陈璚主审，署按察使王祖光核看。由于藤岛武彦、高见武夫二犯已知福原林平招供，因此审讯较前番顺利得多。先审高见武夫。高见武夫供称："与日本人福原林平同馆，彼此交好。十二月，我到普陀山。今年二月披剃为僧，密探中国地势。……这藤岛武彦也是同党，他能说中国话，知中国事。他来招我，是要我一同窥探军情。"由于福原林平、高见武夫两个同党都招了，藤岛武彦见无可抵赖，只得招认："因为中日交兵开战，大越给我盘费洋元，记有暗码，命我先到普陀山招高见武夫一同测绘中国地形，窥探军情。我剃去头发，扮作僧人。……那福原林平原是同党。"②

10月27日，浙江巡抚廖寿丰钦遵电旨，饬将藤岛武彦、高见武夫二犯押至杭州清波门外刑场，处以斩刑。临刑前，高见武夫赋绝命诗云：

---

①《中日战争》（中国近代史资料丛刊续编），第5册，第200页。

②《中日战争》（中国近代史资料丛刊续编），第5册，第287~288页。

此岁此时吾事止，男儿不复说行藏。

盖天盖地无端恨，付与断头机上霜。[①]

高见武夫此刻悔恨交加，无奈为时晚矣！

至此，这桩轰动一时的江浙日谍连环奇案才算画上了句号。

---

①《对支回顾录》，下卷，第592页。

第八章　旅顺后路日谍案

第一节　六日谍登陆花园口

中日陆海决战之后，日本就着手准备进攻中国本土的作战。1894 年 10 月 24 日，在日本第一军突破清军鸭绿江防线的同时，其第二军也开始从旅顺后路的花园口登陆。因为花园口是清军未设防的地区，所以为日军登陆提供了便利的条件。

先是在选择旅顺后路的登陆地点问题上，日本第二军内部产生了意见分歧。当时，主要有三种意见：

第一种，是从大连湾以东的大窑口登陆。提出此意见的主要是一批日清贸易研究所的毕业生，如大木熊雄、大川爱次郎、别府真吉、藤崎秀等。他们根据多次对辽东半岛南海岸的侦察，提出建议："先取大连湾附近之大窑口，再进而攻略大和尚山石门村，占领金州，以绝旅顺后路。"① 虽然从大窑口登陆为进攻旅顺的最近之路，但也有两大不利之处：其一，由大窑口登陆，离徐家山炮台过近，大部队上岸

①《中日战争》（中国近代史资料丛刊续编），第 6 册，中华书局，1993 年，第 124 页。

容易受到排炮的威胁；其二，正定镇总兵徐邦道所统拱卫军 5 营，其中炮队 1 营驻金州城南，马队 1 营驻金州东北一带，步队 3 营驻金州，皆可就近截击从大窑口上岸之敌。故此建议不但海军不采纳，连陆军也不予考虑。

第二种，是从庄河县以南的花园口登陆。这是日本海军方面的观点。日本海军曾多次派遣舰只，特别是八重山舰，测量从大连湾到鸭绿江口的辽东半岛东海岸，认为花园口为最适宜的登陆地点。对此，日本第二军参谋部则持有异议，认为花园口西南至金州约八十公里，距离稍远，提出："苟以花园口为日兵登陆之地，即至金州城，而其间有三河流不可徒涉，迟延至数日，使敌兵完防御，势大不可。"①

第三种，是从花园口西南海岸的貔子窝登陆。这是日本陆军方面的意见。因为貔子窝距金州较近，陆军登陆后既可减少渡过几条深水河流的困难，又便于展开军事攻击，所以陆军方面对此意见颇为坚持。于是，日本陆海军在登陆地点的选择问题上便形成了僵局。这不是一个小问题，对此问题若拖而不决，势必要影响日本大本营作战计划的执行。在这种情况下，便由日本联合舰队司令长官伊东祐亨海军中将出面协调。

10 月 21 日，伊东祐亨在旗舰"桥立"号上主持了陆海军参谋联席会议。会上，首先明确了讨论问题的一个前提，就是必须执行的大本营所规定的辽东半岛作战方针："欲扼制直隶省，先据金州半岛；欲占有旅顺口，不可不先取金州城。"② 因此，就贯彻大本营的作战方针而言，无论海军还是陆军的方案都是符合要求的。主要的问题在于，哪一个方案更为有利一些。经过一整天的激烈争论，最后统一了认识，

① 桥本海关：《清日战争实记》，卷 8，第 277 页。
② 桥本海关：《清日战争实记》，卷 8，第 279 页。

即采取海军提出的花园口登陆的建议。22日，日本第二军司令官大山岩大将发布以下命令：（一）以花园口为登陆地点；（二）工兵做登陆后沿途河流渡河的准备；（三）派遣间谍侦察南北各路敌情，以确定登陆后的进军路线。

在此关键时刻，派出哪些人担任前路侦探呢？这一任务由日清贸易研究所的毕业生来执行。向野坚一回忆："日清风云告急时，根津一提出要求：'日清之战迫在眉睫，此战系以自诩富强之清帝国为敌手，不容乐观。所幸诸君通晓华语，又多少熟悉中国事，所以希望诸君暗察敌军军情及其他内情，为皇国效力。我等皆无异议，当即从命，决定开始行动。当时研究所蓄发辫者有十几人，我也在其中，化装为中国人从事军事侦控是极为方便的。于是，我等同仁，或在长江方面，或去天津，或赴烟台，各自分头侦察敌情。……战事愈益逼近，继续滞留上海确实危险，于是我等在日侨遣返之后，乘三井船离开该地，先在长崎上岸，然后赴广岛大本营报到。"① 至此，凡是从中国大陆撤回日本的间谍都集结在广岛。当时，按照日本大本营的计划，第二师团将分乘20只运输船从花园口登陆。为配合此次行动，参谋本部召见山崎羔三郎、藤崎秀、钟崎三郎、猪田正吉、大熊鹏、向野坚一，命其随军出发。时任大本营幕僚长的陆军大将有栖川官炽仁亲王亲自接见这6人，谆谆嘱托，予以鼓励。随后，山崎羔三郎一行即乘横滨丸出发。在途中，日舰高千穗捕获了一艘中国渔船，强行剥下中国渔民的衣服，让山崎羔三郎、藤崎秀等化装，以便于登陆后潜伏活动。

10月23日拂晓，日本运兵船陆续抵达花园口海面。第一师团师

① 向野坚一：《回忆日清战役》，油印本，藏大连市图书馆。

团长陆军中将山地元治将山崎羔三郎等召至面前，激励说：“诸位誓把生命奉献给国家，义勇奉公，为君国好自为之!”参谋长步兵大佐大寺安纯也恳切嘱咐：“诸君责任重大，既受命就一定要完成此项任务。”并命令：大熊鹏、猪田正吉往大孤山方向；由于山崎年长，而且精通中国话，去旅顺要塞；钟崎三郎、藤崎秀侦察金州城及其附近，以及位于柳树屯的和尚岛炮台；向野坚一探查普兰店、复州方面的战备情况。①

这样，山崎羔三郎等化好装后，便乘舢板在花园口登陆。按照命令，山崎羔三郎、钟崎三郎、藤崎秀三人向西南方向，大熊鹏、猪田正吉二人向东北方向，向野坚一一人向西，大家分头活动。可能他们一时尚未意识到，此次分手就是最后的永诀。

第二节　“三崎”命丧金州

山崎羔三郎等6名日谍登陆花园口之日，也是金州守军严密防范倭奸潜入之时。当时，金州城乡遍贴防奸布告：“倭寇奸细，潜入甚多，来往严视，捕拿重赏。”② 并具体规定了赏格，捕获一名日谍送官赏银500两。③ 另外，还颁发一种红色通行证，凡乘摆渡过河者都要呈验，无证者不但不准过河，而且要送衙门盘问。④ 及日谍随日军先头部队从花园口登陆后，驻貔子窝的清军捷胜营营官荣安得到当地渔民

①《中日战争》(中国近代史资料丛刊续编)，第6册，第185页。

②《中日战争》(中国近代史资料丛刊续编)，第6册，第225页。

③ 向野坚一：《回忆日清战役》，油印本。

④ 向野坚一：《追忆三崎山》，油印本，藏大连市图书馆；张本义、吴青云编：《甲午旅大文献》，大连出版社，1998年，第197页。

的报告，又立即派哨长黄兴武率马队驰赴花园口方向，要求不使一名倭奸漏网。

由于沿岸盘查很严，这伙上岸的日本间谍，除向野坚一被捕后侥幸中途逃脱外，其余 5 人，即山崎羔三郎、钟崎三郎、藤崎秀、猪田正吉和大熊鹏，都被清军俘获，无一幸免。

先说山崎羔三郎、钟崎三郎和藤崎秀。山崎羔三郎是一名老资格的潜伏日谍，在 6 人中来华最早，曾是汉口乐善堂成员，并参与了荒尾精所指挥的“四百余州探险”活动。1891 年，荒尾精在上海创办日清贸易研究所，山崎羔三郎担任了该所的庶务，负责募集经费等事宜。1894 年 6 月，因朝鲜形势紧张，日本正策划进攻驻牙山的清军，便命山崎羔三郎速赴朝鲜听候调遣。他由上海乘船到烟台，又转赴仁川上岸，然后直奔汉城，向大岛义昌陆军少将所属混成旅团报到。大岛义昌正在制定对清军作战的计划，立派山崎羔三郎前往侦察清军的部署情况。山崎羔三郎化装为华商，自称在日本神户经商，见中日两国关系紧张，回国途中路过此地，愿为国家效劳。[①] 清军官兵皆信以为真，丧失警惕。于是，山崎羔三郎利用清军的麻痹，采取各种手段，完全掌握了清军的兵力、内部虚实及防御计划。他的侦察报告对大岛混成旅团制定进攻清军的计划起了关键性的作用。到日本大岛混成旅团向清军发起攻击时，山崎羔三郎又担当了军事向导，并参加作战。其后，随着日本不断向朝鲜增兵北侵，又先后为日本第九师团和第五师团从事侦察活动，直到平壤战役后奉调回国。向野坚一在给山崎羔三郎的兄长白水敦的信中极力称赞其弟：

> 令弟山崎氏报国之志深，最早深入牙山敌营，又从军于平壤

① 玄洋社史编纂会编：《玄洋社史》，1927 年，第 500 页。

> 之后。此次参加金州半岛之战，尤负最艰巨之任务，舍身侦察金州、旅顺。既奏大功又当大任，真九州男子之忠心光照东方，为后世之鉴。①

这次登陆花园口，山崎羔三郎被分派去担任最为艰巨的侦察旅顺要塞的“大任”。

钟崎三郎比山崎羔三郎小 5 岁，来华时间也比山崎羔三郎晚差不多 3 年，但经历却比较特殊。他于 1891 年进入上海日清贸易研究所；因受到荒尾精的特别赏识，半年后即开始独立从事间谍活动。1894 年，钟崎三郎奉命潜入山东，曾先后侦察胶州湾、威海卫军港等处。随后又调到天津，做日本海军武官泷川具和大尉的助手，乘船调查直隶海岸的最佳登陆地点。此后，他便在天津紫竹林租界里的松昌洋行里潜伏下来。中日两国宣战的翌日，即 8 月 2 日，他还从天津写信给他的同乡好友中村纲次说：

> 这次日清和平之局破裂，本日我侨民皆启程回国。小弟思之再三，此正以身报国之时，决心留下，直至日本军队来攻。无论遭遇何等危险，都要在敌国潜伏，以探听敌情。若能逢凶化吉，当有鱼雁报闻。倘无音信之时，亦即再无会期之日也。②

中村纲次阅信后，一直等待钟崎三郎的消息，空盼了一个多月。原来，钟崎三郎给中村的信发出后，感觉处境不妙，便赶紧逃离天津，潜往山海关一带。他详细地侦察了沿途及山海关一带清军布防情况后，才逃往上海乘轮回到日本。当时，日本大本营对山海关方面的情报掌握不多，及见到钟崎三郎的报告，参谋次长川上操六喜出望外，称赞

①《中日战争》（中国近代史资料丛刊续编），第 6 册，第 224 页。
②《日清战争实记》，博文馆，1895 年，第 18 编，第 45 页。

其立下了“不世之功”[1]。

藤崎秀，字实夫，号云岬，鹿儿岛县人。13岁时有志于学。后进入郁文馆，拜谷山初七郎为师。又曾进入号称“鹿儿岛造士馆”的熊本济济黉学习。本来，他立志投考海军学校，因体格检查不合格而不能如愿，无奈赴长崎另谋出路，一心要成为一名实业家。恰逢荒尾精正筹划在上海成立日清贸易研究所，回国内招收学生，到全国各地发表演说，动员青年学子报名参加。藤崎秀在长崎听了荒尾精的演说，大为感奋，亲自往访荒尾精，披沥胸怀，并表示终生跟定了荒尾精。荒尾精嘉其志，答应资助其一半学习费用。1890年9月，藤崎秀渡上海入学，一学三年。1893年毕业后，分到日清商品陈列所实习，实则开始从事搜集情报工作。他常对人说：“余得以完成贸易研究所课程，皆荒尾先生所赐。禽兽尚知报恩，何况人乎?”[2] 他不改初衷，决心以荒尾精为榜样坚定地从事侵华活动。甲午战争爆发后，藤崎秀等人奉命回国到广岛报到，被分配到日本第二军第一师团。此次从花园口登陆，他虽然和钟崎三郎分开行动，但所接受的任务都是侦察清军在金州的布防情况及和尚岛的防御设施。

山崎羔三郎、钟崎三郎、藤崎秀三人从花园口分手后，尽管伪装巧妙，却未携带通行证，不能不受到怀疑。先是钟崎三郎在碧流河西岸、山崎羔三郎在貔子窝被拘捕，随后藤崎秀在曲家屯被拘捕，先后被押往副都统衙门审问。经查证三人确为日本间谍，三人也供认不讳。10月31日，山崎羔三郎、钟崎三郎和藤崎秀皆被押至金州西门外刑场，处以斩刑。因三人姓氏中都有一个“崎”字，故日人将三人合称为“三崎”。

---

① 黑龙会编:《东亚先觉志士记传》，上卷，原书房，1933年，第471页。

②《东亚先觉志士记传》，下卷，第525页。

第三节　猪田正吉、大熊鹏失踪之谜

再说猪田正吉和大熊鹏。

猪田正吉，福冈人。毕业于久留米明善中学校，与大熊鹏有同窗之谊。毕业后曾任小学教师，因不满教师之职，不久又赴大阪谋事。此时，荒尾精在上海创办日清贸易研究所，猪田正吉便于1890年9月航渡上海进入该校。毕业后到日清商品陈列所实习。甲午战争爆发后，便以该所职员的身份为掩护，专门刺探上海附近清军调动和军舰进出的情报。1894年8月，奉调回国，担任陆军翻译官。[①]

大熊鹏，幼名常太郎，后改名鹏[②]，福冈人。1890年3月，从久留米明善中学校毕业。同年9月，进入上海日清贸易研究所。1893年6月毕业，被派到日清商品陈列所实习。甲午战争爆发后，奉命潜伏上海，“冒生死，探敌情，向国内报告，供大本营参考”[③]。回到日本后被任命为陆军翻译官。

猪田正吉和大熊鹏二人，先后离开花园口后，不久即下落不明，生不见人，死不见尸。他们的失踪成了一个谜，引起不少的猜测，但大多数人认为其性命难保。如向野坚一在他的《从军日记》1月18日附有一封书信，称：“猪田正吉氏去向大孤山方向，尚未有任何消息。大孤山归岫岩管辖，金州城内毫无材料，生死不明。然……恐保不住性命。大熊鹏氏亦同猪田氏，情况大致同上。”[④] 此时离他们花园口登

① 东亚同文会编：《对支回顾录》，下卷，原书房，1981年，第619页；《东亚先觉志士记传》，下卷，第22页。

②《日清战争实记》，第27编，第50页。

③《东亚先觉志士记传》，下卷，第147页。

④《中日战争》（中国近代史资料丛刊续编），第6册，第225~226页。

陆的时间已两个多月，仍然杳无音讯，所以推测他们必定是死了。

其实，猪田正吉、大熊鹏二人的失踪，确实是一个谜。许多迹象表明，猪田正吉和大熊鹏绝不是死于清军之手，而且死得也比较晚。

日本黑龙会于 1933 年出版《东亚先觉志士记传》一书，根据多方搜集到的材料，推测猪田正吉和大熊鹏是被宋庆的毅军捕获。1895 年 3 月田庄台大战前夕，日军通过收买汉奸的办法探悉，宋庆幕下有两名日本青年人，甚受宋庆“宠遇”。当时，日军方面断定，这两人必是猪田正吉和大熊鹏，一度想将其救出而不果。及战争打响，日军对清军采取包围之势，清军损失惨重，宋庆等脱围而出。估计在如此猛烈的炮火下，猪田正吉和大熊鹏很难逃生。战斗结束后，日军试图找到猪田正吉、大熊鹏的尸体，也未发现任何线索。①

以上所述，对其详加考察，便可发现其中有一定的真实成分。据清朝档案记载，1894 年 11 月宋庆率部回救金州时，曾拿获一名日本人，该日本人自称富冈竹之助。宋庆致恭亲王奕䜣电称：

> 适探兵由复州界拿获倭人富冈竹之助一名，供称“系书记。倭二军，一军司令官山县有朋，二军司令官大山岩，共约三万，合趋金州。又有第三军已发，亦欲由花园口登岸，云向奉天府，由彼仍向西进，金州之兵亦尚往北方”等语。今大高岭已交战，似所供非虚，但是否即第三军已到，尚未探实。②

有论者认为，这个“富冈竹之助”可能就是猪田正吉的化名。其理由是：“据查日本第二军在花园口登陆后至金旅之战前后，除在花园口登陆时派出六名间谍外，未再派出其他间谍。此时日军第一军正

---

①《东亚先觉志士记传》，上卷，第 490~491 页。

②《中日战争》（中国近代史资料丛刊），第 3 册，上海人民出版社、上海书店出版社，2000 年，第 208~209 页。

在辽东、辽中一带作战，似也不可能向金旅一带派遣间谍。故这名自称富冈竹之助的日军间谍很可能就是猪田正吉。”[1] 其实，还可以再加上两条理由：一是此人的情况与日方的调查材料基本相符；二是此人的化名颇有意思，猪田为福冈人，即以其籍贯之汉读谐音“富冈”为姓，又以其姓氏“猪”字之汉读谐音“竹”和“助”，连成“竹之助”为名。可见“富冈竹之助”为猪田正吉之化名当属无疑。

猪田正吉被毅军俘获后，供称自己在日军里担任书记，是一个文员，没有被当作军事间谍来处理。因为当时宋庆完全相信了猪田正吉的供词。更为重要的是，猪田正吉表示了归顺之意，故被宋庆收在帐下，随毅军同日军作战。战后宋庆给李鸿章的咨文称：“查去岁十月内毅军探马在复州境内擒获日本书记富冈竹之助一名，随带在营。该俘求为剃发，改换华装。于本年二月十三日内田庄台退兵时，被倭炮击毙，尸身不全，混于乱军中掩埋，无可辨认。”[2] 由此可知，猪田正吉自愿归顺毅军后，还随同毅军与日军作战达数月之久，是在 1895 年 3 月 9 日毅军从田庄台撤退时被日军炮火击毙的。

至于大熊鹏的下落，直到 10 年后终于有了初步结果。大熊鹏的知己朋友水谷彬，曾撰写过一篇《大熊鹏君之足迹》[3]，可资参证。据作者称，1904 年日俄战争时，他作为陆军翻译官在海城军政署任职，一年后又被派往牛庄军政分署工作。1905 年 3 月，应当地牛马税捐局局长田心斋之召赴宴，席间结识了旗人武弁文林。交谈之间，文林自称，甲午战争时曾隶左宝贵奉军某营，平壤之役身受两处枪伤，回国伤愈后驻扎于庄河青堆子守备。一天，在营房附近发现一个身穿中国衣服

① 郭铁椿：《恨海——甲午大连之战》，中央民族大学出版社，1997 年，第 130 页注 3。

②《清季中日韩关系史料》，卷 7，1972 年，第 4389 页。

③《东亚先觉志士记传》，下卷，第 620~622 页。按：该文作者水谷彬后来长期住在中国，在旅顺某校任教二十余年。

的青年，举动异样，来回徘徊，似在查点炮数多少。担任警卫的清兵生疑，将其揪至营内，彼默然不作回答。营官认为此人必系南方人，躲避战火回乡，迷路到此，命令将其释放。这个清兵仍不甘心，搜查身上，发现内穿青色条纹衬衣，带有识别铜牌，并搜出笔记本，上面记录某处火炮几座等等，其为日本间谍无疑。适在此时，探骑来报，日本军队已经在花园口登陆。营官终于决定将该日探留置营中。文林还详细地描述了其人的身材及相貌特征，问水谷彬是否知道此人。水谷彬听后大喜，说："这正是吾友大熊鹏君！十年间之秘密，今日终于真相大白了。"

那么，大熊鹏的最终下落如何？根据文林所述情况可知，营官对大熊鹏特别厚遇，始终留在自己身边加以保护。其后该营退至岫岩，又退到海城草子峪。直到《马关条约》签订后，中日两国交换俘虏，始将大熊鹏送往奉天。临行前，大熊鹏因文林与之经常接近，携酒一瓶来饯别，并题诗一首云：

河汉洗兵器，乾坤日月新。

赠君一坛酒，请醉太平春。

从这首诗看，他被俘虏后受到良好的待遇，不禁心存感激，表示对和平到来的欣庆心情。当水谷彬问到大熊何以最终不归时，文林称："那时这一带流行瘟疫，他确系被送往奉天，或许染上瘟疫死于途中。"

文林的说法是否可信呢？回答应该是肯定的。据清朝档案记载，中日两国战后交换俘虏，中方将日俘 11 名交给日方，其中有奉军俘获者，但无大熊鹏的名字。但这并不是清军各部所获日本俘虏的全部，已经"正法""因伤身毙"或"病毙"者当然不计在内了。[1] 当时正

① 《清季中日韩关系史料》，卷 7，第 4410 页。

赶上传染病流行，日俘在解送途中饮食不洁，感染的可能性极大。如锦州所看养的两名日俘，本拟解至天津交给日方，即行至直隶境内先后患痢疾身亡。文林说大熊鹏病死于解送途中是十分可信的。

由此看来，猪田正吉、大熊鹏失踪之谜既已解开，便可知他们的结局与山崎羔三郎等是不一样的，不能等同视之。猪田正吉被俘后情愿归顺，并参加了对日本侵略者的作战，大熊鹏也有悔罪之意，企盼中日两国和平友好。

第四节　向野坚一普兰店脱网逃生

在花园口登陆的6名日本间谍中，唯一的侥幸生还者就是向野坚一了。

向野坚一，日本福冈县人。曾先后就读于明善义塾及县立修猷馆。1890年9月，进入上海日清贸易研究所。1893年7月，被分派到日清商品陈列所实习。1894年4月，奉命调查长江流域各通商口岸。同年8月，中日两国宣战，又被调回上海，专门侦察中国军队调动及军舰行踪等情报。直到9月上旬，奉调回日本到广岛大本营报到。随即被任命为第一师团陆军翻译官，执行特殊任务。①

向野坚一此次所接受的任务是侦察复州及普兰店清军的设防情况。10月24日午后4时左右，化装成中国商人的向野坚一，离开花园口独自向目的地进发。此时，已经登陆的日军先头部队到处乱捉中国百姓，充当搬运军用物资的民夫。向野坚一是中国人打扮，“也被日本兵抓住，不容分说同中国人一起当作民夫从事搬运，因身边都是中国

①《向野坚一履历书》，油印本，藏大连市图书馆。

人，虽身负特别使命也不能大声说明自己是日本人，最后只好借口解手，离开民夫队伍，对日本兵告知身份，故被放走”①。如果说这次的事纯属误会，正像俗话里所说的“大水冲了龙王庙，自家人不认识自家人”的话，那么，随之而来的一场遭遇却差点儿过不了关了。

10月25日，向野坚一渡过碧流河，行至王家屯附近，突然受到村民的盘问。向野坚一在《从军日记》中记此事道：

> 正要通过一村落，有一群人堵住问我的来处和去处。我答称：“我是福建省福州府番船浦人，名叫吴文卿，本年6月在大孤山港做生意，倭兵来袭，所以我准备由皮子口（貔子窝）坐船去烟台，经上海回籍。然后问路而去。”……后面土人跑来喊我回去。无奈勉强随土人回到前村，我以上述言语再三答复。土人不依，认为我是朝鲜人、日本的奸细。他们又仔细检查我携带的物品，忽发现一块磁铁，于是我受到更大的追问。我几乎穷于应付。忽急中生智，说我的职业即是开杂货店，常贩卖此类物件，怎么以此怀疑是奸细。他们又向我追要地图，我以完全没有作答。最后终于允许放行。才走……又有三十多土人追来，拖我回去，把我从头到脚检查又检查，不放过每一物件，不断催促我交出地图。我答绝对没有。土人不听，最后又拖到前一村落，对我施行赤身检查。
>
> 从复州到普兰店之间的重要地名，我用铅笔记在中国小说的一页上，藏在袜底。怕被他们发现，在过小河时，故意使鞋掉在水里，穿袜子的脚落在水里，穿鞋摩擦，果然赤身检查，纸片字迹全消，幸免他们责问。土人中有懂官话的说这不是高丽人，是中国人。但其中有六七个恶汉说：“不，是高丽人，化装成中国

① 向野坚一：《回忆日清战役》，油印本。

人。”有人打我，有的绊我，终不肯饶，将我的东西和小刀首先夺去。最后用一条绳子把我捆绑起来。遗憾！我终于被土人所捕获。由三个人监视把我押往皮子窝兵营。

这时已过午后六时半，日落西山，晚鸦归林，牧童驱牛羊归。我被土人所捕，暗想一个自由之身，不料今日为清人所获。呜呼！我的命薄，如果我在此处丧命，复州的状况不清，使命当然也不能完成。有什么方法能免此难？边走边想，终无良策。如何能使手先得自由，无论如何也做不到。我忽向三人哀求说：“我服从你们去皮子口兵营，路上不会逃走，决不说谎话，此次事情我实在蒙冤，请给我松松绑。”这帮凶狠的家伙忽发善心，答应给我松松手。手得到部分的自由，心稍稍安顿。

这时接近午后七时，天黑得离三四个人的距离就不辨五指。两个监视者只顾谈话稍落于后，只有一人拿绳。我告诉他：“我实在是福建省福州人。家中有父母二老，今蒙冤被捕押送，如我回不去，父母最后只有饿死。你们如可怜我的实情肯释放，我死也不忘大老爷的恩德。”边说边哭，最后跪拜叩头哀求。一会儿又说：“我有小块银子，送给老爷，请放了我。”他还未应答，(我）即把腰里一块银子塞给他。与此同时，我带着绳子拿出全部力量，不顾爬山蹚水，以北斗星为准，向西拼命跑去。天运未尽，此夜是阴历九月二十八（七）日，天上没有月亮，离一人间隔就伸手不见五指。……再回头看，随着“跑了”的喊声，只见数十个点点灯光追来。邻近各村落群犬吠叫。我见光即跑，有人处即避之。逃进大田地里，脚为高粱茬子所绊，鞋脱袜破已在所不顾。其困难真是一言难尽！后来登上丘陵，回头看来追的火点渐少。于是在这里暂作休息，捡石磨断绳子，这才重为自由人了。①

向野坚一的日记十分详细地叙述了他脱网逃生的经过。

向野坚一逃脱后，按预定计划往正西行，于10月28日来到复州东门外，见城门并无清兵把守，便进到城里。他先“在东西南北四条街徘徊，一边注意城内清兵活动情况。往返奔走多时，只见骑兵一人、步兵三四人而已”。心中有些纳闷，随后了解到，“原来复州城兵员有五百多，五六天前调往金州”。于是，他又仔细地观察复州城的形势及作为目标的标志：“复州城为方形，开东、西、南三门。东北方有复州河绕之。东西南北半里（此为日里，1日里等于3924米）内外处是丘陵地带。城墙高2丈（1日丈等于3.03米）有余，厚4间（1间等于1.818米）多。市街东、西、南、北（四街），其中东、南为繁华大街。城中心有关帝庙。水质清澈，适作饮料。城北附近村落多树木。土地肥沃，多菜类，有麦。南北城外有石砌的塔，作目标足矣。”②

结束在复州的侦察后，向野坚一转向南行，于10月30日来到普兰店，发现此处“住户二十余家”，但地理位置却十分重要。它“位于复州和金州的中心，既是金州通往盖平的道路，又是通往皮子口的道路，实是要地”。复州地位的重要性并未引起清军将领的重视，此处根本“没有兵营和军事设施，只不过是一个荒凉村落”③。

本来，到此时为止，向野坚一已经完成了预定的侦察任务，但在复州、普兰店侦察活动的顺利使他产生了探查金州的想法。于是，他又继续南行，当天下午便远远地看见了金州城，只见“城墙上旌旗飘

①《中日战争》（中国近代史资料丛刊续编），第6册，第197~198页。

②《中日战争》（中国近代史资料丛刊续编），第6册，第200页。

③《中日战争》（中国近代史资料丛刊续编），第6册，第202页。

扬，戒备似很森严”，认为不能冒失行事，“与其今日进入城内，不如在此止步，明早仔细侦察城门情况再进城”。第二天，即10月31日，他决心进金州城一探。《从军日记》里记道：

早起由宿处出发。见金州和复州不同，旌旗在城墙上飘扬，其气势令人震惊。走约一里多，将到北门，我想城门一定有兵值班，暂止步察看情况。只见清晨城郊很多农民挑蔬和鱼类，穿梭往来。我趁机混入人群，冒死大胆进入北门。城门里果然有兵员十余人，正吃着地瓜，无任何人过问，意外得以平安入城，暗自庆幸。城内充满兵丁，东、西、南、北四条街除兵丁外无所见。……

随即进饭店……此饭店是一小店，出入都是士兵，三三五五围桌饮酒吃面，不断交谈。此店是了解金州驻军情况的好地方，因此吃完面喝着茶逗留二时多。我桌有四人，除我外都是清兵。其中一人谈到皮子口说：“鬼子不在皮子口，往东去了。”另一人说：“鬼子不日将来金州。”我侧耳细听。最后，付一百五十文饭钱离去。以此察看南门外兵营的位置和状况。又去西门、东门看炮数。在街上徘徊看兵种，有铭字淮军、怀字淮军、正勇以及爵阁督堂亲军、炮队、马队等。树上树旌旗，声势颇为盛大。午后二时左右，有人乘马车，有二十多骑兵护随从东门外回来。想此人或许是赵怀益。……出北门，经东门大路向皮子口方向走去。这时已是午后五时多。到了大和尚山麓的石门子，见骑兵往来，内心怀着被他们识破的恐惧心情通过。又走五六丁（1丁等于109米），遇见三四十个清兵，见道上挖有二尺见方形坑穴数十个，山上树有旗帜，周围拉上绳子。兵员往来奔走，都携带铁锹和铁锨。这里肯定是布雷区[①]。

经过这一整天的侦察，向野坚一不但探清了金州城的虚实情况，而且还意外地发现清军在石门子修建防御工事。

离开金州后，向野坚一便回到第一师团司令部。11 月 3 日，他终于见到了师团长山地元治和参谋长大寺安纯，这才展开地图，就自复州经普兰店进入金州所目睹的事物及所探听到的一切情况，一一作了报告。报告的要点是：对于清军严密加防的貔子窝大道，以一队兵予以牵制，将师团主力部署于完全不设防的复州大道，然后从金州西北方向施以攻击，一举占领之。[②] 山地元治对向野坚一的报告非常重视。这样，向野报告便成为日军第一师团制订进攻金旅作战计划的基础。因为金州一失，旅顺后路完全暴露无遗，其最后的陷落也就指日可待了。

在花园口登陆的 6 名日谍中，唯向野坚一一人功成返营，确实侥幸，看似偶然，实则包含着若干必然性的因素。如清军将领颟顸无知、官兵敌情观念薄弱、对各军之营哨缺乏严格管理等等，处处都给向野坚一提供了可乘之机。更要指出的是，中国人民的热情好客和富有同情心，也成为日本间谍可钻的空子。以向野坚一为例：他执行此次侦察任务，历时 1 周有余，除遇到各种危险外，最难熬的是两个字：一是“饥”字，一是“寒”字。他有几天不敢投店找饭吃，只好乞食。即使贫家小户，见其可怜，也必给他食物。他在《从军日记》中就多次写到“进一小户人家，有二女一子，求食”“进入山间一家乞食，一老妇给我一碗小米粥和一块玉米饼子”等。有一次，他遇到大雨，浑身湿透，无处求宿，冷得发抖，只好倚庙门而眠。一老者看见，恐

① 《中日战争》（中国近代史资料丛刊续编），第 6 册，第 203~204 页。

② 向野坚一：《回忆日清战役》，油印本。

其受寒生病，请到家中，不仅烧炕让他取暖烘衣，还招待饭菜，并为他准备了第二天上路的干粮。[1] 这些善良的中国百姓，万万没有想到，他们尽其所能来帮助的竟是伪装的日本奸细。所有这些，都值得后来人以史为鉴，进行认真的反思！

①《中日战争》（中国近代史资料丛刊续编），第 6 册，第 199~201 页。